中国近现代伦理的奠基
——严复伦理思想研究

凌 红 ◎著

东南大学出版社
·南京·

图书在版编目(CIP)数据

中国近现代伦理的奠基：严复伦理思想研究／凌红著．— 南京：东南大学出版社，2024.3
 ISBN 978-7-5766-0890-8

Ⅰ.①中⋯ Ⅱ.①凌⋯ Ⅲ.①严复(1853-1921)-伦理思想-思想评论 Ⅳ.①B256.5②B82-092

中国国家版本馆 CIP 数据核字(2023)第 185490 号

责任编辑：陈 淑　　责任校对：张万莹　　封面设计：王 玥　　责任印制：周荣虎

中国近现代伦理的奠基——严复伦理思想研究

著　者	凌　红
出版发行	东南大学出版社
出 版 人	白云飞
社　　址	南京市四牌楼 2 号(邮编：210096)
经　　销	全国各地新华书店
印　　刷	广东虎彩云印刷有限公司
开　　本	700 mm×1000 mm　1/16
印　　张	12.75
字　　数	228 千字
版　　次	2024 年 3 月第 1 版
印　　次	2024 年 3 月第 1 次印刷
书　　号	ISBN 978-7-5766-0890-8
定　　价	75.00 元

本社图书若有印装质量问题，请直接与营销部联系，电话：025-83791830。

前 言

严复的伦理思想深刻影响了"过渡时代之中国"(梁启超语)。19世纪末20世纪初,支撑传统封建帝国大厦的固有伦理体系已落后于时代潮流,"中学为体,西学为用"因保守、僵化而无法自我革新,中国迫切需要的新伦理了无头绪。在此民族危机、国家危亡的时刻,严复通过翻译、介绍西方思想激发了崭新的伦理思想,他紧扣时代脉搏,以救亡图存、追求富强为伦理目标,成为建构中国近现代新伦理的先驱。

《天演论》是严复伦理思想的起点。严复通过"物竞天择"的社会达尔文主义思想,动摇了"道之大原出于天,天不变,道亦不变"的中国传统伦理的基础,以"进化"思想为引领,以"适者生存,优胜劣汰"的竞争观念启蒙了国人的民族意识和国家竞争意识,推动了中国近代伦理的转型。"群与群争,种与种争"否定了"中国古有天下而无国家"的传统天下观,纠正了"华夷之辨"观念下的伦理优越感,倡导了民族国家时代"国群"伦理实体的建构;"合群保种"催生了中国人的近代民族认同。在迈入近代世界体系初期,严复所呼吁的"合群保种",是对中华民族共同体的自觉,也是国人对"国族"的最早构想。这一构想的意义在于,新伦理的基石以"民族"为基础,代替了与君权专制和宗法家族社会相适应的"三纲",这是中国近现代伦理转型的基础。

"自由"是西方启蒙运动以来所奠定的最重要的观念之一,也是现代社会区别于前现代社会的根本标志。同样,严复也将"自由"作为建构中国近现代伦理体系的重要维度,并提出了与中国近代社会相契合的"群己"伦理观。"群"由无数小己组成,没有小己即无所谓"群"的存在。小己享有天然的自由权利,充分发挥个体的自身能力,可以实现群体实力的增加。"群"于己而言,是小己个体享受权利的保障。在群己社会关系里,个体自由的履行必以他人自由为界,以不侵犯他人权利为前提。严复通过对自由的伦理性释义,使得以个体利益为中心的自由主义与以群体利益优先的民族主义,在中国近代舞台上因寻求国家富强而交织在一起,相得益彰。

严复伦理思想的一大贡献在于，他从中国近代社会的实际情况出发，调和了民族独立与个体自由伦理观念之间的矛盾，审时度势地提出"国群自由"优先，以实现国家富强为最高伦理目标。在"爱国"精神的统摄下，"自由"成为实现民族独立自主的基础，"内之有以自立，外之有以御侮"。在近代帝国主义列强瓜分世界的国际背景下，严复主张民族意识与个体意识的统一，追求民族整体利益，以自由主义与民族主义共生的独特模式，来实现救亡图存的伦理目标。这一认识无疑是当时中国的一种理性抉择。

应该说，紧跟世界历史发展趋势，面对中国问题而全方位地译介西方新思想，是严复作出历史性贡献的一大原因。严复宏阔的视野、敏锐的洞察力、契合中国国情的伦理观念、以国家富强为目标的学术追求影响了一个时代，从而成为中国近现代伦理思想的先驱。

目 录

绪 论 ··· (001)
    一、研究缘起 ·· (001)
    二、研究现状 ·· (004)
    三、研究目的与思路、重点难点、创新点 ······················· (018)

第一章 严复伦理思想的时代特征 ································· (022)
  第一节 "数千年未有之变局" ·· (022)
    一、王朝帝国内忧外患 ·· (022)
    二、儒家伦理的衰落 ·· (025)
  第二节 经世救国的伦理羁绊(1840—1895) ························ (026)
    一、"师夷长技以制夷":夷夏之辨的延续 ·························· (027)
    二、"中学为体,西学为用":纲常永恒 ······························· (030)
    三、"中西本末绝异":伦理变革的限度 ······························ (035)
  第三节 严复伦理思想的历程 ·· (037)
    一、伦理思想之孕育 ·· (037)
    二、思想体系之形成 ·· (042)
    三、伦理精神之守望与革新 ·· (046)

第二章 天演论:新伦理建构的基石 ································· (049)
  第一节 进化观念下的伦理变革 ·· (050)
    一、社会达尔文主义的伦理维度 ····································· (050)
    二、"天"的祛魅:《天演论》的冲击力 ································ (054)
  第二节 严复"天演"思想的伦理内涵 ································· (057)
    一、物竞天择,适者生存:"尚力"的伦理价值 ···················· (057)
    二、"合群":与天争胜,体合求存 ····································· (062)

三、"善群"：鼓民力，开民智，新民德 ……………………（065）
　第三节　"天行人治"进化思想对传统伦理价值的影响………（068）
　　一、对"天不变，道亦不变"的批判 ……………………………（068）
　　二、从"心学"向"群学"的转变 …………………………………（071）
　　三、"天人合一"伦理秩序的近代祛魅…………………………（075）

第三章　**自强保种：近代"民族"观念下的伦理转型**……………（082）
　第一节　从"华夷之辨"到"'世界'观"的伦理嬗变…………………（082）
　　一、"华夷之辨"中的伦理观念……………………………………（082）
　　二、从"天下"到"世界"："适者生存"的新伦理观 ……………（090）
　第二节　民族主义思想的伦理维度………………………………（094）
　　一、"群与群争，国与国争"的进化民族观………………………（095）
　　二、"合群保种"：民族伦理实体的建构…………………………（098）
　　三、"生其爱国之心"的伦理认同…………………………………（100）
　第三节　民族主义观念下的伦理转型……………………………（102）
　　一、从"家国一体"到"国群"的伦理转型………………………（102）
　　二、"君臣""主民"伦理关系的转向………………………………（106）
　　三、文化民族主义的伦理维度……………………………………（108）

第四章　**自由：近代伦理的核心价值**……………………………（113）
　第一节　走向近代伦理的先声及其局限…………………………（113）
　　一、家族伦理本位转向社会伦理本位……………………………（114）
　　二、从天理人性论到自然主义人性论……………………………（117）
　　三、从"民本"到"民主"……………………………………………（119）
　　四、早期启蒙思潮的伦理价值与局限性…………………………（121）
　第二节　"自由"之引入………………………………………………（123）
　　一、"自由"在西方…………………………………………………（123）
　　二、"自由"的伦理目标：国家富强………………………………（126）
　第三节　自由之于近代伦理………………………………………（131）
　　一、严复对"自由"理念之释义……………………………………（132）
　　二、"自由为体、民主为用"之伦理意蕴…………………………（135）
　　三、"自由"观念下的新义利观……………………………………（139）

四、"自由"观念下之群己权界 …………………………………（143）

第五章　个体自由与民族解放的伦理抉择……………………（148）
　第一节　启蒙与救亡的伦理目标之异 …………………………（148）
　　一、"人的解放"的伦理意义 ……………………………………（148）
　　二、"救亡图存"的伦理目标 ……………………………………（150）
　　三、个体自由与国群自由的伦理目标的两难 …………………（153）
　第二节　自由主义在近代中国伦理目标转变之合理性………（156）
　　一、自由主义与民族主义之共生与游离 ………………………（156）
　　二、"群己共生"：个人自由与国群优先的调和 ………………（158）
　　三、爱国："国群"逻辑下的伦理建构 …………………………（164）

结语 ………………………………………………………………（170）

参考文献 …………………………………………………………（172）

附录 ………………………………………………………………（187）

后记 ………………………………………………………………（192）

绪 论

一、研究缘起

严复是中国近代重要的伦理启蒙思想家,他的伦理思想影响了一个时代,对中国近现代伦理的产生、发展有着奠基作用,对我们今天的道德建设和伦理建构依旧有着不可忽视的借鉴意义。因此,对严复伦理思想的研究意义重大。尝试挖掘严复伦理思想的近现代价值,主要是基于以下两个问题的考虑。

1. 从"天下—中国"到"世界—中国"

19世纪下半叶是一个"西学东渐"的时代,有盲目排外的保守者,有"中学为体,西学为用"的有限变革者,有迷信西学而丧失自我者,而严复是理性面对西学之长的清醒的思考者。

每个民族的发展除了具有人类历史发展的普遍共性问题之外,因其独特的存在特性必然有每个民族的个性问题,即自己民族国家的历史文化传统、发展阶段、具体国情等独特问题。陷于自身世界,我们可能很难发现自己的问题所在,正所谓"当局者迷"或"只缘身在此山中",故而他者存在的对比参照就显得颇有价值。历史上,中国第一次真正产生问题意识特别是危机意识应该是在19世纪中叶遭遇"三千年未遇之变局"之后。

传承数千年的中国传统伦理步入近代后,遭遇到了史无前例的冲击。在强大的西方工业文明的冲击下,中国近代的危机是全方位的。科技层面的发展受制于政治体制,政治体制的变革受制于思想文化上的枷锁。因此,从思想观念上跟上时代才是出路。但是,历史发展的复杂性往往难以预料。自由、平等、民主等近现代价值值得追求,但是长远目标和迫在眉睫的问题却不相同,没有民族解放、国家独立,没有近现代国家形态,自由、平等、民主就如无源之水、无本之木。中国的问题除了带有人类发展的普遍性问题之外,还有中国的主体性问题。拒绝外来事物会遏制自身发展固然可怕,但接受外来思想而丧失自身的主体性一样可悲。接受带有普遍性的现代意识,并不意味着主体的舍弃。中国的问题意识在追求普遍性的同时,还需确定自身的意义。

回到中国文化的特殊性,传统政治—伦理浑然一体的特征决定了中国从君主专制到近现代国家面临的特殊问题必定是与伦理紧密相关的,即"伦理的觉悟"是无法回避的。在中国,宗法家族伦理是国家伦理的前提,始于西周的传统"家天下"伦理政治根深蒂固。步入近代后,国人的天下观被迫改变。如果置于世界体系下看待中国问题,那么国人的问题不再是如何安身立命于天下,而是如何安身立命于世界,归根到底,是在寻求现代文明、追求现代化的道路上,如何复兴中华优秀传统伦理,如何构建新时代中国的伦理与政治的问题。

这个问题即是转变传统的"天下—中国"伦理观念进而形成"世界—中国"的伦理观念。解决这一问题,正是中国近现代建构民族—国家的关键。正如笔者曾在《从天下到国家:严复格义叙事中的"国群"伦理建构》一文所指出的:"在19世纪以来的民族主义浪潮席卷之下,世界各地纷纷追求民族独立自治、建立民族国家。而中国由于受到传统民族观念以及救亡、启蒙历史使命的双重影响,近代中国的民族主义思潮呈现出异常复杂的面貌。作为这一思潮的先行者,严复在其文化目的论下的格义叙事中,有意识地融合东西方思想资源,创造性地提出了'国群'概念。'国群'是严复基于'群'的伦理内涵而对近代民族国家的民族基础所进行的建构,其对'国群'的想象与建构一方面包含建构现代独立、自治共同体的意蕴,另一方面体现出他认同传统伦理的文化民族主义立场。在从'天下'到'国家'的观念嬗变中,严复的努力颇能体现时人对于民族前路的探索之艰难。谋求建构现代民族国家和传统封建伦理之间的张力始终是严复思想语境中不可调和的矛盾。虽然严复对于'国群'的建构因缺失了'历史-文化'的根基而仅仅是一种'伦理想象',但是,这一努力也启迪了时人对于建立近代国家的民族基础的思考,并促进了'中华民族'观念的产生。"①正是基于这样的道德思考与伦理谋划,笔者选择严复作为研究对象。

2. 启蒙与救亡中的近现代伦理

严复是为中国送来近现代之光的那个盗火者。他的历史贡献不仅在于其翻译、介绍西方思想,更在于他引进西学的针对性、洞察世界发展方向的敏锐

---

① 凌红、胡芮:《从天下到国家:严复格义叙事中的"国群"伦理建构》,《南通大学学报(社会科学版)》,2021年第37卷第5期。

性,以及吸收西学的理性态度。他的翻译既保留了西学的精髓,又结合中国传统伦理思想的国情改造了西学。在他的译著中,有大量的"案(按)语",重新诠释乃至故意"误读"了西方学术思想,旨在更好地分析与解决中国问题,构建适应时代的新伦理。

19世纪中叶开始,中国遭遇了史上最大之变局。绵延数千年的儒家伦理架构下的传统社会在外敌入侵后,陷入严重政治危机和秩序危机,濒临崩塌,救亡图存成为举国上下的共同使命,"就在如何解决中国危机问题上卷入了改良派和革命派冲突之中"[①]。在尝试了技术救国、制度救国依然不见成效的一片茫然中,严复的登场改变了僵局,这一富有历史性的改变,意味着一个旧时代的终结,一个新时代的来临——在中国数千年的思想文化史上,中国都是文化与文明的输出者,对异质文化与文明的吸收与接纳也从未影响中国文化的主体地位。但是,从19世纪后期开始,"睁眼看世界"看到了中国落后于世界发展潮流,"中体西用"既无法救亡图存,又无法持续。接受西学进行启蒙,在启蒙中进行救亡,历史任务之重难以想象。面对救亡和启蒙那个特殊时代背景引发出的双重使命,社会转型时期的知识分子的思想无一不是围绕这两个使命生成的。如果说救亡偏于短期目标任务的话,那么启蒙则是深入伦理思想层面的长期工作。严复作为出色的深入伦理思想层面而提出全面变革的启蒙思想家,他敏锐地看到,中国的救亡是一个庞大的工程,社会转型、制度变革、思想启蒙缺一不可。其中,伦理观念的革新处于枢纽地位,因为千年伦理传统几乎制约着中国社会的方方面面。故而严复倡导的启蒙理念,尤其注重伦理启蒙的意义。他大力介绍的"自由",既有对个体权利的注重,更看重"自由"对于"三纲"的冲击与颠覆作用。

有学者指出:"尽管严复的思想活跃期为时甚短,从1895年到1921年前后首尾相加也仅20余年。这20余年确为中国巨变的大转折,20世纪中国的所有灾难与成就不仅在此期奠定,埋下伏笔,而且两千年的中国传统社会也于此期逐步彻底瓦解。"[②]这一评价有一定的代表性。回望整个伦理思想发展历程,严复的伦理思想既有延续传统伦理的承接性,又有引领新时代的开创性,更有指向未来的前瞻性。他相信进化的强度,却不失伦理的温度,在寻求国富民强的

[①] 张灏:《危机中的知识分子——寻求秩序与意义》,北京:新星出版社,2006年,第2页。
[②] 马勇:《严复学术思想评传》,北京:北京图书馆出版社,2001年,第13页。

思想主线下,"尚力"和"尚德"两支伦理辅线交织其中,凝聚成严复伦理思想的迷人之处,牟宗三评价严复具有"典雅的态度""收敛的精神"①。对待传统与现代,严复是"依乎天理,执西用中,无一定死法,止于至善而已"②。换个角度来理解,严复所做的一切努力只为追求止于至善,他的探索面向未来,所以他构思的社会图景是基于对未来的美好希冀,不问东西。

美国学者本杰明·史华兹说:"严复所关注的事是很重大的,他设法解决这些事情的努力颇有意义,他所提出的问题,无论对中国还是对西方都意味深长。"③如果说20世纪的历史印迹中,严复值得我们去铭记的话,那么处于21世纪民族复兴的新时代,严复在追求富强中调和启蒙与救亡的伦理思想,依然值得我们去深入理解和研究,以给我们当下的道德建设与伦理建构提供有益的启示。

基于上述两个方面,即从"天下—中国"到"世界—中国"这样一个时代变化及其对中国传统伦理观念特别是天下观的冲击与回应,以及在启蒙与救亡的双重变奏中,通过守望传统伦理并对现代新伦理理念的引入与革新,严复是如何回应时代伦理问题,又如何构建其伦理思想体系的,这正是笔者研究严复伦理思想的缘由。

二、研究现状

严复是我国近代著名的启蒙思想家、翻译家、教育家、哲学家。他涉猎范围跨及多领域,思想内容涵盖古今中外,100多年来,学界对他的关注从未中断,研究成果层出不穷,以下仅就笔者的研究主题对已有的研究严复的成果现状做个概述。

(一)研究成果现状概述

有关严复的研究成果主要以著作、期刊论文、学位论文等形式呈现。根据中国期刊网(CNKI)1990—2020年期间的论文发表年度趋势图显示的结果可

---

① 吴兴文主编:《道德的理想主义》,《牟宗三文集》,长春:吉林出版集团有限责任公司,2015年,第212页。
② 严复:《与熊纯如书(十六)》,《严复全集》卷八,福州:福建教育出版社,2014年,第294页。
③ [美]本杰明·史华兹:《寻求富强:严复与西方》,叶凤美译,南京:江苏人民出版社,1996年,第3页。

知,2004—2014年是严复思想颇被关注的十年。2001年习近平主编的《科学与爱国——严复思想新探》引领了严复思想研究的高潮,仅论文集从2001年到2014年就出版了8部①。

从近20年出版的著作及发表于核心期刊的论文来看,21世纪有关严复的研究明显具有几大特点。第一,基础性研究有新突破,主要表现在年谱传记的编撰,文献资料的考订辨析、收集整理等方面。如皮后锋的《严复大传》(2003年),不仅通过大量新史料的挖掘丰富和完整了严复形象,而且研究过程中借鉴和采用了心理学、新闻传播学、诠释学等理论方法,使得对严复的事迹介绍较平实,评价也更为合理。整本著作显示出较高的史料价值和学术价值。贾长华主编的《严复与天津》(2008年)和林怡的《闽学脉:从朱熹到严复》(2015年)都结合地缘因素做研究,一方面生动和丰富了人物及其思想内容,另一方面融合地域与文化,增添了地区的人文气息,提升了地域整体形象高度。俞政的《评严复的社会起源说》(2003年)一文,分析严复对西方社会契约论理论的取舍,尤其是对法国卢梭与英国霍布斯的社会契约理论的取舍方面做了较为细致的探讨,明晰严复对西方社会契约论最终的否定态度,这一研究为探究严复思想中"求存合群""群肇于家"的观点提供了新的视角。

第二,思想史方面拓展出新的深度和更多研究视角和方法。围绕《天演论》,由早期的评述转为深度研究。苏中立对严复"天演"概念的含义与进化、进步之间的关系进行了相关观点的梳理,细致地对对等说与非对等说两种观点的差异进行了探究,进而明晰天演概念的内涵。王天根更深入传统易学,用易学精神来阐释严复的西学思想,认为天演论是严复用易学建构的历史兴衰谱系。而学者万远新立足于中西文化对比,跳出传统非此即彼的论断范式,认为严复是以一种超越"中西古今"的视角,会通中西文化,以自由和秩序这一人类共同的问题作为人道理想的两极探寻理想的社会制度。除了对《天演论》的历史观进行解读,对自然科学的探究也得到深入。王中江探究严复天演进化论中天与人的自然性,凸显了天演论的自然哲学价值。高策、赵云波不仅肯定了严复对

---

① 8部论文集分别为:《科学与爱国——严复思想新探》(2001年),《严复诞辰150周年纪念论文集——中国近代启蒙思想家》(2003年),《严复与中国近代文化》(2003年),《严复与中国近代社会》(2006年),《严复思想与中国现代化》(2008年),《严复与近代中国社会文化》(2014年),《纪念严复诞辰160周年学术研讨会论文集》(2014年),《道家文化研究 第二十八辑 严复专号》(2014年)。

人和自然关系的探究,还深入严复对宇宙本体、宇宙万物的起源的研究,认为其促进了中国自然观的发展。雷中行的研究视角更有创新,以吴汝纶和孙宝瑄为例,尝试探究晚清人士对天演论自然科学知识的理解。另外,田薇、王天根、董根明分别从中国传统伦理思想转型、清末民初的社会影响、新史学的视角对天演论作了探究,具有很高的学术参考价值。自由主义方面,高瑞泉从决定论与自由意志论的哲学视角,更新和拓展了前人的研究成果。区建英认为严复"统新故而视其通,苞中外而计其全"的态度,建立于自由精神之基。魏义霞、徐百军、郑东华等学者运用对比研究的方法,对严复和梁启超、严复和康有为的自由观念作了探究。非常可喜的是,学者张胜利的一篇《自由主义嵌入民族主义的双重关系:严复民族自由主义思想研究》弥补了以往学界对严复民族自由主义思想研究的空白。此外,学科之间的交叉研究法也有所尝试。学者沈国威的《严复与科学》(2017年)和《一名之立 旬月踟蹰》(2019年)结合语言学知识体系,细致到用严复译词来关联严复思想,体现出较高的研究水平和参考价值。

第三,严复思想的现代延伸价值受到关注。以往学界研究侧重于严复思想对传统社会的改造和近代启蒙贡献,对现代化的价值肯定得不够充分。牛田盛肯定了严复对现代化观念的原创意义,同时也指出了进化史观给现代化方案带来的局限性。庄金宝、林怡从思想范式、思想内容及影响三个方面对严复思想的现代性做了简单归纳,虽显粗糙,但对现代性价值予以充分肯定。苏中立围绕史上关于严复在《社会通诠》中有关民族主义论述的观点所引发的风波,就严复的民族主义与现代化之间的关系展开论述,认为严复的民族主义是面向现代文明的,但因为没有能对民族主义和现代化进行区分说明,导致他的民族主义比较含糊。学界第一个明确严复思想现代性地位的是王岗峰,他于2006年在《严复思想和现代性》一文中,抓住现代的根本价值"自由",肯定了严复是近代与现代的界碑,称他是中国现代第一位思想家。景天魁从《天演论》中挖掘出对现代性的解读,包括"运会"思想触及现代性的实质,"储能""效实"展现多元现代性的可能,"天演"体系的内在紧张反映现代性的矛盾本质。刘梁剑也回到天演论,全然在现代思想的层面上对严复的贡献作了细致论述。

(二) 主题研究成果的介绍

1. 关于天演进化思想

（1）严复进化思想的来源

"物竞天择，适者生存"的进化论源于英国博物学家达尔文的《物种起源》。这个具有划时代变革意义的生物进化观，在斯宾塞的思想里，从生物界扩充到生命、精神、社会和伦理等一切现象上，形成了社会达尔文进化观。严复的《天演论》所宣传的进化思想，无疑是来自西方的。当然，严复的进化思想不是完全等同于西方，而是有所选择和汇释。王民指出严复对近代西方学说的选择与汇释是"天演"进化论最具价值的创造，并认为严复对达尔文、斯宾塞、赫胥黎三家学说的汇释是晚清社会启蒙思潮的理论基石，肯定其在晚清思想界产生的极为重要的影响。① 然而，当追问严复在《天演论》中所宣扬的思想是斯宾塞式，还是赫胥黎式，抑或是对这两者的折中问题时，学术界的观点却不一。美国学者史华兹教授认为严复的思想遵循了英国的斯宾塞。② 而李泽厚与浦嘉珉并不完全赞同此观点，李泽厚持折中论③，浦嘉珉持取舍论。④ 同样持折中论的还有学者李强、王中江。李强强调严复的道德主义的中国来源⑤，对于严复伦理思想的传统根源，高瑞泉也从传统伦理思想中挖掘出严复的进化思想与《易经》《荀子》及《韩非子》的关联性。⑥ 王中江更是认为严复在整合斯宾塞"天人合一"与赫胥黎"天人相分"的基础上，建构了自己的"复合结构"。贾新奇并不赞同这种折中说，他在《严复与斯宾塞、赫胥黎之间的思想关系：一个主要基于伦理学的解读》一文中从伦理学的角度，对"严复的理论是对斯宾塞和赫胥黎以及中国传统哲

---

① 王民：《严复"天演"进化论对近代西学的选择与汇释》，《东南学术》，2004年第3期。
② 史华兹教授在《寻求富强：严复与西方》中对这一问题给出的见解是严复在几乎所有的主要问题上都遵循了斯宾塞。
③ 李泽厚于1977年发表了《论严复》一文，其中明确地说，严复是"折中赫胥黎和斯宾塞"。
④ 史华兹的学生浦嘉珉于1983年出版了《中国与达尔文》一书，认为严复对于斯宾塞和赫胥黎都有所取舍。
⑤ 李强：《严复与中国近代思想的转型——兼评史华兹〈寻求富强：严复与西方〉》，《中国书评》，1996年第9期。
⑥ 高瑞泉：《在进化论传播的背后——论"进步"观念在近代中国确立之条件与理路》，《学术月刊》，1998年第9期。

学的糅合、折衷(中)"①的观点提出质疑,通过否定折中说成立的论据,认为把严复理解为斯宾塞主义者比将其理解为折中主义者更符合实际。贾新奇的研究无疑可以帮助我们更好地解读严复进化论思想的伦理意蕴并明晰其思想理论来源。

(2)"天演"概念的理解

"天演"是严复的独创词汇。苏中立从天演与进化、进化与进步、天演内涵、严复态度四个方面对严复译述的《天演论》中的概念问题进行梳理,总结出关于天演、进化、进步之间的关系存在着两种对立的观点:一是对等说,二是非对等说。② 认为对等说较被人们普遍认同,而非对等说更接近真理,从科学的观点讲,应该严格加以区分,并对具体问题进行具体分析,做到实事求是。刘阳在《进化与天演——重读〈天演论〉》(《北京大学研究生学志》,2008年第3期)中试图通过细致的文本对照,厘清严复"天演"概念与赫胥黎"进化"概念之间的关系,认为严复用中国传统思想中的易学框架来译述西方的进化概念,这一方面将进化论带上"本土化"色彩,便于其传播;另一方面巧妙地统一了赫胥黎在"进化论"与"伦理"之间的对立,赋予中国自强以道德意涵。皮后锋也认为"天演"与《进化与伦理》中的"evolution"不同,是严复运用《周易》的"易"和《庄子》的"道"的传统文化概念对西学的格义与会通,具有独创性。

(3)"天演"的哲学思考

严复自称是"天演宗哲学家",所以他的天演进化思想脱离不了哲学意蕴。实际上,严复的天演进化开创了中国哲学近代化的新阶段。王中江论述了严复在科学和进化视域之下对古代中国"天人"观念的重构,指出严复的天人观在很大程度上过滤掉了古代中国"天"观念的"神性",相应地把天、人与社会的"自然性"提升到了新高度。③ 在《进化主义在中国的兴起》中,王中江认为严复是通过中国传统的体用观念,构建了天演世界观,弥合了达尔文与斯宾塞在"物竞天择"法则上的鸿沟。虽然王中江将人道列入天道运行范围之内,但是他保持了人道的独立性,并从传统儒家思想中求得伦理道德支撑。对天道的理解,王中

---

① 贾新奇:《严复与斯宾塞、赫胥黎之间的思想关系:一个主要基于伦理学的解读》,《唐都学刊》,2014年第30卷第5期。
② 苏中立:《天演、进化、进步的内涵及其关系研究述评》,《安徽史学》,2006年第4期。
③ 王中江:《严复的科学、进化视域与自然化的"天人观"》,《文史哲》,2011年第1期。

江站在了天道自然主义的立场,这一点成庆与王中江的观点是一致的。成庆在《晚清的"进化"魔咒:严复历史意识的再考察》中指出:"严复的天道不是程朱理学之'天道''天理',是本于《易经》与道家自然论的'天道'。"[①]对"天演"的解读是本书的一个重要概念基础,从对"天演"的创造可以看出,严复融合了中西不同的文化观念。

2. 关于中西文化观

不同文化之间的诠释,有助于异文化间的相互理解与彼此借鉴。严复引入西学,则意味着中西文化之对比研究的开始,主要包括严复对中西文化之比较和严复对待中西文化的态度。在现有的研究成果中,有关中西文化对比方面,研究得较为透彻的是李承贵教授。20世纪他发表了多篇论文,立足中西文化、中西道德、中西宗教等多视角展开了广泛且充分的比较研究。围绕严复的文化态度,早期研究中很多学者认为,严复初期激进,彻底否定传统文化,大力鼓吹西方文化,具有明显的西化倾向,而晚期却又回到传统文化,保守起来。周振甫和王栻都有类似的观点。后来学者的研究开始更正这种说法。在《重论严复基于天演进化论的中西文化比较观》(2011年)一文中,万远新结合严复著作指出严复早年对待传统文化是批判性的认同,虽有批判,但并非彻底否定,严复对比中西文化的目的在求同存异。应该说,这种观点在一定程度上与皮后锋的观点相同。皮后锋在他的《严复评传》第五章"统新故而视其通,苞中外而计其全——严复的文化观"中认为,严复既了解中西文化的差异,同时又"即异观同",探寻中西文化之共性,追求学术上"道通为一"的境界。近期还有成果是从翻译视角来窥探严复的中西文化观,这进一步充实了严复中西文化观的论证,如陶磊的《严复的中西文化观及其翻译实践》。另外,胡伟希在《"格义"与"会通":论严复的诠释学》一文中,回到严复对中西学术的不同诠释方法,令我们对严复的中西文化观有了更高的认识:严复展现出会通中西的努力,试图达到超越中西的目标。在这一点上,台湾的黄克武持有相似的观点,他指出严复思想在传统与现代的双重影响下显示出矛盾的性格,但严复的现代性方案离不开佛道思想的终极关怀,严复的一生旨在建立融合中西之长,而超越西方的现代新中国。从不同的文化观去理解严复的思想,特别是对其伦理思想的中西方渊源进行探究,无疑对我们研究和阐释严复伦理思想是有益的。

---

① 成庆:《晚清的"进化"魔咒:严复历史意识的再考察》,《学术月刊》,2016年第48卷第10期。

3. 关于自由、自由主义

严复是近代史上第一个全面系统介绍西方自由主义思想体系的人,被称为中国的自由主义之父。对于"自由"这个新生事物,它的概念界定、价值内涵及本土化进程等问题一直是学者关注的热点,也是中国近现代化的核心问题。关于严复自由思想研究的成果主要有以下方面:

围绕严复所提倡的自由到底属于"价值理性追求还是工具理性追求"的探讨。较有影响力的代表人物有美国著名学者史华兹教授。他指出:"假如说穆勒常以个人自由作为目的本身,那么,严复则把个人自由变成一个促进'民智民德'以及达到国家目的的手段。"①史华兹教授的观点得到不少学者的认同,基本成为人们讨论中国近现代自由主义理论和实践的基本范式。陈国庆教授认为:"严复引进西方自由主义,恰恰忽视了其人道主义的内在价值,反却从功利主义出发,将自由主义作为追求国家强盛的工具,国家富强替换了个人幸福作为自由主义的宗旨。"②针对史华兹教授的论断,也有学者提出质疑。李强认为穆勒遵循功利主义的路径论证了自由,虽然严复的自由观不等同于穆勒的自由观,但"总的倾向而言,严复准确地把握了穆勒自由观的精髓,并基本接受了穆勒自由观的主要观点。换句话说,严复并没有像史华兹所描述的那样歪曲穆勒的观点,把穆勒的观点纳入社会达尔文主义的框架"③。另外,黄克武对史华兹教授的观点也不能苟同,认为严复的思想中存在对个人自由与个人尊严的终极价值关怀。黄克武指出:"严复深刻理解了西方个人主义的内涵,认为国家存在的所以然,是保障个人的财产和利益。"④这一问题实质上是对自由是目的还是手段的一个讨论,但毫无疑问的是,自由是近代启蒙伦理的核心价值,这在近代的启蒙伦理中已然得到印证和论述。

由"价值理性"抑或"工具理性"问题衍生出严复的自由观念与西方的自由主义思想的参照对比问题。有学者指摘严复的自由观是对西方自由主义的"误

---

① [美]本杰明·史华兹:《寻求富强:严复与西方》,叶凤美译,南京:江苏人民出版社,1996年,第128页。
② 陈国庆:《再论严复对自由学说的理解》,《西北大学学报(哲学社会科学版)》,2004年第1期。
③ 李强:《严复与中国近代思想的转型——兼评史华兹〈寻求富强:严复与西方〉》,载刘桂生:《严复思想新论》,北京:清华大学出版社,1999年,第401页。
④ 黄克武:《严复对约翰弥尔自由主义的认识与批判》,《科学·经济·社会》,1998年第16卷第4期。

读",甚至认为严复对自由主义的"背叛"或"误读",应该是自由主义失利的原因。刘淳认为严复正是因为准确把握了穆勒的思想,才使得他的自由观呈现不统一、多有歧义的特点。他指出"对严复导致自由,尤其是英美式消极自由在中国的失败的论断则是误解"①。颜德如更为具体地指出:"自由主义在中国失败的原因,不能简单地归结为严复'背叛'或'误读'了自由主义。它失败的直接原因,是由于当时中国社会各阶层对清王朝的延续与华夏民族的存亡这两大问题的认识和处理的不同,是中国长期缺乏政治自由之传统。"②萧永宏从严复用传统儒学对西方自由主义的融会贯通的视角,在《严复对自由观念的介绍与创新》一文中认为:"严复在译介自由观念时对传统儒学表现了一定的依傍,对个人的社会责任和个人自身道德完善的重要性做了过分的强调,这反映了儒家文化对严复的影响。但是,这丝毫也不影响严复对穆勒《论自由》一书本意的把握。"③黄克武在这一问题上认识比较深刻,虽然肯定了严复自由观之价值追求,但是他深入自由的背后,从中西文化背景差异出发,探究穆勒与严复自由观异样之"所以然",指出严复之所以不能充分了解弥尔(穆勒)自由的所以然,是因为严复不能理解"弥尔思想中'悲观主义认识论'之倾向,以及与此密切相关的'人类的智性根本上是不可靠'(fallibility)的主张"④。关于严复与近代中国自由主义的探讨,杨肇中教授在《严复与近代中国自由主义之再检讨》(《哲学研究》,2015年第6期)一文中指出:"严复对于个体自由与集体利益界限的强调,缘于对近代中国社会思想境况的洞悉与把握。其思想发生了从执着于西方自由主义的原旨向将之与中国传统文化相结合的转变。其中不变的是,他对自由主义之于中国现代性价值重建的意义的重视。"应该说,杨肇中教授的观点很是中肯。

然而,面对亡国灭种危机的严复,他所提倡的自由,从救亡的层面看,无疑是一种工具,若就启蒙视域而言,则是目的。因此,如何看待自由的问题,特别是个人自由与国家自由及其之间的相互关系问题,就成了一个重大的伦理问题。这个问题在严复这里即是自由观下的群己关系。

---

① 刘淳:《严复:先驱者的无奈——从20世纪中国自由主义思想史的一桩公案说起》,《福建论坛(人文社会科学版)》,2000年第3期。
② 颜德如:《严复与自由主义在中国的失败》,《历史教学》,2005年第1期。
③ 萧永宏:《严复对自由观念的介绍与创新》,《历史教学问题》,2004年第3期。
④ 黄克武:《自由的所以然:严复对约翰弥尔自由思想的认识与批判》,上海:上海书店出版社,2000年,第4页。

严复自由观中的群己关系问题也是学界探讨较多的一个问题。冯友兰曾评说:"穆勒有一个论自由的著作,照严复译书的惯例,应该把这部书的名称译为'自由论'或'原自由',可是他不这样翻,而把它译为《群己权界论》。这说明他所着重的不是个人自由,而是个人自由的界限。"①也就是说,严复强调个人的自由要服从国家的利益,强调"合群""合理""两利"的自由观。对于严复自由观中"己轻群重"思想的理解,汪丹在《严复"伦理本位"的自由观》一文中,结合中国伦理本位的文化传统,肯定了严复"两害相权,己轻群重"的价值内涵,理解了严复对"西方自由主义思想"的本土化输出。卢兴则从严复对英国古典自由主义传统的继承和对中国现实的认知角度,在《自由·富强·国治主义——严复自由主义思想的三个主题》(《哲学动态》,2015 年第 3 期)一文中肯定了严复提出"国群自繇"与"小己自繇"的区别,并且认为前者才是当务之急。学术界亦有在严复个体与群体关系之间寻找平衡的研究者,如黄克武说:"他既没有将个人置于群体之上,也没有将群体置于个人之上,而是秉承了中国传统中'成己成物''明德新民'之观念,而有的第三种选择:个人与群体一样的重要。"②黄克武认为严复通过中国传统观念中的"推己及人"的恕道精神,将个人与群体的关系进行了有效融合。周昌龙在《严复自由观的三层意义》一文中更是进一步指出:"从个人道德发展或人类自我完善的角度而言,严复所言'絜矩之道'将诚意修身联系到治国平天下,最后可以达到《中庸》所谓'成己成物'的圣王境界,泯灭人我界限。这是严复对群己权界做出更积极的提升,比纯粹限制群体或个人权利,显然更具一层提升的境界。"③无疑,学界对于严复所提的自由观下的"己轻群重"观点是认可的。

4. 关于"群"

"群"是严复思想中极为重要的一个概念,这也使得有学者将严复视为中国近代社会伦理史中的重要人物。正如俞政在《严复的社会伦理思想》一文中所说的,"严复是近代最早引进西方社会学的学者之一,但他的社会伦理思想没有得到足够的重视。例如有两种《中国社会思想史》根本没有论及严复,另有一种

---

① 冯友兰:《三松堂全集(第十卷)》,郑州:河南人民出版社,2000 年,第 443 页。
② 黄克武:《严复对约翰弥尔自由主义的认识与批判》,《科学·经济·社会》,1998 年第 4 期。
③ 刘桂生,林启彦,王宪明:《严复思想新论》,北京:清华大学出版社,1999 年,第 70 页。

《近代中国社会学》虽为严复设立了专节,所述内容却大多不是社会思想"①。也就是说,至少作为社会伦理学家,严复并未得到学界应有的重视。"严复从西方引进社会伦理思想,主要论述群际关系、群己关系和群内人际关系,目的是'保群'。"②"保群""合群""善群"一直是严复思考的重要伦理问题,也是其"群学"伦理思想的重要组成部分。但是从伦理学角度对严复群己观进行研究的成果并不多。皮后锋在《严复评传》中指出:"在《天演论》中,严复将斯宾塞阐述的动物伦理、亚人类正义与人类正义等不同历史发展阶段的伦理原则糅合在一起,反复向中国读者介绍,强调'己轻群重''舍己为群'。"③"合群""保群"是近代中国社会一致的观点,但"合群""保群"是否就是"群学","群学"是否就是社会学,姚纯安对这类问题做了研究,针对明末群学思潮作了具体区分,在《清末群学辨证——以康有为、梁启超、严复为中心》一文中,他强调指出,清末时期的群学并不等于社会学,康梁所倡群学主要是合群立会之说,带有浓厚的政治色彩,而严复所言群学是西方早期的社会学,这进一步明确了严复思想的近代价值。同样对"群"作了细致区分的还有郭萍的《澄清不同层面的"群己权界":基于严复〈群己权界论〉的分析》,郭萍认为"群己权界论"的"群"分为国群、市民社会、政治国家三个概念理解,这有助于从西方社会学角度解析严复群的概念。

(三)严复伦理思想研究的现状

虽然关于严复思想研究的成果非常丰富,但是却缺乏伦理角度的研究专著,这是件非常遗憾的事情。然而这并不意味着严复思想不具有伦理价值,相反,严复思想中的伦理价值得到中外诸多学者的一致认可。美国学者本杰明·史华兹就肯定地说:"正是在《天演论》中,他(严复)十分清楚地表达了自己对达尔文主义和它所包含的伦理的神圣信仰。"④日本学者高柳信夫在《严复进化思想新探:近代中国进化思想的一类型》⑤中肯定了严复是立足于传统文化背景下对西方文化进行选择性接受,指出严复以苦乐定善恶的功利主义的伦理立场。

---

① 俞政:《严复的社会伦理思想》,《史林》,2004年第3期。
② 俞政:《严复的社会伦理思想》,《史林》,2004年第3期。
③ 皮后锋:《严复评传》(下),南京:南京大学出版社,2011年,第371页。
④ [美]本杰明·史华兹:《寻求富强:严复与西方》,叶凤美译,南京:江苏人民出版社,1996年,第101页。
⑤ 收录于胡伟希:《辛亥革命与中国近代思想文化》,北京:中国人民大学出版社,1991年,第287页。

汪晖早在20世纪的《严复的三个世界》中就指出,"严复的天演概念不能简单地约化为进化或进步的概念,其中内在地包含了循环论的逻辑及其道德预设"①。

对于严复的伦理思想,学界从伦理思想史的视角一般围绕以下五点对其展开介绍:① 进化论的伦理思想。严复源于达尔文进化论和斯宾塞的社会达尔文的进化论伦理思想,以"物竞天择""适者生存"的进化论观点唤起人们救亡图存的爱国意识,以应对严峻的民族危机。② "背苦向乐"和"开明自营"的道德学说。严复在人性论方面,肯定人的"背苦向乐"的自然本能是人的本性;在利益观方面,肯定人的私利,但同时要求私利的合理性。③ "以自由为体,以民主为用"的自由观。严复发现中西方在自由问题上的根本区别,造成了中西政治、道德、社会风习上的一系列差异。严复提倡"自由天赋,不可侵犯",也深知个人自由绝不能损害他人自由,他强调个人自由,也重视群体自由。④ "鼓民力、开民智、新民德"的国民性改造思想。接受斯宾塞的"社会有机论"的观点,严复认为国家的优劣取决于个人的优劣。他看到中国已是"民智已下矣,民德已衰矣,民力已困矣"的社会病态,提出要振兴中国,当务之急要"鼓民力、开民智、新民德"。⑤ "统新故,苞中外"的文化观。在中西文化观上,虽然有学者指出严复在早期过分崇尚西学,中期主张中西文化并存,后期过于否定西学,崇尚中学,但严复总体上对待中西文化是主张中西调和和融合的。② 伦理思想史的介绍可以帮助我们比较全面地了解严复伦理思想的概貌以及纵向的伦理思想发展脉络,尤其充分肯定严复作为近代启蒙思想家引入西方近代伦理思想的努力,突出严复对近代伦理启蒙所作出的显著贡献,但缺乏对其深入的研究。

要深入研究严复的伦理思想,在了解对其的整体研究基础上,还需回到有关伦理思想的研究成果中。在西学东渐、社会转型的时代大背景下,随着封建宗法体系的崩塌,道德重建成为当时急需解决的一大问题。严复所提出的具有近代化特征的伦理观点,无疑为这一历史性转变作出了巨大贡献。田薇和胡伟希从学术思想史的角度提出:"严复建立了一种新的天演论道德观,突破了中国传统伦理思想的框架,这就是从心学到群学、从人性论到进化论、从修己论到功

---

① 汪晖:《严复的三个世界》,《学人》第12辑,南京:江苏文艺出版社,1997年,第29页。
② 参见《中国伦理思想史》编写组:《中国伦理思想史》,北京:高等教育出版社,2015年;温克勤:《中国伦理思想简史》,北京:社会科学文献出版社,2013年;陈瑛:《中国伦理思想史》,贵阳:贵州人民出版社,1985年;陈少峰:《中国伦理学史新编》,北京:北京大学出版社,2013年;罗国杰:《中国伦理思想史》,北京:中国人民大学出版社,2008年。

利论、从善恶论到苦乐论,对于中国近现代伦理思想的历史性变迁具有奠基性作用。"①李承贵在《论严复对中国传统道德的改铸》一文中指出:严复思想对中国传统道德的改铸具有资本主义伦理色彩和后现代价值诉求两大特点,表现在义利关系、群己关系、自由责任关系、权利义务关系、善恶标准等方面,全面对传统道德进行改造,对铸造我国传统道德的内容以及提示道德建设的方式和方向具有启示作用。隋淑芬在《严复关于道德转型的思想及其价值》一文中,基于人道主义伦理原则肯定了严复的功利主义思想,重视中国传统道德的普世性,挖掘传统道德的价值。

事实上,道义与功利关系的道德原则问题一直是伦理界探讨的热点问题,也是中国传统义利观在当下的一种表达方式,学界基本肯定了严复的"开明自营"的新义利观。熊乡江在《严复对中国传统义利观的重构》中指出:"严复的义利观是中西思想融会的结晶。他汲取了进化论思想,又以英国古典经济学家亚当·斯密的思想为理论武器,指出传统厚义薄利、耻于言利的义利观是造成中国落后的重要原因,认为中国若不痛改讳言利之习,不力破重农抑商之故,就不可能挽救国家于危亡之中,实现富国裕民。严复根据近代中国国情,重建义利统一、两利为利的新义利观,赋予了传统义利观富有时代特色的新内涵。"②闫咏梅、贾新奇在《严复的合理利己主义与传统道德原则的终结》中指出:"中国传统伦理学提出的道德原则可分为利他主义和利己主义两种,在此基础上,严复提出了一种新的道德原则,即合理利己主义。合理利己主义之取代传统道德原则,在中国思想史上具有重要的意义,不仅在理论层面反映了人我观、义利观的不同,更深一层看,是不同经济生产方式和社会制度在伦理思想上的反映。承认人的自利行为的正当性,又强调自我利益实现过程中的'合理'性,在现代社会更有利于实现个体自我利益与社会利益的最大化。"③郑双阳指出:"严复深刻批判了封建传统经济伦理思想,巧妙地利用西方功利主义原则、进化论原理和自然人性论,深刻地论证了合理利己主义的道德正当性,申张了合理利己主义。

---

① 田薇,胡伟希:《略论严复的天演论道德观及其对中国传统伦理思想的突破》,《教学与研究》,2005年第7期。
② 熊乡江:《严复对中国传统义利观的重构》,《江西社会科学》,2009年第1期。
③ 闫咏梅、贾新奇:《严复的合理利己主义与传统道德原则的终结》,《山西师大学报(社会科学版)》,2012年第39卷第1期。

对合理利己主义的申张是严复对近代中国经济伦理转型的主要贡献。"①

可见,进化论在严复的伦理思想中具有重要的基础性地位。而在进化论伦理思想的研究成果中,学者高力克围绕进化与伦理的关系问题对严复的伦理观做了研究,他在《自由、演化与传统:严复的伦理观》一文中指出:"严复的伦理观及其对晚清中西文化冲突之意义危机的回应,其旨在整合公民社会伦理与儒家道德传统、输入新伦理与调和旧道德的伦理调整方案,表征着严复自由与保守兼备的古典思想气质,以及晚清启蒙运动之温和的苏格兰路向。"此外,他还着重探讨了进化与伦理之间的张力②。此外,付彦会的硕士论文《严复进化论伦理思想研究》(2013年)和赵金国的硕士论文《严复〈天演论〉伦理思想研究》都主要围绕进化论与人性论等伦理基础理论、"合群""保群"的国群道德原则和严复的集体主义思想的义利观展开论述。付彦会注重于传统伦理在人性论、群己观、义利观和价值观等方面的近现代变革,赵金国侧重于"国群"道德原则,即"'国群'的自立、富强是严复《天演论》创作的初衷,唤醒国人的危机意识和'与天争胜'的人文精神是《天演论》创作的目的"③。另外何云岩在硕士论文《严复的进化论与人学思想研究》(2006年)中通过对中国近代社会背景的介绍和"物竞"进化原理下天择与人治的关系的阐释,论证了人类社会进化发展对人的自身发展的需要,重视人的力、智、德的全面发展。这些研究证明,进化论在严复的伦理思想中还具有非常重要的伦理启蒙意义。

高力克还关注了严复的启蒙伦理思想,在《严复的伦理观与苏格兰启蒙哲学》一文中他又进一步从严复调和新旧道德的温和式伦理观与英国18世纪的古典自由主义传统之间的关系出发,论证了严复关于义利统一、教学二元、新旧调和的观点的苏格兰式经验主义与调和论倾向;严复乐善苦恶的功利主义伦理观与休谟、斯密的道德哲学的浓厚的功利主义的关系;严复的宗教态度与休谟所信奉的宗教不可知论。在《启蒙先知:严复、梁启超的思想革命》一书中,高力克围绕启蒙、自由、伦理等多个问题做了研究。

可以说,学者们从不同视角结合各自不同的研究旨趣、不同的文化背景,收

---

① 郑双阳:《合理利己主义的申张:严复对近代中国经济伦理转型的贡献》,《长春工业大学(社会科学版)》,2011年第23卷第4期。
② 高力克:《严复问题:在进化与伦理之间》,《浙江社会科学》,2018年第12期。
③ 赵金国:《严复〈天演论〉伦理思想研究》,中南大学硕士论文,2010年。

获了丰富的成果。对于"严复这样思想深刻复杂的思想家",已有的丰硕研究成果不断丰满了严复形象,同时也为本书的研究提供了大量优质的文献资料。以上研究对了解严复的伦理思想、全面认识严复、丰富近代中国思想史有很大贡献,但也存有一些不足:

首先,研究视角不够全面。研究者更多地从政治思想史和社会史角度强调他为民族救亡所作的巨大贡献,而从道德哲学层面对严复思想的探究却不够充分,特别是严复为近现代中国伦理奠基的意义,研究尚有阙如,且有关严复伦理思想专题研究的成果并不多。究其原因,一方面与处于变革时期的社会环境有关,另一方面与严复庞大的思想体系不无关系。从严复所译著作看,其思想涉及哲学、政治、经济、社会、法律等诸多领域,看似未对伦理思想作专门的阐述,但伦理关怀始终是严复思想的暗流。新思潮的本土化吸收,国家富强目标的实现,对未来文明社会的追求,无一不是在伦理维度下推进的。

其次,研究路向显单一,呈线状研究,而没有关注到严复思想体系的整体框架。"严译八大名著"——赫胥黎的《天演论》、亚当·斯密的《原富》、斯宾塞的《群学肄言》、约翰·穆勒的《群己权界论》和《名学》、孟德斯鸠的《法意》、甄克思的《社会通诠》、耶方斯的《名学浅说》,这些著作都是严复用心择取,精心挑选的。翻译这些作品的意图无不饱含严复对社会进行全面革新的深意,已有研究往往偏于一隅,而缺乏对其整体的把握。

再者,研究成果尚有不平衡现象,某些论题研究较多,而有些却明显不足。比如在民族主义思想方面的研究目前很少。关于中国近代史上的民族主义的研究,学者们更多地从政治民族主义角度研究了梁启超、孙中山的民族主义思想。严复思想中由进化观引发的民族伦理意识转变问题,并未引起人们的关注。而中国近代民族主义思潮,酝酿于19世纪中叶,1895年甲午战败后得以兴盛。为了抵抗外敌,严复的进化论催促了近代民族主义的产生,他批判"野蛮排外",呼吁"合群保种",对传统以"华夷之辨"为核心的民族主义意识进行了否定,推动了民族观从传统向近代的转型,促进了近代民族国家认同,作为伦理实体民族的近现代意义的生成源于严复,而严复在民族国家概念形成过程中所作的始源性贡献,却被人们所忽视。

最后,现代问题意识不够。严复在近代思想史上的启蒙地位已经是学界所公认的。他破旧立新所带来的历史变革不管是从古今对比的视角,还是用中西对比的方法,学者们已经运用丰富的史料进行了充分的研究。激进抑或保守,落后抑或稳健,整个思想进程是"先西化再折中到保守"的三段变化论,还是一以贯之的坚持,学者们见仁见智的论述已然将这些问题阐述得越发明朗。如果说读史可以明智,那么我们研究百年前严复思想的价值特别是其伦理价值应该是重在现在及未来。但先行研究成果中结合现代化的主题来研究的现代问题意识比较薄弱。如何将严复伦理思想的现代价值及意义加以阐述,并指出其对当下及未来的借鉴意义,研究尚待深入。

三、研究目的与思路、重点难点、创新点

(一)研究目的与思路

严复作为我国近代重要的启蒙思想家,其伦理思想最重要的价值在于引领了中国传统伦理向近现代的转变。从严复思想的主要内容看,"优胜劣汰"的进化论思想、近代民族意识及近代自由理念,是其主要组成部分,这些思想本身就异于传统的伦理观念,而在严复的伦理思想体系中具有极为重要的核心地位。在近代中西文化冲突、民族冲撞的特殊时局背景下,这三大思想主题不是彼此独立而是相互交织的,不仅构成严复思想中推动传统伦理意识形态发生转变的重要力量,而且对构建中国近现代伦理发挥了奠基性作用,意义深远。天演进化论是严复搭建思想体系的逻辑起点和理论基石。"优胜劣汰"的生存规则唤醒了人们的民族危机意识,孕育了近代民族主义形成所需的民族认同感,实现了民族意识由"自在"向"自觉"的转变。"适者生存"的发展观激发了人们对自身个性发展的欲求,进而发现了自由于人的价值意义。而自由主义与民族主义两者之间存在的张力问题,在严复的思想体系中,折射为小己自由与国群自由的紧张。本书的研究思路及各章安排如下:

第一章主要介绍严复伦理思想的时代特征。天朝帝国遭遇了史上"数千年未遇之变局",传统儒家德治伦理体系建构下的宗法体制社会无力回应此变局,陷入民族危机和伦理困境。在救亡图存的道路上,仁人志士们为挽救民族危机,实现国家富强与民族复兴,提出各种救国方案,作了不懈努力,但一切改良终究会遭遇封建纲常的藩篱。严复开创了西学启蒙救国之路,登上了近代思想大舞台。

第二章旨在介绍严复新伦理建构的基本理论基石——《天演论》。根据赫胥黎所著《进化论与伦理学》一书译出的《天演论》中,严复极力地宣传了社会达

尔文主义思想,认为"物竞天择、适者生存"是自然界和人类社会发展共同遵循的普遍规律。关于社会达尔文主义思想,相比于赫胥黎,严复更为赞赏斯宾塞。但对于来源于西方的社会达尔文主义思想,严复作了自己的解读与阐释。他的天演进化思想中富含丰富的伦理内涵,"物竞天择,适者生存""与天争胜,体合求存""鼓民力,开民智,新民德",这些观点为传统古典意义世界带来深远的影响,批判了"天不变,道亦不变"的价值观,否定了心学对人的禁锢,对传统天人关系进行了近代祛魅。

第三章论述了近代"民族"观念下的伦理转型。中国传统民族观主要体现为"华尊夷卑观""华夏中心观"及"华夷之辨"或"夷夏大防"的观念。"华"即华夏文明,在当时的中华文明中居于主导地位。"夷"即未受礼仪熏沐的落后民族,后来在中西交通后,又指向西方国家,认为他们和古代中国周边不知华夏文明的少数民族一样落后。"华夷之辨"内含有种族偏向和文化民族主义意识。近代随着西方入侵,国人传统民族观念开始发生变化。如果说近代民族主义是建立在民族认同、民族平等意识和民族忧患意识的基础之上的,那么严复的天演进化论则成了中国近代民族主义产生的催化剂。《天演论》中"物竞天择,适者生存"的思想,激发了国人强烈的民族危机感,"天演之事,将使能群者存,不群者灭;善群者存,不善群者灭"的"合群""善群"观念,促成了民族团结,彰显了严复独特的民族观。严复具有近代特色的民族观念批判了传统民族意识中的"夷夏之辨"思想,建构了近代民族国家意识。

第四章重点围绕近代伦理的核心价值"自由"进行了探讨。从明中叶到明末清初,就已经出现了近代伦理启蒙的先声。明末三大家的思想,触及了封建专制的合理性问题,批判了"三纲"这一封建社会的最高政治原则和伦理原则,但都没有彻底地否定封建专制制度,进步中又包含局限性。近代严重的民族危机下,为了救亡图存,从"严夷夏大防"到"悉夷",从"师夷"到"中体西用"说,精英们作了各式探寻,但终究超越不了传统伦理体系,而严复一语道破中西差异关键:"则自由不自由异耳",进而提出了近代伦理核心理念——自由。"自由为体,民主为用"是对西方思想文化最深刻的认识,发掘了自由对解放个人能力发展的重要性,批判了封建纲常名教对人的束缚和宗法礼教的非人道主义。近代自由理念下有了对义利价值观的重新认识,提倡"开明自营",颠覆了儒家重义轻利的义利观,而且严复认识到自由不是"放荡不羁",也不是单纯的精神人格自由,不是"恕道",而是一种群己关系的问题。严复指出,"自入群而后,我自由者人亦自由,使无限制约束,便入强权世界,而相冲突。故曰人得自由,而必以他人之自由为界",从近代意义出发,对自由进行了内在规定。

第五章主要论述了自由主义与民族主义之调和。严复的自由思想中深藏有对民族主义的深切关怀,从而形成了严复有关小己自由与国群自由之间的紧张。西方自由主义发展路径上始终是以追求个人权利为首要目的,国家是为了保护个人权利而存在。而近代中国有着丧失主权的民族危机,"皮之不存,毛将焉附",保护国家独立自由无疑是首要的任务,只有国家尚存,个人自由才得以实现。中西不同的语境有着不同的价值偏向,自由主义与民族主义各有所重,然而民族主义作为一种集体意识,一种情感,一种思想体系,本身具有统领、涵盖、弥漫其他思潮的特点,与自由主义不一定就是对立存在。故而,从群己同构以及传统整体至上的"群"观念出发,严复的小己自由与国群自由具有统一性,严复的国群自由优先的伦理抉择体现了自由主义与民族主义的共生性。

(二) 重点难点

第一,中国社会的近现代推进与伦理思想的近代转变息息相关,然而强大的华夷意识以及根深蒂固的纲常伦理思想严重禁锢国人的思维,自 19 世纪中叶后的半个世纪,国人虽作了诸多尝试以挽救民族危亡,但囿于时代伦理思想的限制,各种方案均未能改变实况。伦理价值由传统向近代转变是中国社会近代化的核心问题,也是中国近代危局所需解决的伦理问题。

第二,严复的伦理思想从一开始就具有颠覆传统伦理的威慑力,他一改延续传统的思维模式,借助于西方近代伦理思想对传统发起猛烈冲击。富含近代社会性的进化伦理思想、自由民主理念无一不是批判传统伦理的新生力量。严复作为近代重要的启蒙思想家,其思想的近代启蒙内涵是被充分肯定的,但是其思想的伦理价值内涵却并未得到重视,相关资料不是很多,而本书的重点是从伦理学角度对其思想进行阐释。

第三,突显严复思想的近现代伦理价值。严复的伦理思想折射出社会问题的复杂性,包括中西文化的冲突与共荣、群体和个体的和谐共生、伦理与政治的兼容统一等等。这些问题都伴随着近代社会的到来而产生,是具有时代性的问题,也是严复伦理思想的深刻之处。

(三) 创新点

本书将严复伦理思想的贡献定位于对中国近现代伦理的奠基,创新之处主要体现以下几点：

第一，本研究系统梳理了严复在近现代伦理转型中的具体贡献，包括"天演""国群""民族自由"等理念激发的中国近现代新伦理思想，由此总结出了严复为中国近现代伦理的奠基作出的杰出贡献。

第二，阐明了严复"民族"观念的伦理意义。近现代的"民族"首先是一个政治意义上的概念，是成立近现代民族国家的基础。但是，严复提出的"国群""国族"不仅是近现代国家的基础，也成为中国新伦理的基石——从传统的宗法家族本位、君权至上的伦理体系转向民族、国家优先的伦理体系。

第三，指出了严复"群己关系"理论的历史贡献。严复认同"自由"价值之崇高，高度肯定了个人的尊严与权利，但从中国国情出发，更强调"群体"价值的优先性。因此，在自由主义与民族主义之间，他认为民族优先于个体、国家优先于个人，这无疑是理性的抉择，也为"爱国"观念之形成作出了巨大贡献。

第一章　严复伦理思想的时代特征

以赛亚·伯林(Isaiah Berlin,1909—1997)曾在《维科与赫尔德》中说:"思想不会从真空中诞生,也不会不孕而育。"①严复伦理思想的形成与那个复杂的时期息息相关,不但紧扣时代脉搏,而且影响了中国近现代伦理思想的转型。美国学者本杰明·史华兹(Benjamin I. Schwartz,1916—1999)教授更清晰地指出:"严复的所有信奉必须都放在由国家危机造成的背景中来看。"②也就是说,严复的思想与中国近代以来的"国家危机"紧紧地联系在一起,深深地烙上了"数千年未有之变局"(李鸿章)的印记。一言以蔽之,严复伦理思想产生于国家危机、民族危亡时期,在救亡图存、追求富强的努力中,在固有伦理体系崩溃、新伦理了无头绪的时刻,严复敏锐的眼光与深刻的洞察力,使其成为建立中国近现代新伦理的先驱者之一。

第一节　"数千年未有之变局"

一、王朝帝国内忧外患

严复生于1854年(清文宗咸丰四年),卒于1921年(民国十年)。从1854年到1921年的这段时期于漫长的历史长河而言,如沧海一粟般渺小不值一提,然而对于中华民族而言,却如翻天覆地般刻骨铭心:1851—1864年太平天国农民运动;1856—1860年第二次鸦片战争;1894—1895年中日甲午海战;1898年6—9月戊戌变法;1900—1901年八国联军侵华战争;1911年辛亥革命,封建社

---

① Berlin, Vico and Herder: Two Stdudies in the History of Idea, p. xv.
② [美]本杰明·史华兹:《寻求富强:严复与西方》,叶凤美译,南京:江苏人民出版社,1996年,第61页。

第一章 严复伦理思想的时代特征

会结束。简单地回顾一下从1851年到1921年间所发生的重大历史事件,只觉得战乱频仍,矛盾重重。

1851年爆发的太平天国农民起义,是中国历史上最大规模的农民运动,给清朝统治带来沉重的打击。虽然这场由农民阶级发起的运动有其自身的局限性,但它的爆发足以说明国内矛盾之尖锐,冰冻三尺非一日之寒。1840年第一次中英战争之后,清廷被迫签订了一系列的不平等条约,为支付巨额战争赔款和赎城费用,清政府加大对老百姓的横征暴敛。与此同时,西方列强还大量倾销商品,冲击了本土的城乡手工业,农民和手工业者纷纷开始破产。而地主阶级又乘虚而入兼并农民的土地,加重盘剥老百姓。恰逢此时国内自然灾害连年不断,百姓生活苦不堪言。《浔州府志》记载:

(道光)十三年癸巳,五月桂平蝗。十四年甲午夏,浔州蝗。七月初七日,桂平大宣里鹏化、紫荆、五指三山水同发,平地深三尺,岁大歉。十五年乙未,平南蝗食草木百谷殆尽。十六年丙申,平南再蝗。十七年丁酉春三月朔,浔州雹,大如斗。居民折椽破瓦,冬雪蝗尽殪。二十年庚子六月,浔州大旱。①

随着民族矛盾加剧,国内阶级矛盾恶化,广大农民处在水深火热之中,纷纷揭竿而起,据统计,当时各地人民自发的反清起义累计可达110多次。内患不止,外乱又起:以1840年的鸦片战争为开端,1856年英法联军发动了第二次鸦片战争;1883年法国发动了中法战争;1894年日本发动了中日之间的甲午战争;1900年,八国联军又发动了侵华战争。这些战争均以中国的惨败而告终,一系列不平等条约蜂拥而至。昔日的封建帝国逐步陷入了半殖民地的深渊,中华民族到了生死存亡的关头。李鸿章用"数千年未有之变局"来形容当时所遭遇的外来危机。"未有"的显性表现是西方国家由原来的"不惜为清廷效力,或讨好清廷,自认为属国"②转变为"贡表失辞,抗若敌体"③,而且"政教之有绪,富强之有本"④。而"未有"的隐性原因在于世界格局的悄然变化,封建帝国卷入近代世界格局的漩涡之中。面对强敌被迫签订不平等条约开放港口的心理与曾经

---

① 王俊臣:《浔州府志19》,魏笃修,南宁市美术油印社,第11页。
② 万明:《中国融入世界的步履:明与清前期海外政策比较研究》,北京:社会科学文献出版社,2000年,第420页。
③ 台北"中央研究院"近代史研究所编:《近代中国对西方及列强认识资料汇编 第1辑》,台北"中央研究院"近代史研究所,1972年,第774页。
④ 曾纪泽:《伦敦致丁雨生中丞》,《曾纪泽集》,长沙:岳麓书社,2005年,第161页。

基于自身的强盛与文化自信而自觉对外开放的气度不可同日而语。

中西差距有目共睹。宋代张载有言:"雷霆感动虽速,然其所由来亦渐尔。"(《正蒙·参两》)清廷的衰败自然是多种原因累积的结果,其中数百年的锁国政策所带来的消极影响不容忽视。自明代开始的禁海锁国,到了清朝进一步加剧。固然闭关锁国可以隔绝外来势力的侵扰,强化和巩固封建统治,但也屏蔽了对世界的认知渠道,隔绝了刺激社会发展的一切外来因素。闭关锁国于当时而言是弊大于利。从15世纪开始,西方资本主义开始萌发,文艺复兴、宗教改革后,欧洲各国陆续进行了产业革命,有了翻天覆地的变化,中华帝国已呈偏处一隅之劣势,却紧锁大门,全然不知。乾隆帝1793年给英王乔治三世的敕书中还这样写道,"天朝物产丰盈,无所不有,原不藉外夷货物以通有无。特因天朝所产茶叶、瓷器、丝斤为西洋各国及尔国必需之物,是以加恩体恤,在澳门开设洋行,俾得日用有资,并沾余润"①,自足自傲之意溢于言表。所以,驱动锁国政策的深层原因来自麻木自大的民族心理和封建经济观念。封建社会的经济观念以自给自足的自然农业经济为社会经济的主体,而商业经济贸易被视为末枝,受到抑制。妄自尊大的民族心理更是影响深远,视自己为文明的代表、世界的中心,其他民族是未开化的野蛮夷狄之邦。这种麻木自大的民族心理妨碍对一切优秀文化的吸收,成为抵制西学的重要原因。在对待西方文化的态度上,中日两国虽有着相似的历史遭遇,却做出了截然不同的反应。费正清说:"这个世纪(19世纪)中叶以后,当西学在日本迅速成为全民族注意的中心之际,它在中国却于数十年中被限制在通商口岸范围之内和数量有限的办理所谓'洋务'的官员之中。"②

中国士大夫视西方为夷狄,在他们看来,列强那些先进技术只是不登大雅之堂的"雕虫小技",只有圣言义理才是王道,他们依然活在自己的传统精神世界里。但是,随着对西方认识的不断深入,国人越来越发现此"夷"非彼"夷"。为了增强国力抵御外敌,以"自强求富"为口号的洋务运动在各地兴起。在李鸿章为首的洋务派的带领下,国内自上而下掀起学习西方技术的一股潮流。在洋务运动的推动下,借用西方先进技术,国内开创了一大批军事工业和民办企业

---

① 《大清高宗纯皇帝实录》,卷1435。
② [美]费正清、刘广京:《剑桥中国晚清史:1800—1911年》下卷,北京:中国社会科学出版社,1985年,第323—324页。

以及培养先进科技人才的新式学堂。洋务运动促进了资本经济的发展,给国内生产带来了生机和活力,但未能改变帝国的命运。1894年甲午海战爆发,北洋水师全军覆没,至此历时30余年的洋务运动以失败告终。海战失败给国人以沉重的打击,开明知识分子认识到技术不能救国,他们开始向西方学习先进的政治制度以寻求救国途径。1898年6月发生了百日维新,以康有为、梁启超为代表的维新派倡导学习西方,改革社会政治制度。

王朝危机在内忧外患的夹缝中日趋严重,这个在历史上数次遭遇外族入侵都安然无恙的封建帝国,一直以受四周诸国崇拜敬仰的文明中心地自居,然而在进入19世纪后,原有的安稳和秩序被欧洲列强所打破,清廷的不作为在内忧外患面前不证自明。就这样,在迈入19世纪中叶后,所有的志士仁人只有一个共同的使命:保种救国。

二、儒家伦理的衰落

如果说主权沦丧是列强入侵给封建帝国带来的政治危机的话,那么,伴随着西学东渐,西方的思想文化同时也动摇了支撑帝国大厦的封建伦理价值体系。经过两千多年不断锤炼而构建的伦理秩序为维护封建统治提供了最有力的保障,然其弊端也日益显露。

儒家伦理自孔孟开创以来,经由两汉时期"天人感应"伦理体系的建构,到宋代,实现了以"三纲五常"为主要内容、以"天人之际"为思维范式的完整的理论体系。宋明理学通过本体论的建构,超越了汉代天人感应的理论模式,成为封建伦理有力的依托,完善了封建伦理体系。经过数千年的发展,儒家伦理占据主流价值中心位置,成为封建王朝的立国之本。

但是从伦理道德的发展角度来看,儒学发展到宋明理学时,也陷入了自身伦理体系的困境之中。虽然经过程朱的努力,传统封建伦理实现了形而上的本体论建构,但是"天理"仅是一种外在于个体的伦理要求,这种强制性的伦理要求忽视个体的意志自由,无法实现主体真正的道德自觉,从而日益僵化。为了弥补"理学"的不足,王阳明心学提出"心即理也"(《传习录》),"此心无私欲之蔽,即是天理"(《传习录》)。强调心的自主性,"良知是尔自家底准则"(《传习录》),将理学所依据的外在的"超验之天"的绝对道德律令转化为主体内在的"超验之心"。心学在调和个体之心与绝对"天理"的同时,强调主体的自觉性、能动性,激发了个体意识,这种"自主"意识在很大程度上鼓励了人的独立思考,是非善恶皆由我而断。虽然主观上心学是为了扭转理学"外假仁义之名,而内以行其自私自利之实"(《传习录》)的弊端,客观上却成了冲击理学束缚的革新的力量。蔡元培指出"(王阳明)矫朱学末流之弊,促思想之自由,而励实践之勇气者,其功固昭然不可掩也"①,但是王阳明心学不重书本和见闻的知识研究,只认良知,有空疏之弊。明亡而满族入主中原之后,学者痛定思痛,针砭王学末流空谈心性、离弃世务的遗毒,一时经世致用蔚然成风。顾炎武、黄宗羲、王夫之、颜元等人成为代表这一风气的大师。他们从通经入手,以明道救世为归极,考据派应运而生。顾炎武以尊重证据与脱略依傍的治学态度,成为清代考据学派的开山者。考据学者以"汉学"相标榜,他们转求实证、不涉空论的治学态度,与当时崇尚义理的"宋学"形成对峙。然而清朝统治者延续了对程朱理学的推崇,在明代专制统治的基础上进一步强化对学术的垄断,禁毁一切带有民族意识、夷夏之防观念的典籍,迫害反清的知识分子,大兴文字狱,以高压手段使得经世致用之风没能掀起浪潮。

经世致用之风未能产生影响社会局面的实际效果,在坚固的封建伦理纲常体系支配下,清王朝的统治使得封建专制进一步加强,对思想的禁锢与统治也进一步加深,这说明儒家伦理思想逐渐丧失了自我更新的活力。虽然如此,其长久以来所形成的伦理—政治一体的治理模式,仍维持着社会的稳定,如若没有列强的入侵,这个古老的封建帝国还会按部就班地延续下去。但是,鸦片战争以后,一系列社会问题在强大的西方列强的映衬下日益暴露,国家不能改革,科学不能发展,无法应对时弊,儒家伦理落后于时代、阻碍中国社会发展的弊端日益凸显出来。

第二节 经世救国的伦理羁绊(1840—1895)

曾经的"康乾盛世"现已是明日黄花。国家的危机从 1840 年鸦片战争爆发后正式拉开序幕。这场看似东西方国家地域的较量,实则是古老文明与近代文明之间的斗争。封建古老帝国被迫走上了半殖民地化的道路,国人的民族救亡之历程由此开始。

---

① 蔡元培:《中国伦理学史(外一种)》,北京:商务印书馆,2017 年,第 107 页。

一、"师夷长技以制夷":夷夏之辨的延续

夷夏之分别本质上是伦理上的差异。是否接受礼文化熏陶是区分夷夏的重要标志。所以,夷夏之辨是基于伦理差异的一种文化自尊与自信,但是,这种对于华夏伦理的优越感在近代却成为制约中国发展的巨大阻力。

鸦片战争是帝国主义对中国发动的第一次侵略战争,但其实欧洲帝国对中国这片东方市场垂涎已久。当中国还在留恋南船北马的时代时,以英国为首的西方国家已经进入能源时代、工业机械化、农业资本化,航海技术惊人。尤其是执牛耳的英国在工业革命后发展迅猛如脱缰野马,急需向海外扩张。商业的贪恋、政治的强暴性再加上文化的优越感,使西方以帝国主义的姿态对东方实施掠夺,它们终于凭借禁烟的导火线,引发了鸦片战争。

不得不说中国的战败给国人带来了不少震撼。冯桂芬感叹道:"有天地开辟以来未有之奇愤,凡有心知血气莫不冲冠发上指者,则今日之以广运万里、地球中第一大国而受制于小夷也。"[①]但是这种愤慨更多是来自不堪与不甘的民族自大心理,对于局势却很少有人具有理性客观的认识。不少人认为西方的技术是"奇技淫巧",不足挂齿。但也有少数先进的有识之士,通过中西冲突,开始放眼看世界。梁启超曾说:"'鸦片战役'以后,志士扼腕切齿,引为大辱奇戚,思所以自湔拔,经世致用观念之复活,炎炎不可抑。又海禁既开,所谓'西学'者逐渐输入,始则工艺,次则政制。学者若生息于漆室之中,不知室外更何所有,忽穴一牖外窥,则粲然者皆昔所未睹也,还顾室中,则皆沈黑积秽。于是对外求索之欲日炽,对内厌弃之情日烈。欲破壁以自拔于此黑暗,不得不先对于旧政治而试奋斗,于是以其极幼稚之'西学'知识,与清初启蒙期所谓'经世之学'者相结合,别树一派,向于正统派公然举叛旗矣。"[②]战后,有识之士认清考据学脱离实际、排斥实践的弊端,纷纷从"乾嘉时代"的"训诂考据"之学中走出,开始审时度势,向现实社会寻求出路,经世致用之风再次兴起,这次是经世救国。

当局之迷则是受困于"夷夏大防"的古训,抱残守缺。冲破这层壁垒才能看见曙光。林则徐则是"近代中国睁眼看世界的第一人"(范文澜语)。在鸦片战

---

① 冯桂芬:《校邠庐抗议》,上海:上海书店出版社,2002年,第48页。
② 梁启超:《清代学术概论》,北京:东方出版社,2012年,第62页。

争之前,国人对世界的认知是"徒知侈张中华,未睹寰瀛之大"①。人们延续着古老的"华夏中心观",深信中国位于天下的中心,"中土居大地之中,瀛环四海,其缘边滨海而居者,是谓之裔,海外诸国亦谓之裔"(《皇朝文献通考》)。这些旧识在大一统的庇护下蒙蔽了国人的智识,不知山外有山。作为封疆大吏的林则徐起初对新世界也是知之甚少,后来通过"日日使人刺探西事,翻译新书,又购其新闻纸"②,渐渐对世界有了新的认识。为了解世界情况,寻求抵抗英人侵略的方案,林则徐编译了《四洲志》。《四洲志》以地区和国家为单位,从自然地理、历史文化、政治经济、军事国情等方面对四大洲 30 多个国家进行了详细介绍,堪称世界知识宝库,帮助国人知晓世界,也认清自己。开眼看世界的林则徐对国人的启蒙之功功不可没。

此后,魏源"据前两广总督林尚书(林则徐)所译西夷之《四洲志》,再据历代史志,及明以来岛志,及近日夷图、夷语,钩稽贯串,创榛辟莽,前驱先路"③编成《海国图志》。魏源开宗明义地提出:"是书何以作?曰:为以夷攻夷而作,为以夷款夷而作,为师夷长技以制夷而作。"④"师夷"在"夷夏大防"的传统中,可谓逆流而上的壮举,魏源的胆识可谓可敬可佩。"师夷长技以制夷"的观念打破了夷夏大防,具有非凡的伦理性开创意义,是由传统迈向近代的第一步。魏源还具体对"长技"作了说明:"夷之长技三:一战舰,二火器,三养兵、练兵之法。"⑤他率先肯定西洋器械是"奇技"而非"淫巧",是"有用之物",我们可以虚心学习并使用。在对待外夷的态度上,国人一直拥有强烈的文化优越感,因其未受衣冠礼乐文明熏陶即称四周为"蛮夷狄戎"。魏源的"师夷"虽是为了"制夷",但客观上是承认了"夷"有可取之处。但这种看似"重技器"的态度与"重人伦"的传统相悖而行,是所谓的异端,所以魏源的提案难以被深受传统思想影响的士大夫们所理解和接受。在士大夫阶层看来,西方的新异事物是异端,是"奇技淫巧"。如郑观应所言:"今之自命为正人者,动以不谈洋务为高,见有讲求西学者,则斥之曰名教罪人,士林败类。"⑥魏源的提议遭到冷遇是必然,但正是这种不顾世俗、一

---

① 魏源:《圣武记》卷十,上海:世界书局,1936 年,第 317 页。
② 魏源:《圣武记》卷十,上海:世界书局,1936 年,第 317 页。
③ 魏源:《魏源集·海国图志·叙》,沈阳:辽宁人民出版社,1994 年,第 270 页。
④ 魏源:《魏源集·海国图志·叙》,沈阳:辽宁人民出版社,1994 年,第 270 页。
⑤ 魏源:《魏源集·海国图志·叙》,沈阳:辽宁人民出版社,1994 年,第 277 页。
⑥ 郑观应:《盛世危言·西学》,《郑观应集》(上),上海:上海人民出版社,1982 年,第 272 页。

第一章 严复伦理思想的时代特征

往无前的举动才恰好证明了魏源莫大的胆识与魄力。

"师夷长技以制夷"打破了自我文化封闭的状态,具有重要的时代意义。但是,魏源毕竟是传统人士,"师夷长技以制夷"之"夷"字还是透露出魏源等人对西方思想文化尚存轻视之意。在魏源看来,"中国智慧,无所不有,历算则日月薄蚀,闰余消息,不爽秒毫;仪器则钟表晷刻,不亚西土;至罗针、壶漏,则创自中国而后西行……硝提数次而烟白,铁经百炼而钢纯,皆与西洋无异"①。虽然在《海国图志》中,魏源指出了西方具有很多可取之处,但是在他的脑海中,中国的文化优越是抹消不掉的。民族文化心理伴随根深蒂固的民族自豪感,所有士大夫心里都藏有"西学中源"说的影子。这是在接受异质文化时,士大夫们的普遍心态。章开沅理解为排他性的防范心态,"中国传统文化的排他性,主要表现为害怕'用夷变夏'有失国体。这种防范心态,不仅守旧势力有,革新人士也有,只是程度不同而已"②。所以,虽然魏源倡导"师长技",但"长技"之内容也主要是西方先进军事武器、练兵之术、火轮船的制造及西洋算术等。

应该说,在当时恪守"杜民夷之争论,立中外之大防"祖训的社会风气中,林则徐、魏源等人能够承认瀛寰之大,实属不易,打破了自我文化封闭的局面。魏源所提出的"师夷长技以制夷"这一具有革命性的思想对中国近代产生了深远的影响,显露出国人开始向西人学习的谦虚态度,推动中国向前迈出了艰难的第一步。这种突破性的改变无疑是值得肯定的,但这批先进知识分子对西方文明还是不甚了解。

正如许纪霖所指出:

(国人)接受西洋文明的理由却出自天下主义,这就是"古已有之"论。王尔敏先生的研究表明,自龚自珍、魏源之后,最初一批"睁眼看世界"的开明士大夫,将西洋的学术政教,皆视为中国固有之物,所学于西洋者,实合于"礼失求诸野"的古训。"古已有之"论,有两种表现形态:一为西学得中国古意,一说西学源自中国。③

一方面,他们没有真正冲破封建窠臼,还是脱离不尽"夷夏之辨"的心理,实

---

① 魏源:《魏源全集》(第4册),长沙:岳麓书社,2011年,第38页。
② 章开沅:《章开沅文集》第6卷,武汉:华中师范大学出版社,2015年,第51页。
③ 许纪霖:《天下主义/夷夏之辨及其在近代的变异》,《华东师范大学学报》(哲学社会科学版),2010年第44卷第6期。

属夷夏之辨的延续。另一方面,面对强大的伦理传统,师夷长技虽然没有看到伦理传统的不足,但是,这却是在伦理传统的压力下摆脱伦理束缚的一次进步。

二、"中学为体,西学为用":纲常永恒

随着中国近代化进程的推进,最终要解决固守伦理传统与引进西学之间的矛盾,而"中体西用"是维护封建体制的最后结果。

从客观现实与社会影响来看,"师夷长技以制夷"的主张,关系到"善师四夷者,能制四夷;不善师外夷者,外夷制之"[①]的利害得失,为了"制夷",这一提议还是得到小部分人的赞许。在"师夷长技以制夷"的倡导下,为了实现"自强",学习西方先进技艺的风气越来越盛,其表征之一,就是洋务运动的不断推进。

洋务运动的兴起说明国人在积极寻求解决当前危局的方案,他们认识到旧法不能解决问题,需要学习西方的"长技"。李鸿章对"千年未有之变局"叹道:"犹欲以成法制之,譬如医者疗疾,不问何症,概投之以古方,诚未见其效也。"[②]他说:"西人专恃其枪炮、轮船之精利,故能横行于中土。……自强之道,在乎师其所能,夺其所恃耳。"[③]冯桂芬于1861年撰著的《校邠庐抗议》承认中国实不如外夷,除了军事上"船坚炮利不如夷",还有"人无弃材不如夷,地无遗利不如夷,君民不隔不如夷,名实必符不如夷"[④],所以要面对现实,采取措施,不耻外学。"法苟不善,虽古先吾斥之,法苟善,虽蛮貊吾师之。"[⑤]冯桂芬指出不仅要师夷长技"采西学""制洋器"发展工业,而且提出选举乡官等一系列解决君民相隔的措施。

在"自强"的救国目标驱使下,洋务运动的范围不断扩大,涉及内容也由浅入深。自1864年后,如江南机器制造总局这样的大型近代化军事工业相继问世。与此相应,为了更好地培养近代化人才,一批新式学堂如天津北洋学堂、江南陆师学堂等也陆续建成。在"求富"的洋务口号下,一批民用工业随之兴起,促进了中国近代工业的发展。

尽管如此,顽固派依然坚持守旧立场,以大学士倭仁为代表,高唱"立国之

---

① 魏源:《魏源集·海国图志叙》,沈阳:辽宁人民出版社,1994年,第270页。
② 李鸿章:《李鸿章全集·奏稿》,海口:海南出版社,1997年,第825页。
③ 李鸿章:《李鸿章全集·奏稿》,海口:海南出版社,1997年,第676页。
④ 冯桂芬:《校邠庐抗议·制洋器议》,上海:上海书店出版社,2002年,第49页。
⑤ 冯桂芬:《校邠庐抗议·收贫民议》,上海:上海书店出版社,2002年,第75页。

第一章　严复伦理思想的时代特征

道,尚礼义不尚权谋,根本之图,在人心不在技艺"①。在顽固派看来,"师夷"是对传统价值观和文化观的一种挑战。自古夷夏之分根深蒂固。"夏""华夏"始为地理概念,后来逐渐形成一种文化象征。以华夏自誉的中华民族,其独特的生活样态,便是有礼。"礼"原本是宗教祭奠中的仪式,"后来,许多社会活动程式化了,如宫廷中的举止、使节间的会议、箭艺比赛以及战场上的行为风度都有了一整套仪式、典礼,因而都受到'礼'的支配"②。最根本的是,"礼"是"仁"的外在体现,是道德化、人性提升的表征。"人而不仁,如礼何?"(《论语·八佾》)在守旧的顽固派看来,华夏民族是最为文明的"礼仪之邦",而四周的"蛮、狄、夷、戎"皆为落后的、礼法未全的野蛮之士,纵使技艺过人,也不足一提,他们坚持人伦远远重于器物。为此,从19世纪60年代到90年代的30余年间,保守派和洋务派之间就进行了三次文化大争论。表面上看是两派间的观点不一,其实质问题是中学与西学之间的矛盾,"攘夷"亦"援外以入于中"的纠结。钱钟书先生揭示说:

夫所恶于"西法""西人政教"者,意在攘夷也;既以其为本出于我,则用夏变夷,原是吾家旧物,不当复恶之矣,而或犹憎弃之自若焉。盖引进"西学"而恐邦人之多怪不纳也,援外以入于中,一若礼失求野、豚放归笠者。卫护国故而恐邦人之见异或迁也,亦援外以入于中,一若反求诸己而不必乞邻者。彼迎此拒,心异而貌同耳。③

实际上,不管是保守派还是洋务派,如何处理好中学与西学的关系是悬而未决的困惑,"自强之道"必须寻,"立国之本"又不可破,洋务运动得以顺利推进,是因为"立国之本"没有变。早在1861年冯桂芬的《采西学议》中就提出一种结合中学和西学的本辅论方案,"如以中国之伦常名教为原本,辅以诸国富强之术,不更善之善者哉"④,此说既维护了纲常名教的主体地位,又肯定了西方的富强之术,很好地调和了中学与西学之间的矛盾,满足了朝野士大夫们的文化心理欲求。该方案一提出,就得到多方人士的认同,类似方案也随即陆续被提出,如王韬的"形而上者中国也,以道胜;形而下者西人也,以器胜"⑤,郑观应的

---

① 《同治朝筹办夷务始末》卷四七,民国十九年(1930)故宫博物院影印本,第24页。
② [美]唐纳德·J.蒙罗:《早期中国"人"的观念》,上海:上海古籍出版社,1994年,第27页。
③ 钱钟书:《管锥编》(三),北京:生活·读书·新知三联书店,1988年,第1538页。
④ 冯桂芬:《校邠庐抗议·采西学议》,上海:上海书店出版社,2002年,第57页。
⑤ 王韬:《弢园尺牍》卷四,北京:中华书局,1959年,第30页。

"中学其本也,西学其末也。主以中学,辅以西学"①的中体西末说。但不管是本辅论、道器说,还是本末论,"中学为本"是不可动摇的伦理原则,由此说来,洋务派虽鼓励西学,大力发展西洋技术,实际上没有本质上的突破。

最终,甲午海战中国的惨败宣告持续30年的洋务运动救国方案无效,也使得国人如梦初醒。诚如梁启超所说:"吾国四千余年大梦之唤醒,实自甲午战败割台湾偿二百兆以后始也。"②自此,维新派人士不再拘泥于西技西艺,开始向西政寻求新的救国之路,他们宣传的自由、平等、民权等学说承接了明末清初顾炎武、黄宗羲、王夫之的早期启蒙精神,矛头直指以"纲常名教"为核心的传统价值体系。面临严重的民族危机和秩序危机,当朝儒臣张之洞为救危局,提倡"会通中西""新旧兼学"。他将其多年思索的成果通过《劝学篇》这部著作进行了全面阐述,扼要言之,即"四书五经、中国史事、政书、地图为旧学,西政、西艺、西史为新学,旧学为体,新学为用"③,这也成为对"中体西用"最为系统性、理论性的阐释。

《劝学篇》全书共30章,24篇,分内篇和外篇。"内篇务本,以正人心;外篇务通,以开风气。"④所言之"本",指"礼政之本"的纲常名教,所言之"通",指可以变通习之的工商学校报馆诸事。可见该书的核心思想即为"中学为体,西学为用"。张之洞的伦理主张与冯桂芬、王韬、郑观应等具有一致性,维护封建纲常名教不可动摇。从思想内容上看,这是洋务思想的延续和概括。并且《劝学篇》的诞生正当维新变法深入人心之时,其目的在于"绝康梁并以谢天下耳"⑤。当然,张之洞并非故伎重施,老调重弹。他显示出新旧兼收的基本态度,批判当时的守旧派,"不知通则无应敌制变之术"⑥。他说:"今欲强中国,存中学,则不得不讲西学",肯定了西学的重要性,并且还细说:"学校地理、度支赋税、武备律例、劝工通商,西政也;算绘矿医、声光化电,西艺也。"⑦对西学表现出不同于传统守旧派的极其开明之心态,继林则徐、魏源、冯桂芬等之后,进一步拓宽了师

---

① 郑观应:《盛世危言·西学》,《郑观应集》(上),上海:上海人民出版社,1982年,第276页。
② 梁启超:《梁启超全集》(第一册),北京:北京出版社,1999年,第181页。
③ 张之洞:《劝学篇·外篇·设学第三》,上海:上海书店出版社,2002年,第41页。
④ 张之洞:《劝学篇·序》,上海:上海书店出版社,2002年,第1页。
⑤ 辜鸿铭:《清流传:张文襄幕府纪闻》,北京:东方出版社,1997年,第9页。
⑥ 张之洞:《劝学篇·序》,上海:上海书店出版社,2002年,第2页。
⑦ 张之洞:《劝学篇·外篇·设学第三》,上海:上海书店出版社,2002年,第41页。

第一章　严复伦理思想的时代特征

夷的领域。然而,他的矛头实则指向维新理论,批判维新派,"不知本则有菲薄名教之心"①。以康有为为代表的维新派人士提倡的改革路径是参照西方的民主制度,革新封建专制伦理。如梁启超所言:"有为、启超皆抱启蒙期'致用'的观念,借经术以文饰其政论,颇失'为经学而治经学'之本意,故其业不昌,而转成为西欧思想输入之导引。"②此举有超越中体伦理藩篱之势,张之洞不禁发出"儒学危矣"的感叹。作为权宜之计,在守旧派与维新派之间,张之洞折中而行,将传统的经世致用思想发挥到极致,一方面,较为客观地承认自身不足,务实地吸收西学,显示其思想的开放性;另一方面,坚守传统伦理之根本,誓死维护君主专制,抵抗一切动摇封建统治的有害因素,尤其是西方的近代伦理思想。张之洞的思想观念,一言以蔽之,"中学为内学,西学为外学,中学治身心,西学应世事"③。其始终是传统伦理的卫道士。

凭借《劝学篇》的学理支撑,"中体西用"成为晚清思想界最为流行的文化观。张之洞借用中国哲学的体用说,处理中学与西学之间的关系,相比于先前洋务派、改良派所提本辅论、道器说和本末论,体用说无疑上升到一定理论高度。早在1882年,张之洞任山西巡抚期间,便有"体用兼资""明体达用"的观点。在《劝学篇》中,他以"体用"来规范中西文化的思想得到进一步的系统化和理论化。"体"和"用"是中国哲学中的一对重要范畴,体用说也成为具有中国传统文化特征的一种思维范式。所谓思维范式,指基于正常的认知体系所形成的解决问题的固定思维模式。"体用"范式内涵宽泛,多样且复杂。在一般意义上,中国古代哲学的体用之间,具有"体"为第一性,"用"为第二性的主从、本末的序列关系特征,"体"是不可更易的根本原则,"用"作为"体"的功用,在不违反"体"的前提条件下可作局部变通。应该说"中体西用"文化观在承认中西文化差异的同时,也适当地缓解了中西伦理之间的冲突,通过体用关系,搭建沟通中西伦理的桥梁。在古代,国人只有"圣人之学"的中学,并没有西学的说法。"西学"是近代的产物,"中体西用"观伴有国人对待中西文化的认识改变。由原来的"万国来朝"的圣主意识,到"中西兼收"的平等意识,不得不承认这相对于墨守成规、麻木自大要理性得多。但是以"体用"概念来界定中西文化之区分,其

---

① 张之洞:《劝学篇·序》,上海:上海书店出版社,2002年,第2页。
② 梁启超:《上南皮张尚书书》,《饮冰室合集·文集之一》,北京:中华书局,1989年,第105页。
③ 张之洞:《劝学篇·外篇·会通第十三》,上海:上海书店出版社,2002年,第71页。

本身就没有脱离传统伦理的窠臼。

应该说张之洞在《劝学篇》中所接纳西学的程度比洋务派要大许多。他对西学的认识不仅仅局限于技艺,而且还涉及西政、西法。他强调"大抵救时之计、谋国之方,政尤急于艺。然讲西政者亦宜略考西艺之功用,始知西政之用意"①。张之洞已认识到"西艺非要,西政为要",他说道:"泰西诸国,无论君主、民主、君民共主,国必有政,政必有法,……政府所令,议员得而驳之;议院所定,朝廷得而散之。"②张之洞认同西方的立法制度对君民的制约。由此观之,张之洞将师夷范围扩大到不动摇封建统治范围内的最大限度,但张之洞对西学的吸纳还是有所限制,他坚决反对民权。《劝学篇·正权第六》开篇,张之洞便摆出了态度,他说:"民权之说,无一益而有百害"③,因为"使民权之说一倡,愚民必喜,乱民必作,纪纲不行,大乱四起"④。民权是现代公民享有的民主权利,是现代政治的核心观念。张之洞提倡民权将动摇传统的纲常伦理,所谓"纪纲不行",封建秩序受扰,自然封建政权将无以稳固。对此,严复曾在《主客平议》中有一段有关张之洞撰《劝学篇》之评说,"往者某尚书最畏民权、自由之说,亲著论以辟之矣,顾汲汲然劝治西学,且曰西艺末耳,西改本也,不悟己所绝重者,即其最畏之说之所存,此真可为强作解事者殷鉴矣"⑤。

由此可知,张之洞口称要西政,其实只是摒弃了自由、民权这类西方政治核心的西政而已。在张之洞看来,可学的西政是不触及封建伦理的那部分,他所要维护的不可动摇的根本,正如在《劝学篇·序》中所言,"三纲为中国神圣相传之至教,礼政之原本,人禽之大防"⑥。君为臣纲,父为子纲,夫为妻纲,此三纲具有神圣性不可动摇,触及封建专制制度三纲之说的,都具有不合理性,不可容许,是中国之本。"故知君臣之纲,则民权之说不可行也;知父子之纲,则父子同罪、免丧废祀之说不可行也;知夫妇之纲,则男女平权之说不可行也。"⑦张之洞作为儒学重臣,"矢抱冰握火之志,持危挟颠之心,冀挽虞渊之落日"(胡钧《张文

---

① 张之洞:《劝学篇·外篇·设学第三》,上海:上海书店出版社,2002年,第41页。
② 张之洞:《劝学篇·内篇·正权第六》,上海:上海书店出版社,2002年,第20页。
③ 张之洞:《劝学篇·内篇·正权第六》,上海:上海书店出版社,2002年,第19页。
④ 张之洞:《劝学篇·内篇·正权第六》,上海:上海书店出版社,2002年,第20页。
⑤ 严复:《主客平议》,《严复全集》卷七,福州:福建教育出版社,2014年,第112页。
⑥ 张之洞:《劝学篇·序》,上海:上海书店出版社,2002年,第2页。
⑦ 张之洞:《劝学篇·内篇·明纲第三》,上海:上海书店出版社,2002年,第12页。

襄公年谱序·补遗》),和其他深受传统儒学熏陶的士大夫们一样,抱有深厚的传统文化根底,训诫子孙"仁厚遵家法,忠良报国恩,通经为世用,明道守儒珍"(《张文襄公年谱》),伦理纲常深入其心。

辜鸿铭说:"虽然文襄之效西法,非慕欧化也;文襄之图富强,志不在富强也。盖欲借富强以保中国,保中国即所以保名教。"①此番对张之洞的评论可谓准确。张之洞以维持名教为己任,虽然与洋务派相比,"师夷"范围超出西技西艺界限,扩大至西政制度层面,其进步程度与洋务派不可同日而语,但从根本上看,"中学为体,西学为用"依然是在维护伦理纲常的中学之本,他提倡"西学为用"是以"中学为体"作为前提基础。"夫所谓道本者三纲思维是也,若并此弃之,法未行而大乱作矣,若守此不失,虽孔、孟复生,岂有议变法之非者哉?"②其终究还是洋务思想的延续。

三、"中西本末绝异":伦理变革的限度

甲午战败宣告了"师夷长技以制夷"的洋务运动救不了中国。张之洞所提倡的"中学为体,西学为用",虽在西学范围内突破了早期洋务派仅学习西方技艺的限度,但其弊端也日渐显现。其一,以体用思维范式,维护的依旧是封建伦理纲常。"用"是为了"体",吸纳西学进行变革的最终目的只是为了维护封建伦理纲常,维护"中学"之主体地位不可动摇。其二,中学与西学之分,割裂了体用的整体关系,有悖逻辑。洋务重臣、两广总督张树声1884年便很有远见地指出:"西人立国自有本末,虽礼乐教化远逊中华,然驯致富强,具有体用。育才于学堂,论政于议院,君民一体,上下一心,务实而戒虚,谋定而后动,此其体也。轮船大炮,洋枪水雷,铁路电线,此其用也。中国遗其体而求其用,无论竭蹶步趋,常不相及,就令铁舰成行,铁路四达,果足恃欤!……(请)通筹全局,取琴瑟不调甚者而改弦更张之。圣人万物为师,采西人之体以行其用。"③此段评论于当时而言可谓冷峻中肯,极具慧识,颇有"众人皆醉我独醒"之风范。但"采西人之体以行其用"不免动摇立国之本,万不会被坚持体不可变、道不可易的洋务派

---

① 辜鸿铭:《清流传:张文襄幕府纪闻》,北京:东方出版社,1997年,第158页。
② 张之洞:《劝学篇·外篇·变法》,上海:上海书店出版社,2002年,第51页。
③ 张树声:《遗折》,参见何嗣焜编《近代中国史料丛刊第二十三辑·张靖达公(树声)奏议》卷八,台北:文海出版社,1966年,第559-560页。

所接纳。

  庆幸的是，国人在战败后开始深刻反思，中学与西学的体用关系开始受到质疑。维新人士谭嗣同用"器体道用"说，从实体和功能的角度对"中体西用"提出尖锐批判："故道，用也；器，体也。体立而后行，器存而道不亡。……器既变，道安得独不变？变而仍为器，亦仍不离乎道，人自不能弃器，又何以弃道哉！"①他沿用了王夫之的道器论，即"统此一物，形而上则谓之道，形而下则谓之器，无非一阴一阳之和而成，尽器则道在其中矣"（《思问录内篇》），强调道在器中，体用相因相涵，反驳"中学为体，西学为用"中体用关系的分截。此外，康有为也提出"中西本末绝异"，"夫中西之本末绝异有二，一曰势，一曰俗，二者既异，不能复以中国之是非绳之也"（《与洪给事右臣论中西异学书》）。

  康有为从"势"和"俗"两方面解说中西本末之不同。就"势"而论，"中国自三代以来为一统之国。地既广邈，君亦日尊，以一君核万里之地。又有自私之，长驾远驭，势有所限，其为法也守，其为治也疏，听民之自治"。而"泰西自罗马之后，散为列国争雄竞长，地小则精神易及，争雄则人有愤心。君虚己而下士，下士尚气而竞功，下情近而易达，法变而日新"②。就"俗"而论，"中国义理，先立三纲，君尊臣卑，男尊女卑"，而泰西"君民有平等之俗"，男女"同业而无有别之义"。中西"势""俗"不同，所以中西文化各有本末。

  康有为不仅看到中西本末之不同，而且看到了西方的先进之处。他指出："泰西之强，不在军兵炮械之末，而在其士人之学、新法之书。凡一名一器，莫不有学。"③随着康有为对西学认识的不断深入，他完善中学之体的意愿也越发坚定，先后创作了《新学伪经考》和《孔子改制考》，来宣传他的改制思想。这两部作品给当时的思想界所带来的影响，梁启超分别用"思想界之一大飓风"④和"火山大喷火"⑤来形容，实有石破天惊之效，动摇了"恪守祖训"的观念，具有伦理启蒙价值。

---

① 谭嗣同：《谭嗣同全集》，李敖主编，天津：天津古籍出版社，2016年，第381页。
② 康有为：《与洪给事右臣论中西异学书》，《康有为政论集》上，北京：中华书局，1998年，第47页。
③ 康有为：《日本书目志自序》，《康有为全集》第三集，北京：中国人民大学出版社，2007年，第263页。
④ 梁启超：《清代学术概论》，北京：东方出版社，2012年，第67页。
⑤ 梁启超：《清代学术概论》，北京：东方出版社，2012年，第68页。

然而康有为实施自己的改革主张却采用了托古改制的形式。"布衣改制，事大骇人，故不如与之先王，既不惊人，自可避祸。"(《孔子改制考》)这是康有为考虑能顺利实施改制的万全之策，同时也说明了他的思想中具有保守的一面。虽然康有为较张之洞激进，但他们都坚信尊孔与保教，所以"康有为作为儒家卫护者可说是与张之洞一样保守"①，说到底，他们都没有超越中体之藩篱。

从"中体西用"到"中西本末绝异"，在"体""用"和"本""末"这两对中国传统哲学范畴下展开的思想交锋，其实质是对待传统伦理特别是儒家伦理的态度与立场。儒家伦理作为中国传统几千年的民族文化命脉，其主导核心地位是不可动摇的。

第三节 严复伦理思想的历程

中国近代伦理思想的变革是在救亡图存、社会转型的大背景下发生的。可以说，"师夷长技""中体西用""中西本末绝异"思维框架下的救国主张是在中国传统儒家伦理的框架内的变革，对伦理传统没有产生根本性的冲击，而严复放眼世界，紧跟人类社会发展的历史趋势，引入西方近代先进的伦理观念对传统伦理进行扬弃，成为这一时期最为进步的学者，推动了社会伦理形态的近现代转型。严复对时势的洞见及富有启发性的伦理思想观念的形成，与他的经历不无关系。

一、伦理思想之孕育

严复的伦理思想具有融贯中西文化的鲜明特征，或者说，他最大的贡献是在理解西学基础上对中国传统伦理的变革。王允晢(晰)(1867—1929)曾在1921年的《侯官严先生行状》中说："近数十年，吾国人士倡言治西学，然能会中西之通以心得标独见者，恒难其人，吾所见则唯侯官严几道先生而已。"②

虽为"清季输入欧化之第一人"(梁任公语)，但严复始终没有脱离传统文化的根基，自幼家庭环境及温润的传统文化对他的熏陶根深蒂固。严复于1854年1月8日(咸丰三年十二月初十)，出生在今福建盖山镇阳岐村的一个儒医家

---

① 萧公权：《康有为思想研究》，汪荣祖译，北京：新星出版社，2005年，第81页。
② 苏中立、涂光久：《百年严复：严复研究资料精选》，福州：福建人民出版社，2011年，第37页。

庭。虽然当时中国社会已处于内忧外患的境地,但是福建侯官还算清静。严复的父亲严振先继承祖业,习得一手医治疾病的高超手艺,人称"严半仙",在行医救人之余,严振先不忘教严复读《千字文》《百家姓》《三字经》等启蒙读本,他对儿子的期望也甚高,在"学而优则仕"的年代,总希望严复能通过科举的途径获取功名,光宗耀祖。

于是,严复6岁便开始在父亲的安排下入私塾读书,先后师从数位名师。1862年,他先进入五叔——曾获孝廉之名的严昌煊(严厚甫)的私塾学习。严昌煊是一位循规蹈矩、不苟言笑的儒生,他教授严复读《论语》《孟子》《大学》《中庸》《左传》等儒学经典。严复天生聪慧,总是能完好地把严厚甫所教的内容滚瓜烂熟地背诵出来,扎实的基本功也奠定了严复较好的儒学基础。次年,严复随父再次来到省垣苍霞洲,在同邑著名宿儒黄宗彝(黄少岩)的指导下读经。黄少岩学识渊博,"为学汉宋并重",一般而言,清代所谓的汉学,指的是以考证为主的研究方法,具有一定的实证倾向,与致力理气心性的宋明理学不同,它注重严谨的治学方法。宋明理学即宋学,注重抽象议论。黄少岩教授方法灵活,内容不限于科举八股制度的经书,还讲述宋、元、明儒学案与典籍,表现出经世致用的治学倾向。在黄少岩的引导下,严复拓展了学术视野,陶冶了情操,抱有天下兴亡匹夫有责的胸怀和气度。严复在黄少岩门下受业两年,对黄少岩十分敬重,受老师影响也是至深的。有的论者认为:"严复后来对斯宾塞宇宙论的形而上学体系和对穆勒逻辑归纳法与经验主义所抱有的同样热情,正是在某种程度上反映了他的老师糅合'汉'学与'宋'学价值的苦心。"①1865年黄先生不幸去世,严复"哀恸不已"。其后,严复在黄少岩之子黄增来的指导下继续读书,直至1866年严振先病故。

从时间上看严复接受正规传统教育的时间并不长,但他读书勤奋且自律,毕生信守中庸之道,谨守旧式礼法,一条被后人称为"保守落后"的长辫子,显露了严复对中国传统文化的态度。这种态度不仅体现在行为方式上,还体现在对西学的阐释方式上,严复模仿先秦文言文体,引用大量中国传统典故作论证,充分彰显了他深厚的传统文化修养。幼童时期传统文化的思想启蒙在严复的潜

---

① [美]本杰明·史华兹:《寻求富强:严复与西方》,叶凤美译,南京:江苏人民出版社,1996年,第22页。

意识层里深深种下中国以孔孟之道为主体的传统文化根基。① 他的忧患意识和爱国精神正是自幼起接受孔孟之道长期熏陶的结果。他自己曾说:"少读古人之书,立身行己,处处偏于消极,逐复不屑进取。"②实际上,严复一生都与传统有着不可隔断的联系,不只限于幼年蒙童时代,无论是从那个推崇四书五经的社会氛围看,还是从他后来的译著风格上说,他的思想里都潜藏着对传统文化的戚戚之情。史华兹评价说:"不管他(严复)对传统文化这方面或那方面的看法如何,他都不是局外旁观者。事实上,不管他对一般政治、社会问题的看法偏离传统有多远,从个人生活上看,他仍然是一个传统的士大夫,社会传统观念的转变并没有深入他的骨髓。"③

如果说传统文化是严复思想的根基,那么西学则提供了让这棵思想大树枝繁叶茂的新鲜养分。1866年严复的人生之路开始发生转变。父亲去世,家道中落,严复不可能出资继续聘师求学,科举仕途之梦也随之破灭。但老天给他打开了另一扇门,即时,福州马尾船厂附设船政学堂招考学生,培养洋务运动先进人才。严复更名宗光,字又陵,报考了新式船政学堂,并最终以一篇情文并茂的《大孝终身慕父母论》名列榜首,开始了他人生的新天地。

船政学堂主要培养"洋务"人才,分为前、后两堂。严复在后学堂学习驾驶技术,还接触到物理、化学等西方自然科学知识的科目。这些从西方输入的自然科学知识与传统学问截然不同,丰富了严复的学识,并对严复的一生产生了重要影响。西学"改变、建构着他(严复)的知识结构,可以说他一生对科学的热情,正是源于从此开始的严格的科学知识的训练,源于对科学本身的认识与理解,在这一点上,他与实际上并不完全懂得近代科学的康有为、梁启超等完全不同"④。

1877年3月,严复与萨镇冰、刘步蟾、方伯谦等12人作为近代中国首批留英学生,启程赴英。他先前往朴次茅斯学校学习,肄业后进入皇家海军学院,皇家海军学院的课程注重教学与实践相结合。"礼拜一上午九点钟重学,十一点钟化学,下午三点钟画炮台图。礼拜二上午算学、格致学(电学赅括其中),下午

---

① 崔运武:《严复教育思想研究》,沈阳:辽宁教育出版社,1993年,第3页。
② 王蘧常:《严几道年谱》,北京:商务印书馆,1936年,第117页。
③ [美]本杰明·史华兹:《寻求富强:严复与西方》,叶凤美译,南京:江苏人民出版社,1996年,第22页。
④ 崔运武:《严复教育思想研究》,沈阳:辽宁教育出版社,1993年,第6—7页。

画海道图。礼拜三上午重学,论德法两国交战及俄土交战事宜,下午无事。礼拜四与礼拜一同。礼拜五与礼拜三同。礼拜六上午论铁甲船情形。"①在皇家海军学院学习期间,严复感受到别样的教学方式,发现东西人才培养之差异。严复向当时的清政府驻英大使郭嵩焘介绍说:"在家读书有疑义,听讲毕,就问所疑,日尝十余人。各堂教师皆专精一艺,质问指授,受益尤多。或听讲时无余力质问,则录所疑质之,以俟其还答。诸所习者并归宿练习水师兵法。而水师船又分三等:一管驾,一掌炮,一制造。管驾以绘图为重,掌炮以下以化学、电学为用,而数学一项实为本,凡在学者皆先习之。此西洋人才之所以日盛也。"②尽管严复留学英伦只有两年多的光景,但在他的一生中,这却是一次重要的转折。在与洋人的接触过程中,严复逐渐消除了一般文人学士既有的西方乃蛮夷,道德、理智和精神低下的观念,相反,他看到了西方文化中有优越于自身的东西。

第一,严复对西方先进的近代科学有了进一步的认识与探究,表现出极大的兴趣和热情。根据郭嵩焘的《伦敦与巴黎日记》记载,光绪四年(1878年)三月初七,严复、方益堂等几位留学生来贺寿。席间,严复"议论纵横",大谈科学发现,从"光速而声迟"的雷、电到钟表机械原理,到"洋人未有轮船时,皆从南北维度以斜取风力"的道理,给在场的人留下深刻的印象。③ 同年四月二十九,严复"出示测量机器数种",又用薄铜圆片演示摩擦生电。④五月初二,留英学生向李丹崖出示各自的留学日记,严复的《沤舸纪经》中记录的又是光、热、空气、水和运动,谈论兵船发展之趋势、铁船之利弊、炸药的爆炸力等。⑤ 可见严复对西方自然科学的热爱已经深入到科学方法和自然原理的运用。

第二,在学校读书之暇余,严复通过广泛接触英国社会,对西方社会的思想文化有了初步的体认。他考察英国城市,见其治理有序,"莫不极治缮葺完",到英国法庭"观其听狱",深感"司法析狱之有术"。西方社会呈现出的繁荣局面,恰与腐朽衰落的清廷,形成了鲜明的对比,这无疑对严复的思想产生了强烈的刺激作用,往往"归邸数日,如有所失"。透过西方社会繁荣的表象,严复开始深思其繁荣的内在,将研究的触角伸向了推动西方发展的内在驱动

---

① 郭嵩焘:《伦敦与巴黎日记》,长沙:岳麓书社,1984年,第449页。
② 郭嵩焘:《伦敦与巴黎日记》,长沙:岳麓书社,1984年,第450页。
③ 郭嵩焘:《伦敦与巴黎日记》,长沙:岳麓书社,1984年,第533-534页。
④ 郭嵩焘:《伦敦与巴黎日记》,长沙:岳麓书社,1984年,第586页。
⑤ 郭嵩焘:《伦敦与巴黎日记》,长沙:岳麓书社,1984年,第595页。

第一章 严复伦理思想的时代特征

力——思想理论,也就是在这一期间,严复对西方近代思想思潮有了一定的认识和掌握。

严复以其细致的洞察力、渊博的学识、独特的见解,深得郭嵩焘的信任和赏识。经过多次交往,郭嵩焘对这位年轻人不禁刮目相看:"严又陵言:'中国切要之义有三:一曰除忌讳,二曰便人情,三曰专趋向。'可谓深切著明。鄙人生平所守,亦不去此三义,……谁与知之而谁与言之!"①郭嵩焘对这位年轻人赞赏有加,称严复"以之管带一船,实为枉其材",而其他学子"识解远不逮严宗光"②。郭嵩焘是近代中国最早的驻外使节,也是早期维新思想的先驱者,他的眼界和识见早已越出了洋务运动的藩篱。他与严复"论析中西学术异同,穷日夕勿休",说明两人在思想主张上产生了共鸣,从侧面也透露出严复思想深度非常人所能企及。在知识结构和观念意识上,严复不同于土生土长的维新派人士如康有为、梁启超等,也不同于专重西方技艺的一般留学生,他以相当独特的理智灵感对自身际遇做出反应。留学英国,他目睹西方社会的繁荣景象,实地考察了当地的政治、法律、教育等机构,吸收业已流行的思想理论和学术新潮,继而完成了对西学的认识从自然科学技术到社会科学技术乃至哲学的深化,这些都为他思想的酝酿和形成提供了重要养料。他能够成为"向西方寻求真理"的先驱,与这段经历是密不可分的。

1879年严复自英伦学成归国。当时福州船政学堂急需教员,船政大臣吴赞诚遂聘他任学堂后学堂的教习。次年,直隶总督李鸿章在天津新创北洋水师学堂,经陈宝琛推荐,严复被调去任总教习,直到1900年(光绪二十六年)。虽身为总教习,因其思想观念与李鸿章等洋务派的观念相歧异,在北洋水师任职的20年间,严复"不预机要,奉职而已",始终是"局外人"。另因其"负气大盛""太涉狂易"的孤傲性格,遭遇"举世相视如髦蛮",他苦闷到极点,曾寄希望于科举,却几次落第。

仕途不顺、科举败北反而为严复在学术上作积累创造了条件。在教务之余,严复静心阅读中西书籍,从事著译活动。1881年严复通读了英国斯宾塞(Spencer,1820—1903)的《群学肄言》,还翻译了斯宾塞的《群谊篇》、柏捷特的

---

① 郭嵩焘:《伦敦与巴黎日记》,长沙:岳麓书社,1984年,第535页。
② 姜鸣:《中国近代海军史事编年:1860—1911》,北京:生活·读书·新知三联书店,2017年,第145页。

《格致治平相关论》。可以说,《群学肄言》对严复思想的影响最为深刻。初读之时,严复叹道:

不佞读此在光绪七、八之交,辄叹得未曾有,生平好为独往偏至之论,及此始悟其非。窃以为其书实兼《大学》《中庸》精义。而出之一翔实,以格致诚正为治平根本矣。①

如此,中西学交织在一起,在严复这里开始会通。

二、思想体系之形成

经过 20 余年的西学积累和生活磨砺,严复形成了自己对世事的深刻认识与见解,他全身心地投入翻译世界,"觉世间惟有此种是真实事业,必通之而后有以知天地之所以位、万物之所以化育,而治国明民之道,皆舍之莫由"②。在与中西思想的交汇过程中,严复的伦理思想体系逐渐形成。

1895 年甲午中日战争,泱泱大国败于弹丸之地日本,北洋海军全军覆没,举国震惊。严复再也按捺不住心中悲愤,"觉一时胸中有物,格格欲吐",2 月后数月内一连发表了《论世变之亟》、《原强》(《严复全集》中附《原强(修订稿)》和《原强续篇》)、《辟韩》和《救亡决论》,"这些文章也清楚地表明了严复的全部基本观点,这些观点正是他在以后几年里致力于翻译的基础"③。《论世变之亟》中,严复指出:"今日之世变,盖自秦以来,未有若斯之亟也",分析出中国的危难处境不是一时出现的社会政治危机,而是千古未有的文化危机,批评守旧者故步自封,"使至于今,吾为吾治,而跨海之汽舟不来,缩地之飞车不至,则神州之众,老死不与异族相往来。富者常享其富,贫者常安其贫"④,并指出造成中西之间差距的根本原因在于学术与政治的"自由"与否。在《辟韩》一文中,严复立意反驳韩愈所作《原道》中的专制思想,批判中国封建专制主义政治制度,并根据"民约论",提出自己的民主政治理论。《原强》中,他根据斯宾塞所说国家强弱存亡的三大标准——"体力""智虑""德行",提出我国目前的危机需从"人心风俗"入

---

① 严复:《〈群学肄言〉译余赘语》,《严复全集》卷三,福州:福建教育出版社,2014 年 7 月,第 10 页。

② 孙应祥:《严复年谱》,福州:福建人民出版社,2014 年,第 73 页。

③ [美]本杰明·史华兹:《寻求富强:严复与西方》,叶凤美译,南京:江苏人民出版社,1996 年,第 37-38 页。

④ 严复:《论世变之亟》,《严复全集》卷七,福州:福建教育出版社,2014 年,第 12 页。

手,通过提高民力、民智、民德的办法解决当前存在的异乎寻常的文明危机。在《救亡决论》中严复抨击科举制度,否定传统旧学。这四篇政论文从发现中国的问题,到提出解决方案,构成了一个完整的体系,意味着严复变革社会的伦理思想已成熟。

严复不同于康梁维新派人士,也不同于坚守中体西用的洋务派人士,他的中西学术背景给了他新的理论高度和时代高度,严复不再放眼于绵延数千年的古代,而是从以近代自然科学为基础的进化论思想出发,指出历史有它自己的发展规律——"优胜劣汰,适者生存"。

上述四篇政论文在当时的发表,为戊戌维新思潮的兴起发挥了重要的先导作用。这些文章不仅成为严复一生思想发展的重要界标,而且从一定意义上看,也可算是中国近代思想文化的起点,其富含科学民主思想,具有时代开创性。严复以这四篇政论文登上了中国近代文化思想界的大舞台,但他的功绩不限于这四篇振聋发聩的文章,为了进一步阐释新思想、开启民智,他投身译著。1899年,他在写给好友张元济的信中说道:"复自客秋以来,仰观天时,俯察人事,但觉一无可为。然终谓民智不开,则守旧维新两无一可。即使朝廷今日不行一事,抑所为皆非,但令在野之人与夫后生英俊洞识中西实情者日多一日,则炎黄种类未必遂至沦胥;即不幸暂被羁縻,亦将有复苏之一日也。所以屏弃万缘,惟以译书自课。"①这不仅仅是翻译,而且是一种承载了救国救民心愿的爱国活动。

从1895年到1911年,严复翻译了西方一系列具有代表性意义的著作,较为全面地向国人介绍了"西学",不仅打开了中国知识分子的眼界,更为中国近代社会科学的创建奠定了重要基础。通过系统地译介西方近代社会科学作品,严复独特的思想体系也展现开来。

译于1896年的《天演论》,是严复翻译的所有著作中最具影响力的一部作品。原著是赫胥黎的《进化论与伦理学》,严复译为《天演论》。其中"天演"一词体现出严复的独创性,融合自然与伦理的双重意味,成为搭建传统与现代的桥梁。天演进化思想成为严复整个思想体系架构的理论基础。"天演"为体,"物竞天择"为用,万物莫不然,其中"世道必进,后胜于今"的思想成为一种信念。胡汉民曾说:"自严氏书出,而物竞天择之理,厘然当于人心,而中国民气为之一

---

① 严复:《与张元济》,《严复全集》卷八,福州:福建教育出版社,2014年,第129-130页。

变,即所谓言合群、言排外、言排满者,固为风潮所激发者多,而严氏之功盖亦匪细。"①然而,《天演论》的内容融摄东西方学术与思想的精华,欲明的是贯乎天地人之道的天演学理。台湾学者吴展良归纳说:"严复本人译作《天演论》的真正用意……在于本乎现代西方最先进的科学并结合中国固有的道理,以指点出人文演化必须遵循的自然道理与中国文化所应发展的方向。"②严复站在中西至高学理层面,建构天演体系,基于此阐释他的伦理价值观。

继《天演论》之后,严复推出另一部力作《群学肄言》。严复在《与熊纯如书》中提到:"故《天演论》既出之后,即以《群学肄言》继之,意欲锋气者稍为持重。"③应该说翻译《群学肄言》有欲缓和进化思想之激进的意图。他从《群学肄言》中看到西方科学的高度伦理性与中国传统文化具有相似之处。斯宾塞的"群学"理论的主旨是在阐释"西学"的诚意之道,阐述社会进化过程,而对于严复来说,斯宾塞的这些原理恰好为他提供了一个解决社会问题的方案。在他的思想观念中,传统伦理与西方伦理各有千秋,然终可"一以贯之",这是严复对学术与思想的追求。牟宗三曾如此评价严复的思想:"他浸润于中国典籍很深,用典雅的文字来翻译西方的学问。他的翻译不感觉到西方文化与中国文化为对立,他并没有以为要吸收这些,非打倒中国文化不可。这倒不失为一个健康的态度。"④《天演论》与《群学肄言》两部作品搭建起严复思想的主体脉络。

基于天演原理和群学思维,严复选择性地陆续译出一些其他名著。在英国留学期间,由于亲身经历了英国社会的繁荣,发现了经济学给英国社会带来的活力,严复从亚当·斯密(Adam Smith,1723—1790)的《原富》(原名 *An Inquiry into the Nature and Causes of the Wealth of Nations*,是英国古典经济学基本原理著作)入手,揭示西洋国家经济发展与自由经济之间的紧密关系,倡导寻求国家富强,必须遵守"大利所存,必有两益"的规则,从而挑战了传统"重义轻利"的义利观。而"自由"作为西方富强的核心命脉和近代伦理的核心价值,国人知之甚少,甚至曲解其意。针对这种情况,严复翻译了约翰·穆勒

---

① 胡汉民:《述侯官严氏最近政见》,《辛亥革命前十年时间时论选集》第 2 卷上,北京:生活·读书·新知三联书店,1978 年,第 146 页。
② 吴展良:《严复〈天演论〉作意和内涵新诠》,《台大历史学报》,1999 年第 24 期。
③ 严复:《与熊育锡(六十三)》,《严复全集》卷八,福州:福建教育出版社,2014 年,第 353 页。
④ 吴兴文:《牟宗三文集:道德的理想主义》,长春:吉林出版集团有限责任公司,2015 年,第 212 页。

(John Mill,1806—1873)①的 On Liberty（《论自由》），初译名为《自由释义》，后又更名为《群己权界论》，以示强调自由的"己""群"关系，认为个体自由不单是个人幸福，也是社会进步的主要因素之一。同时，自由并非"无忌惮"，人得自由，必以他人之自由为界，否定了自由乃"恣肆泛滥"之说，对"自由"进行了伦理性阐释。

"自由为体，民主为用"，自由与民主相生相伴，自由是民主的前提，民主为自由提供保障。严复向往民主与法制，相信民主政治才是人类社会未来的发展方向，他的译著《法意》，则是源自法国思想家孟德斯鸠的《论法的精神》，充分体现了他对民主的热爱。

除了以上作品，严复还翻译了《社会通诠》《穆勒名学》和《名学浅说》。《社会通诠》译自英国甄克思（Jenks,1861—1939）的 A History of Politics。甄克思认为中国历经了漫长的宗法社会，其思想已绝对化，却并没有能完成历史的转变。但是严复还是从我国的风俗中看到了希望，他说"天下惟吾之黄族，其众既足以自立矣，而其风俗地势，皆使之易为合而难为分"②，"使一旦幡然，悟旧法陈义之不足殉，而知成见积习之实为吾害，尽去腐秽，惟强之求，真五洲无此国也，何贫弱奴隶之足忧哉"③。穆勒的《穆勒名学》（A System of Logic）和英国思想家耶方斯（Jevons,1835—1882）的《名学浅说》（Primer of Logic）都属于逻辑学读物。严复翻译这类著作，具有弥补传统文化重形上的弊端、提出科学理性的重要性。

严复通过译介这种独特的方式勾画出全新的社会发展全景图，其体系之庞大，思想之深邃，于当时而言，无人能出其右，即便是后人对他也是推崇备至。鲁迅曾称赞严复是"19世纪末年中国感觉锐敏的人"④，胡适推许"严复是介绍西洋近世思想的第一人"⑤。毛泽东在总结中国近代民主革命经验时，也把严复

---

① John Mill 是英国自由主义代表人物，其名字学界一般译为"约翰·密尔"，但严复译为"约翰·穆勒"。出于一致性考虑，本书采用严复"约翰·穆勒"的译法，当直接引用文献或引述他人观点时，考虑遵从原文原则采用"约翰·密尔"或"约翰·弥尔"的情况除外。
② 严复：《社会通诠》，《严复全集》卷三，福州：福建教育出版社，2014年，第477页。
③ 严复：《社会通诠》，《严复全集》卷三，福州：福建教育出版社，2014年，第477页。
④ 鲁迅：《热风·随感录二十五》，《鲁迅全集》第一册，北京：人民文学出版社，1981年，第295页。
⑤ 胡适：《五十年来之中国文学》，《胡适文存二集》，上海：亚东图书馆，1924年，第113页。

和洪秀全、康有为、孙中山并列,称其为"在中国共产党未出世以前向西方寻求真理的一派人物……"①。

三、伦理精神之守望与革新

在那个旧未尽、新未立的过渡时代,士人对待中西伦理思想的心理是复杂的,而严复紧扣时代脉搏"因时权变,变不离宗",当发现旧学抱残守缺时,他提倡援西入中,当觉察西学泛滥无度时,他开始守根护本。在社会转型的大背景下,严复为挽救民族免于危难,呼吁"统新故而视其通,苞中外而计其全",其会通中西伦理、臻于郅治的伦理精神经由时间的磨砺而得以沉淀。这其实是严复在西学东渐、民族危亡之际对传统伦理精神和西学伦理精神的守望与创新。

严复在《天演论》序言里写道:"即至大义微言,古之人殚毕生之精力,以从事于一学,当其有得,藏之一心则为理,动之口舌、著之简策则为词。固皆有其所以得此理之由,亦有其所以载焉以传之故。……是以生今日者,乃转于西学得识古之用焉。"②

由此,我们可以读出一些深意:第一,严复没有否定古人所传义理的价值,相反他持充分肯定的态度。第二,严复认为古学之义理与西学有不相谋而各有合之处,以彼者反证吾者,甚是极乐。第三,严复希冀通过西学重识古之大义微言。

按照这种理路,我们便不难理解严复在对待中西伦理的态度上所发生的变化,实则万变不离其宗。虽然严复针对封建伦理,指出各朝代的政治虽有宽苛之异,几乎都是"以奴虏待吾民",斥责宋学"非果无实也,救死不赡,宏愿长赊。所托愈高,去实滋远",批判汉学"非真无用也,凡此皆富强而后物阜民康,以为怡情遣日之用,而非今日救弱救贫之切用也"③。但严复驳斥旧学之流弊,却并未完全否定传统伦理的价值,他对先秦元典心存敬仰,强调其"乃经百王所创垂,累叶所淘汰"④。历经欧战严复更是坦言:"不佞垂老,亲见脂那七年之民国

---

① 毛泽东:《论人民民主专政》,《毛泽东选集》第四卷,北京:人民出版社,1968年12月,第1358页。
② 严复:《译〈天演论〉自序》,《严复全集》卷一,福州:福建教育出版社,2014年,第259页。
③ 严复:《救亡决论》,《严复全集》卷七,福州:福建教育出版社,2014年,第48页。
④ 严复:《与〈外交报〉主人》,《严复全集》卷八,福州:福建教育出版社,2014年,第202页。

第一章 严复伦理思想的时代特征

与欧罗巴四年亘古未有之血战,觉彼族三百年之进化,只做到'利己杀人,寡廉鲜耻'八个字。回观孔孟之道,真量同天地,泽被寰区。"①对待西学,严复同样盛赞其社会的自由民主之风,但对其消极阴暗处亦是了然于心,"往者英国常禁酒矣,而民之酗酒者愈多;常禁重利盘剥矣,而私债之息更重。瑞典禁贫民嫁娶不以时,而所谓天生子者满街。法国反政之后,三为民主,而官吏之威权益横。美国华盛顿立法至精,而苞苴贿赂之风,至今无由尽绝"②。

然通观严复的思想历程,严复对中西文化"实未敢遽分其优绌也"③。晚年严复感叹:"鄙人行年将近古稀,窃尝究观哲理,以为耐久无弊,尚是孔子之书。四子五经,固是最富矿藏,惟须改用新式机器发掘淘炼而已。"④他既看到西方科学理性的重要性,又深察传统孔孟伦理价值之重要。可以说,严复不是回到传统,而是不忘提醒传统伦理价值要与新时代相结合,换言之,严复实则提出了从传统伦理向理性新伦理提升的诉求。在浩瀚的中西伦理文化中,严复会通中西,相信"夫公理者,人类之所同也"⑤,"吾圣人之精意微言,亦必既通西学之后,以归求反观,而后有以窥其精微,而服其为不可易也"⑥。精意微言"是乃经百王所创垂,累叶所淘汰,设其去之,则其民之特色亡,而所谓新者从以不固,独别择之功,非暖姝囿习者之所能任耳"⑦。在严复看来,伦理乃至善之学,求以人为本,不论是中是西是新是旧,择其善者而从之,其思想中藏有对世道深深的伦理关怀。

在历经沧桑后的暮年,严复自称"天演宗哲学家"。"天演"一词由严复独创,严复说:"虽然天运变矣,而有不变者行乎其中。不变惟何?是名'天演'。"⑧天演学理成为严复伦理思想体系得以架构的基石所在。"德贤仁义,其生最优""公道尚贤,与时俱进""世道必进,后胜于今""真宰神功,曰惟天演,物竞天择,所存者善","天演"饱含严复一生执着"善治"的信念。纵观而言,严复的伦理思

---

① 严复:《与熊育锡(七十五)》,《严复全集》卷八,福州:福建教育出版社,2014年,第365页。
② 严复:《原强(修订稿)》,《严复全集》卷七,福州:福建教育出版社,2014年,第31页。
③ 严复:《论世变之亟》,《严复全集》卷七,福州:福建教育出版社,2014年,第13页。
④ 严复:《与熊育锡(五十二)》,《严复全集》卷八,福州:福建教育出版社,2014年,第343页。
⑤ 严复:《英文汉诂·卮言》,《严复全集》卷六,福州:福建教育出版社,2014年,第87页。
⑥ 严复:《救亡决论》,《严复全集》卷七,福州:福建教育出版社,2014年,第48页。
⑦ 严复:《与〈外交报〉主人》,《严复全集》卷八,福州:福建教育出版社,2014年,第202页。
⑧ 严复:《天演论·导言一·察变》,《严复全集》卷一,福州:福建教育出版社,2014年,第266页。

想充满了东方伦理与西方伦理的紧张与融合,这种特征的形成与严复伦理思想的中西背景有关,更是对社会特殊时代问题的回应。他有机融合了东西方伦理思想,厚生进化又和群利安,崇尚自由又兼爱克己,其兼顾自然与人文、通贯天地人的天演学理,富含了寻求宇宙人生普遍价值的深意,更是对中国传统伦理的近代化重构。

第二章 天演论:新伦理建构的基石

严复伦理思想有着鲜明的伦理目标,即面对国家危难、民族危亡而积极寻求救亡图存的路径,这深刻地体现在其"翻译"的《天演论》中。《天演论》成书于1896年,是严复根据英国学者托马斯·亨利·赫胥黎(Thomas Henry Huxley,1825—1895)的 *Evolution and Ethics*《进化论与伦理学》一书,通过添加按语的意译方式编译而成。

有学者认为《天演论》对原著更改太多,已经不像原著那样是一部伦理学著作,是文本的"误读"、伦理的阙失。① 其实如果仔细研读《天演论》内容的话,我们知道"在《天演论》中,他十分清楚地表达了自己对社会达尔文主义和它所包含的伦理的深深信仰"②。严复对于"天演"之学的介绍,不但对达尔文、斯宾塞、赫胥黎之观点各有取舍,而且加入了自己对这一学说的理解,并且根据中国的历史与现状进行了有针对性的阐释。李泽厚认为:"书名只用了原名的一半,正好表明译述者不同意原作者把自然规律(进化论)与人类关系(伦理学)分割、对立起来的观点。"③不管真实意图如何,"天演论"确实是严复独创的书名。其次,对原著的内容结构和语言风格方面,严复也作了修改。他以意译的方式对原段落及内容进行了删削附益,还通过增加自序、译例、篇名及按语等形式别出心裁地阐发自己的思想。在语体和语言风格上,严复煞费苦心地"摹仿先秦文体",给世人呈现出一部"与晚周诸子相上下"的佳作。在思想内容上,严复更是融汇古今中西,十分丰富。有趣的是,译自赫胥黎的作品,却看到斯宾塞的影子。有人问,严复的《天演论》是赫胥黎的,还是斯宾塞的。王中江教授的解释是:"他

---

① 何怀宏:《伦理的阙失:对〈天演论〉及其影响的一个反省》,《武汉科技大学学报(社会科学版)》,2013年第6期。
② [美]本杰明·史华兹:《寻求富强:严复与西方》,叶凤美译,南京:江苏人民出版社,1996年,第101页。
③ 李泽厚:《论严复》,《历史研究》,1977年第2期。

既不完全是斯宾塞式的,又不完全在赫胥黎之外,我们最好把它作为一种'复合结构'来理解。"①可以说,虽然《天演论》是严复的译著,但诠释的却是严复自己的观点和想法。

严复煞费苦心的这部作品,本来是打算用作学堂教材,但后来作为著作出版,且受欢迎程度可能连严复自己都没有想到。在《天演论》尚未出版之前,其稿本已受到不少人士的称赞。康有为读后,感叹"眼中未见此等人",推崇严复为"中国西学第一"(康有为《与张之洞书》)。桐城派名家吴汝纶"手录副本,秘之枕中"(《桐城吴先生全书·尺牍》)。夏曾佑也对此书"钦佩至不可言喻"。总之,《天演论》成功地吸引了严复同时代的文人学士,自1898年6月由湖北慎始基斋正式出版后,先后出现30多个版本,重印率创近代中国出版史奇迹,影响深远,尤其是《天演论》中的"优胜劣汰""适者生存"观念成为严复伦理思想的基石,以进化的演动规律与"尚力合群"的伦理向度,引领了社会伦理的近代转型。

第一节 进化观念下的伦理变革

严复翻译、介绍并加以创作的《天演论》,在理论上属于社会达尔文主义,这一思想在20世纪初有着重要地位,不但在社会和政治思想史上影响一时,也深刻地改变了这一时期的伦理观念,对于中国来说,更是意义非凡。

一、社会达尔文主义的伦理维度

社会达尔文主义是运用进化论原理来解释人类社会行为的一种社会学理论,是科学发展的结果、人类社会进步的体现。然而19世纪40年代之后,社会达尔文主义的流行却是这样:"很多人或许不知达尔文主义具体为何物,但通常都知道'社会达尔文主义'是一个贬义词,指的是达尔文主义在人类社会领域中的卑劣应用,并根据流行的意见把英国哲学家和社会学家、达尔文的同时代人斯宾塞看作社会达尔文主义思潮的主要代表。"②可以说,社会达尔文主义一词的流行得力于美国历史学家理查德·霍夫施塔特(Richard Hofstadter,1916—

---

① 王中江:《进化主义在中国的兴起:一个新的全能式世界观》,北京:中国人民大学出版社,2010年,第54页。

② 罗力群:《"社会达尔文主义"的由来与争议》,《自然辩证法通讯》,2019年第41卷第8期。

第二章 天演论:新伦理建构的基石

1970)的宣传。1944年霍夫施塔特在其著作《美国思想中的社会达尔文主义》中,认为社会达尔文主义是种族主义和帝国主义的哲学基础,并认为斯宾塞是社会达尔文主义的创始人。① 霍氏的观点主导了后来人们对社会达尔文主义的误读。

了解社会达尔文主义,我们首先需要厘清几组关系问题:达尔文与社会达尔文主义;斯宾塞与社会达尔文主义;社会达尔文主义与帝国主义、种族主义。

毋庸置疑的事实是达尔文或达尔文主义为社会达尔文主义的诞生开辟了道路。首先,《物种起源》用大量丰富的生物进化资料复原了生物进化过程的科学轨迹,用"自然选择"原理取消了"神造论"赋予生物进化的超自然力,从而推翻了基督教所支持的特创论与物种不变论,突显人自身的能力。其次,达尔文在《人类的由来》一书中,又用自然选择原理来说明人的"本能""生理结构"甚至"人类道德"和"宗教信仰",提出了人猿同祖的观点,从而很自然地完成了从生物学领域向人类社会学领域的过渡。可以说达尔文的"还原精神"为"社会达尔文主义的兴起埋下了伏笔"。②

尽管如此,达尔文主义与社会达尔文主义仍是两个不同的概念。达尔文主义是生物学进化学说,源自英国生物学家达尔文(Darwin,1809—1882)的《物种起源》。社会达尔文主义是进化学说在人类社会的运用,属于社会学范畴,其"最合适的用途在于,力图为自然选择的达尔文规律(或者如同人们后来所说的那样,'适者生存')寻求社会相似之处,并按照这一规律的作用方式说明人类历史的进程"③。有学者认为,在达尔文的《物种起源》出版前,可被称为"社会达尔文主义"的思想已基本成形了④。这样说也是有一定原因的。因为在达尔文进化论之前,已经有了斯宾塞提倡的普遍进化论。普遍进化论不是简单的生物进化论,而是一种哲学理论,以进化论为核心,构建了一个囊括所有科学知识的庞大综合哲学体系,涉及生命、精神、社会和伦理等一切问题。

那么斯宾塞是否就是社会达尔主义的代表人物呢?细想来,在达尔文生物

---

① 罗力群:《"社会达尔文主义"的由来与争议》,《自然辩证法通讯》,2019年第41卷第8期。
② 陈蓉霞:《进化的阶梯》,北京:中国社会科学出版社,1996年,第95页。
③ 王中江:《进化主义在中国的兴起:一个新的全能式世界观》,北京:中国人民大学出版社,2010年,第23页。
④ [英]彼得·狄肯斯:《社会达尔文主义:将进化思想和社会理论联系起来》,涂骏译,长春:吉林人民出版社,2005年,第1页。

进化论被运用到社会后,形成了各式各样的社会达尔文主义:有斯宾塞的社会有机体论,还有马克思主义者在社会主义和集体主义上的运用;有尼采的"超人"和"权力意志"哲学,还有克鲁泡特金的"互助"进化论等。从广义上讲所有运用进化论原理解释人类行为的都习惯被归为社会达尔文主义。所以仅因为斯宾塞将人类社会与生物相类比的社会有机体论和他的天人会通的综合哲学就说斯宾塞是社会达尔文主义的主要代表,往往会显得不够充分。在19世纪末20世纪初,受民族主义思潮及浪漫主义运动等影响,还出现了具有帝国主义和种族主义倾向的极端社会达尔文主义。针对形形色色的社会达尔文主义,有学者这样解释:"把自然选择的原理应用到社会学上,是一个异常复杂的问题,几乎任何思想学派都可以从这里为自己的特殊学说找到有力的根据。"[①]从一定意义上说,社会进化论为帝国主义和种族主义提供了依据和借口,或者人们过度夸大了社会达尔文主义对帝国主义、种族主义的影响,抹杀了社会达尔主义自身的独立性。回归社会达尔文主义服务人类社会的本质,其伦理维度是不可丢弃的前提。

首先,社会依循从野蛮向文明形态发展的伦理诉求。生物进化论原理揭示出经过自然选择长期淘汰,生物有机体的生理机能和心智禀赋都基本上在不断进步与完善。人类社会的运行原理当然不能等同于自然生物界,但人类社会不是脱离生物界的独立存在,社会主体本身属于生物界范畴,具有与生俱来的天然性,同样具有趋利避害的本性。但除此之外,人还是伦理性存在,人的发展伴随着对活动目的及意义的价值追求。社会达尔文主义的诞生是人类科学发展的表征,是社会进步发展的应有表现,一方面它告知人类,社会发展具有其自身的运行规律,具有实然的客观性;另一方面又强调社会主体在推动社会发展过程中"应当做什么"的应然价值意义。而整个人类社会发展过程是人类自我意识的觉醒过程。在人类社会初期,人类尚处于丧失自我、被驯服于自然和迷信的蒙蔽状态,随着人类社会的进步,人的自由意志开始觉醒,能够自由地选择和决定从而才使行为具有了伦理道德性。人类社会在发展过程中,社会和道德将不断获得进步,由个体、民族、国家直至世界。

其次,"适者生存"既需"力"亦需要"群"的伦理观念。进化论的核心概念即

[①] 丹皮尔:《科学史及其哲学和宗教的关系》,李珩译,桂林:广西师范大学出版社,2001年,第310页。

第二章 天演论:新伦理建构的基石

"适者生存",在自然选择过程中,能够适应周围的竞争环境的物种能保存下来,反之则被淘汰。这一观点延伸至人类社会,则是只有适应社会竞争、遵循社会发展规律的族群,才能生存与发展。这不但包括科技、制度、文化等各方面都需要寻求发展,增强竞争力,而且需要"国""群"的伦理观念。一方面,人类社会的进步需要物质财富的积累,需要大力发展科技文明,促进生产力的发展;另一方面,思想文化层面的伦理观念亦是族群竞争的必要条件。自然界的竞争靠的是动物的本能,而人类社会的竞争必须依赖个体与群体的相互协调:个体的自由与权利应该成为国家的目标,而国家整体利益是个体自由与权利的保障。建立与此相应的伦理观念,是国家竞争、民族竞争的前提。

最后,人类社会的发展离不开个体与群体的伦理结合。社会是由每个个体组成的群体,如何处理个体与群体之间的伦理关系问题至关重要,主要体现为个体竞争与群体凝聚力之间的问题。如果过分强调个体竞争,滥用自由,则会导致彼此侵夺,从而破坏群体和谐,甚至社会道德规则;如果过分注重群体的利益,一味地强调互助仁爱,则可能扼杀个体自由,泯灭个体生命力,影响整体社会的发展与竞争力。19世纪英国社会学家沃尔特·白芝浩(Walter Bagehot,1826—1877)在《物理与政治》著作中论述过,"在各民族发展的早期,那些内部有所整合的民族战胜了缺少整合的民族,而在随后的发展阶段上,既有内部整合又有个体自由与活力的民族进一步脱颖而出,成为最后的胜利者"①。这便是说人类社会应考虑群体凝聚力与个体自由的伦理结合。既要考虑个体利益,又能兼顾群体利益,"己所不欲,勿施于人""克己自营""自由,以不妨碍他人自由为基础"都是对个体与群体关系的伦理性思考。

对待社会达尔文主义需要体现客观理性的科学态度。达尔文进化论的诞生以及运用达尔文进化论思想解释人类行为,是人类科学发展的表征,是社会进步发展的应有表现。尽管社会达尔主义学者基于研究问题的差异,会持有不同的社会观点,但不管是斯宾塞还是赫胥黎,他们的思想观点都不失伦理维度。

斯宾塞是自由人文主义者,信奉"每一个人都有权要求运用他各种机能的最充分的自由,只要与所有其他人的同样自由不发生矛盾"②。这个"同等自由

---

① 参见贾新奇:《严复与斯宾塞、赫胥黎之间的思想关系——一个主要基于伦理学的解读》,《唐都学刊》,2014年第30卷第5期。

② [英]赫伯特·斯宾塞:《社会静力学》,张雄武译,北京:商务印书馆,2017年,第34页。

的法则"被斯宾塞称为"第一原理""伦理学上的基本真理",是构成文明社会的伦理基础。在斯宾塞看来,文明进化就是从最初的原始状态进入现代文明状态的伦理过程。他说:"根据适应的法则,人的素质正在从适合前一组条件的形式转变为适合后一组条件的形式。现在是由于共同产生我们称为道德意识的那两种机能的增长,得以确保对后面那些条件的适合。遵循同等自由法则的冲动将与同情心和个人权利本能的力量相称。"①赫胥黎指出:"社会的道德进步既不是靠仿效宇宙过程,更不是去逃避它,而是与之进行斗争。""文明的历史详述了人类在宇宙中成功建立人为世界的步伐。"②他强调伦理过程与宇宙过程的对立,阐扬人类社会不同于宇宙,文明进化的本质是伦理对宇宙过程的超越。可以说,社会达尔文主义深刻地影响了近代以来在民族竞争意识下的伦理、道德的观念。

二、"天"的祛魅:《天演论》的冲击力

社会达尔文主义从19世纪到20世纪50年代在世界范围内影响一时,而作为这一思想的代表性著作《天演论》更是对中国近代思想的发展意义非凡,甚至有学者认为它是"近代中国最核心的信仰之一"③。说其是"信仰",意味着"天演"是一种不需证明的信念。就理论形态而言,儒家伦理以"天""天理""天道"为基石,是皇权的合法性与封建专制秩序的合理性的理论基础。而"天演"之说恰恰在伦理维度上,击碎了中国伦理传统中"天""天道"的神圣与权威,从而在很大程度上颠覆了"天""天道"这一儒家伦理的本原与终极依据。

儒家伦理以"天"作为终极依据是在漫长的社会发展中形成的。而两千多年来君权的神圣不可置疑、不可讨论,乃是因为皇帝是"天命所归"。中国传统社会的"天""天理""天道"等与"天"相关的权威,如同欧洲中世纪的"上帝"一样,是人的理智所不能涉及的信仰领域。"天"意味着神圣秩序之源,只能信奉,而不能怀疑和动摇,可以说,"天"正是儒家伦理思想的终极依据。从起源上看,中国从进入礼乐文明以后,即开始强调"敬德保民""以德配天"以及"皇天无亲,

---

① [英]赫伯特·斯宾塞:《社会静力学》,张雄武译,北京:商务印书馆,2017年,第55页。
② [英]赫胥黎:《进化论与伦理学》,宋启林等译,北京大学出版社,2010年,第34页。
③ 王汎森:《中国近代思想史的转型时代》,《张灏院士七秩祝寿论文集》,台北:联经出版事业股份有限公司,2007年,第316页。

第二章 天演论:新伦理建构的基石

惟德是辅"(《尚书·蔡仲之命》)等观念。应该说,西周初期"天"的出现,虽然保留和肯定了天的至上地位,但从凸显了"德"对权力合法性具有决定作用来说,是一种历史的进步。早期儒家赋予天以道德意志,其本意在于约束至高无上的君权,此即所谓"以天统君"。因此,蔡元培说:"天之本质为道德。而其见于事物也,为秩序。"①

这一伦理形态自西周时期逐渐形成,至汉代又形成了更清晰而自觉的理论形态。汉儒董仲舒建构了影响深远的"天人感应"之说,更加明确地以"天"的权威制约君权,他说:"唯天子受命于天,天下受命于天子,一国则受命于君。"(《春秋繁露·为人者天》)即天子的权威既源于天之所命又受天之制约。但问题是,在实际的伦理机制中,"天"对天子权力与行为的规范与制约,依然要通过某些人的代言来发挥作用,常常不能顺利地实现。因此,在中国历史上,君王若违反民意,大多数情况下"以天统君"的伦理机制都不能起到积极作用,也无法产生相应的制裁方法。这是中国这种"伦理—政治"模式的一大缺点。此外,儒家伦理对"天"的设定,不但使"君王"的世俗权威神圣化,而且肯定了封建秩序的合理性。《易经》为儒家经典,其中说:"有天地然后有万物,有万物然后有男女,有男女然后有夫妇,有夫妇然后有父子,有父子然后有君臣,有君臣然后有上下,有上下然后礼义有所错。"有天地之始,父子、君臣的伦理秩序即是天道。宋代开始,这种源于"天"的秩序又表现为"天理"。朱熹在《朱文公文集·读大纪》中说:"宇宙之间,一理而已……其张之为三纲,其纪之为五常,盖皆此理之流行,无所适而不在。"封建伦理的合理性、三纲五常的永恒,乃因为它们都是天理之彰显。可见,儒家伦理所言之"天""天道""天理",实质上成为封建秩序合理性的终极解释系统。也可以说,从汉代至宋明时期,儒家伦理在理论上以"天"论证封建秩序的合法性,故在政治上得到了权力的支持而成为思想的权威。

而《天演论》的出现恰恰挑战了以"天"为依据的封建秩序,给国人带来了全新的世界观和价值理念。从洋务运动到"中体西用",儒家伦理维护的政治秩序已不能应对种种危机,"天不变,道亦不变"的思维框架终于受到"天演"的挑战。可以说,受传统泛道德主义精神的影响,中国人对"天"的敬畏已经习惯于迷信盲从,视"天"的意志不可动摇,具有最高裁判权,所谓"天道赏善而罚淫""天命不可违""听天从命"。严复列举成吉思汗杀人如薙却得天下的事例,证明"天"

---

① 蔡元培:《中国伦理学史(外一种)》,北京:商务印书馆,2017年,第10页。

并没有操持"奖善瘅恶",揭去笼罩在"天"上面的神圣光环,说"天行"自身就是"戎首罪魁","天道变化,不主故常"是进化规律,"物竞天择,适者生存"告诉人们生存竞争无处不在,"天"不是永恒不变的纲常伦理,"天"是在物物相争时的一种"生存法则",只有奋力求强才能为"天"所选择而得以生存。严复通过《天演论》阐述运行于宇宙及人类社会的天演规律的客观性,复原了天之为天的绝对法则——竞争靠自己,选择由天定。可以说,"天演"是对"天不变,道亦不变"传统伦理之天的祛魅,动摇了封建伦理的合理性根据。

在《天演论》开始传播以后,对中国思想文化的发展所带来的影响是翻天覆地的。冯契先生称达尔文进化论的输入标志着中国近代哲学革命的开始。确实《天演论》运用近代先进理念对传统文化发起了猛烈抨击,冲击了封建伦理价值体系,给人以一种崭新的世界观。这股冲击开始了对价值体系内封建伦理的解构和近现代伦理的建构。对此,20世纪初的一代青年包括维新派人士、革命派人士,及后来的新文化运动的核心人物等,无一不受《天演论》思想的影响。曹聚仁在《中国学术思想史随笔》中谈及《天演论》时说,他读过的500种以上的回忆录的作者基本上都看过《天演论》。据说就连胡适的名字"适"也是取自"适者生存"之"适"。

根据现有的研究,我们知道进化论在《天演论》诞生之前就已经传入中国。1873年已出版《地学浅释》。《地学浅释》原书名是 *Elements of Geology*,今通译为《地质学原理》,作者赖尔(Lyell,1797—1875)。梁启超在《读西学书法》中还称赞道:"人日居天地间而不知天地作何状,是谓大陋,故《谈天》《地学浅释》二书不可不急读。二书原本固为博大精深之作,即译笔之雅洁,亦群书中所罕见也。"1873年8月21日《申报》还发表了题为《西博士新著〈人本〉一书》一文,介绍了达尔文的《人类的由来及性选择》。可见在晚清国内已有不少关于进化论思想的介绍。但为什么当时没有能像它在西方世界那样,立刻就引起国人的注意而引发一系列变革呢?因为单纯作为自然科学的进化论并不会引起人们的关注,甚至还为人们所不屑。但严复的《天演论》发表于国难当头的19世纪末,其思想涉及了社会、政治、经济、伦理、文化等各个领域,碰触到人们的世界观和价值观,继而在中国成功地掀起了思想革命,引发了中国近现代以来各种思潮的兴起,对"天""天道""天理"的祛魅则推动了中国近现代伦理思想的转型。

第二章 天演论：新伦理建构的基石

第二节 严复"天演"思想的伦理内涵

《天演论》不但动摇了封建伦理的理论基础，而且包含了建构性伦理内容，提出了符合时代需要的新的伦理思想。《天演论》中指出："虽然天运变矣，而有不变者行乎其中。不变惟何？是名'天演'。"①"天演"代表着万物的演化律动，具有普遍性，通过"物竞""天择"之用，推动演化进程。吴汝纶用"天行人治，同归天演"②来概括《天演论》的主题。如果说天行人治归于天演范畴，那么"尚力"与"尚德"便构成天演思想的两大伦理向度。天行尚力，人治尚德，严复说，"故天行任物之竞，以致其所为择；治道则以争为逆节，而以平争济众为极功"，一方面，"物竞天择"是自然界与人类社会发展的客观规律，在激烈的竞争环境下，需要重塑国人"力"的价值观念，由此提出了"尚力"的伦理价值。另一方面，人在自然进化规律面前不是无能为力的"任天为治"，可以"与天争胜"，不是一味崇尚竞争，还需要考虑人类的德性存在——"合群""善群"。

一、物竞天择，适者生存："尚力"的伦理价值

甲午中日战争，"泱泱大国"败给"蕞尔小国"，举国震惊。《天演论》这部出版于甲午战败后的著作，明显带有救世图存的用意，其"物竞天择，适者生存"的主旨精神意在警告国人如若甘于现状，不求强盛，国将亡矣。为了"救国保种"，发轫于严复的一股"尚力"思潮应时兴起，这一"尚力"思潮后经谭嗣同、梁启超、蔡锷、毛泽东、鲁迅、陈独秀等人，直到"战国策派"，由此促进了尚力思潮从社会意识向社会运动发展的转变进程。

在严复看来，"力"是"生民之大要"，是"断民种之高下"的重要标准，关系着民生与国威，是自强、自立之本，凭此"与外国争一日之命"。"尚力"即激发个体之力，形成国家之力，是国家富强自治的实现方式。"是故国之强弱贫富治乱者，其民力、民智、民德三者之征验也，必三者既立而后其政法从之。……合于其智、德、力者存，违于其智、德、力者废。"③在严复这里，此"力"主要包括民力和

---

① 严复：《天演论》，《严复全集》卷一，福州：福建教育出版社，2014年，第266页。
② 吴汝纶：《天演论·吴序》，《严复全集》卷一，福州：福建教育出版社，2014年，第257页。
③ 严复：《原强（修订稿）》，《严复全集》卷七，福州：福建教育出版社，2014年，第31页。

智力,民力即"手足体力"或生命力的感性之力,是基础性的,它是中国近代感性生命力重建的开始;智力即"开民智"的智之力,是理性之力,强调制度、文化、精神之力,尤其是民主与科学精神中所蕴含的力量,"民智者,富强之原"①。因此,严复"尚力"的"力"从根本上说是实现国家富强之力,由此使得"尚力"就具有了伦理性价值取向。

"尚力"是从"物竞天择,适者生存"的进化规律推导出的一种价值取向。"物竞天择"之说本源自英国生物学家达尔文。1859年达尔文发表《物种起源》,宣称自然界的生物按照自然选择原理,从简单到复杂、从低级到高级演化发展,"人为天演中一境,且演且进"。达尔文进化论属于生物学领域,与人类社会无关,但因其富含有大量论证材料,使得进化论学说在思想史上取得科学性地位,从而给人类社会发展带来了巨大影响,也为斯宾塞的普遍进化论提供了强有力的论证支撑。斯宾塞的普遍进化论是一种哲学理论,以进化论为核心,构建了一个囊括所有科学知识的庞大综合哲学体系,涉及生命、精神、社会和伦理等一切问题。"以天演自然言化,著书造论,贯天地人而一理之"②的斯宾塞的普遍进化论是严复倾心阐述的主要对象。他赞同斯宾塞的社会进化观念,认为人类社会与动植物一样存在竞争,相信斯宾塞的"进步"信念:"对于人类可臻完善的信念,只不过是对于人类将通过这一过程最终成为完全适合其生活方式的信念。因此,进步不是一种偶然,而是一种必然。文明并不是人为的,而是天性的一部分。"③正因为相信"竞争—进步"的历史趋向,严复认同"优胜劣汰"进化规律的同时,更推崇"适者生存"的主体力量作用。

"力"在物理学上的解释是能使物体获得加速度的作用,结合国群的生存发展问题,严复的"尚力"是要寻求国家富强,推进社会变革发展,具有实现民族国家独立自强的伦理指向性。即是说,尚力的价值目标是指向民族国家的。在严复看来,"尚力"是实现其救亡图存、民族强盛的手段和方法,他试图通过"物竞天择,适者生存"的观念激发国民的竞争力,进而通过"鼓民力""开民智""新民德"实现挽救民族危亡的伦理价值目标,从而使"尚力"具有深刻的伦理价值。

---

① 严复:《原强(修订稿)》,《严复全集》卷七,福州:福建教育出版社,2014年,第34页。
② 严复:《天演论·译〈天演论〉自序》,《严复全集》卷一,福州:福建教育出版社,2014年,第260页。
③ [英]赫伯特·斯宾塞:《社会静力学》,张雄武译,北京:商务印书馆,2017年,第28-29页。

第二章　天演论：新伦理建构的基石

一是尚力求强，物争自存。严复说，"民物之于世也，樊然并生，同享天地自然之利。与接为构，民民物物，各争有以自存。其始也，种与种争，及其成群成果，则群与群争，国与国争，而弱者当为强肉，愚者当为智役焉"①。唯有竞争求强，方能存种保群。在国难当头的危难时刻，严复非常清楚地知道，比起"德治天下"的道义伦理，此时面对强敌更需要用弱肉强食的丛林法则来唤起国人的危机意识，否则国将亡矣。他列举历史上种群之争的事例进行论证说明：白人"洎乎二百年来，民智益开，教化大进，奋其智勇，经略全球。红人、黑人、棕色人与之相遇，始则与之角逐，继则为之奴虏，终则归于泯灭"。强调即使地大物博、人多势众也毫无用处，"黄种之后亡于黑种、红种、棕种者，岂智力之足抗白人哉！徒以地大人多，灭之不易，故得须臾无死耳"②。细数中西社会的诸多差异，"西洋之民，其尊且贵也，过于王侯将相；而我中国之民，其卑且贱也，皆奴产子也"③；西方"人人得以行其意，申其言，上下之势不相悬，君不甚尊，民不甚贱，而联若一体者"④；"中国……民力已苶，民智已卑，民德已薄"⑤，进而凸显出"存亡之间，间不容发，其种愈下，其存弥难"的残酷现实。一股尚力思潮应时兴起。

这种"尚力"价值取向与传统的"不争""求和"价值取向截然不同。传统伦理思想是基于性善论的泛道德主义，信奉"一治一乱，一盛一衰"的循环历史观，是以"均无贫，和无寡，安无倾"（《论语·季氏》）为核心思想的柔性文化。而严复对"力"的发现，"让严复第一次将中国传统伦理所鄙弃的'力'抬高到与'德'的同等地位，超越了传统人性论中的泛道德主义精神，打破了'德'的泛道德主义神话，为人性的开放和自由创造了可能和前提"⑥。事实上，这种追求强盛的"尚力"的价值取向在我国传统文化中并非全然无存。"凡治国之道，必先富民。民富则易治也，民贫则难治也。"（《管子·治国》）"仓廪实则知礼节，衣食足则知荣辱。"（《管子·牧民》）"国富而治，王之道也。"（《商君书·农战》）可见在传统思想中不管是儒家还是法家，对求富求强都有一定的推崇，但是传统之"尚力"

---

① 严复：《原强》，《严复全集》卷七，福州：福建教育出版社，2014年，第15页。
② 严复：《保种余义》，《严复全集》卷七，福州：福建教育出版社，2014年，第84页。
③ 严复：《辟韩》，《严复全集》卷七，福州：福建教育出版社，2014年，第39—40页。
④ 严复：《原强》，《严复全集》卷七，福州：福建教育出版社，2014年7月，第20页。
⑤ 严复：《原强（修订稿）》，《严复全集》卷七，福州：福建教育出版社，2014年，第27页。
⑥ 凌红、李超：《严复思想的伦理向度："尚力"与"尚德"》，《东南大学学报（哲学社会科学版）》，2020年第22卷第3期。

与严复之"尚力"具有本质的不同。春秋战国时期的"尚力"也是国与国竞争的结果,但国与国有着相似的文化形态与政治体制,往往经过几代人的努力才能分出发展的差异,也可以说,传统之"尚力"面对的是相对意义的同质的竞争。严复面对的是中国历史发展中"三千年未有之变局"中随着坚船利炮而来的西方发达的异质文明,从器物、制度、思想文化等方面几乎对中国形成压迫,所以严复的"尚力"似乎在复兴传统伦理思想中的"尚力"因子,但更是想从根本上改变中国传统伦理的柔性文化形态、制度形态,以应对"人欲图存,必用其才力心思,以与是妨生者为斗。负者日退,而胜者日昌"的现代民族国家间的竞争。

面对国与国的现代民族国家的竞争,起决定作用的是综合国力,对中国的国情来说,伦理的力量亦是不容忽视的强大而隐性的力量。有学者解释说:"中西民族对于经济—文化发展不平衡的实际性思考的突出成果就是发现了'文化的力量',而对'文化的力量'发现的核心是发现了'伦理的力量'或'价值的力量'。"[1]换言之,当个体道德意识符合社会发展规律时,其社会伦理的价值会引领时代思潮,促进社会进一步发展,反之,当社会伦理观念与社会发展规律不相符合,则会产生阻碍社会发展的力量。中国19世纪中期发生的社会变局根源就在于此。在"三千年未有之变局"的威逼下,为了救亡图存,国人开始了对"力"的重新思考,"寻求富强"成为国人肩负的共同历史使命。

二是尚力乃强调人的自由权利和自由意志。中国古代哲学有"力命之争"。孔子的"为仁由己""人能弘道"强调个体作为道德主体具有自主的力量,充分体现了主体的历史自觉。但孔子也说,"道之将行也与,命也,道之将废也与,命也"(《论语·子路》),将主体的力量置于天命的从属地位。孟子基本承袭孔子的观点,一方面具有力与命之间的紧张,另一方面是人力对天命的顺从。相形之下,荀子的"制天命而用之"的观点,体现了天人相分,一方面承认天命的客观必然性,另一方面也重视人的主观能动性,"天有其时,地有其财,人有其治,夫是之谓能参"(《荀子·天论》)。荀子的这一观点后来为唐代柳宗元、刘禹锡所继承发扬。严复在《天演论》中借圣人之喻,突显人的主体力量。"夫世之变也,莫知其所由然,强而名之曰运会。运会既成,虽圣人无所为力,盖圣人亦运会中一物。既为其中之一物,谓能取运会而转移之,无是理也。彼圣人者,特知运会之所由趋,而逆睹其流极。唯知其所由趋,故后天而奉天时;唯逆睹其流极,故

---

[1] 樊浩:《伦理精神的价值生态》,北京:中国社会科学出版社,2001年,第85页。

先天而天不违。于是裁成辅相,而置天下于至安。"①也就是说圣人虽为运会中一物,但可以"知运会之所由趋,而逆睹其流极","裁成辅相,而置天下于至安"。所以严复说,"则其存也,必有其所以存,必其所得于天之分,自致一己之能,与其所遭值之时与地,及凡周身以外之物力,有其相谋相剂者焉"②。概言之,存者,是对"物竞天择"的适者,是"致一己之能",与其时、地与外物"相谋相剂者"。可见严复推崇充分发展自身的能力以与外界抗衡,崇尚内在精神之力。

在严复看来,"力"分为外在的形下之力和内在的形上之力,形下之力是表象,形上之力是实质。他分析说:"今之称西人者,曰彼善会计而已,又曰彼擅机巧而已。不知吾今兹之所见所闻,如汽机兵械之伦,皆其形下之粗迹,即所谓天算格致之最精,亦其能事之见端,而非命脉之所在。其命脉云何?苟扼要而谈,不外于学术则黜伪而崇真,于刑政则屈私以为公而已。"③严复归纳出西方的物质之力即"吾今兹之所见所闻,如汽机兵械之伦",而精神之力才是西学之命脉,严复通过中西社会文化对比,指出西方富强的根本在于自由。有了自由,人"得以行其意,申其言,上下之势不相悬,君不甚尊,民不甚贱,而联若一体者",有了自由,"自其官工商贾章程明备观之,则人知其职,不督而办,事至纤悉,莫不备举,进退作息,未或失节,无间远迩,朝令夕改,而人不以为烦"。④ 若得自由,利民利国。然中国自古没有自由可言,"使林总之众,劳筋力、出赋税,俯首听命于一二人之绳轭。而后是一二人者,乃得恣其无等之欲,以刻剥天下,屈至多之数以从其至少,是则旧者所谓礼、所谓秩序与纪纲也,则吾侪小人又安用此礼经为!且吾子向所谓富强者,富强此一二人至少之数也;而西国所谓富强者,举通国言之,至多之数也"⑤。民众没有自由民主权利,社会缺少发展动力,国则无力。

在种群生存竞争的威逼下,严复对"尚力"的提倡,成为社会运动发展进程的意识指引,并形成影响长达半个世纪的尚力思潮。在严复的伦理思想体系中,"'尚力'的伦理向度包括两个方面:目标指向的伦理性,指向民族国家这一伦理实体;实现方式的伦理性,'开民智'的任务之一是唤醒中国人的伦理觉悟,

---

① 严复:《论世变之亟》,《严复全集》卷七,福州:福建教育出版社,2014年,第11页。
② 严复:《天演论·察变》,《严复全集》卷一,福州:福建教育出版社,2014年,第266页。
③ 严复:《论世变之亟》,《严复全集》卷七,福州:福建教育出版社,2014年,第12页。
④ 严复:《原强》,《严复全集》卷七,福州:福建教育出版社,2014年,第20页。
⑤ 严复:《主客平议》,《严复全集》卷七,福州:福建教育出版社,2014年,第111页。

以此作为救亡的手段"①。固然,严复所崇尚的"力"不是"强权",而是"力德相备"的综合力。1895年严复在《原强续篇》中对日本的侵华行径评论道:"乃欲用强暴,力征经营以劫夺天下。"1897年,对德国强占胶州湾事件,严复指责德国的强权行径为"野蛮之民"的作为。可见,严复在对"力"特别是国家力量的崇尚中深深地嵌入了对"秩序"的思考。这种秩序,即国家力量的道义性。从普遍主义层面看,这是蔡元培所说的"天之本质为道德。而其见于事物也,为秩序"②。严复对这一"秩序"的追求,实则是对新伦理"秩序"的构想,他在《论中国之阻力与离心力》一文中指出"人心风俗"这一旧伦理的弊端:"不在大端,而在细事,不在显见,而在隐微。……积之既久,疗之实难。"③即便严复认为改变传统伦理"实难",但从中国的现实情况来看,他亦不得不对其发难,在批判与否定旧伦理的同时,又提出了构建适合时代发展需要的新伦理,即严复思想的另一伦理向度——尚德。

二、"合群":与天争胜,体合求存

如果严复的《天演论》只是传递给国人"优胜劣汰"的信息的话,那么就相当于给贫弱的中国宣判了灭亡的结局,其意义就十分有限了。严复阐释天演进化的真正伦理意蕴在于民族的发展和国家的富强——"寻求富强"。"物竞天择,适者生存"的危险绝境下,国人可以"与天争胜,体合求存",这才是严复所要表达的伦理价值。"在严复这里,进化的真正意义在于人的能力的全面发展和国家富强,即如何实现'民力、民智、民德'的人的发展和'以自由为体,以民主为用'的国家的富强。对于'竞争—进步'的人类社会来说,要实现这一目标需要构建新的伦理体系,从而使国民具有新的德性——新民德,因而其思想呈现出另一个伦理向度——'尚德'。"④

"尚德"在严复这里具有丰富的内容,"平等义明""自重""为善""爱国""自

---

① 凌红、李超:《严复思想的伦理向度:"尚力"与"尚德"》,《东南大学学报(哲学社会科学版)》,2020年第22卷第3期。

② 蔡元培:《中国伦理学史(外一种)》,北京:商务印书馆,2017年,第10页。

③ 严复:《论中国之阻力与离心力》,《严复全集》卷七,福州:福建教育出版社,2014年,第365页。

④ 凌红、李超:《严复思想的伦理向度:"尚力"与"尚德"》,《东南大学学报(哲学社会科学版)》,2020年第22卷第3期。

第二章 天演论:新伦理建构的基石

由"等等,"是故居今之日,欲进吾民之德,于以同力合志,联一气而御外仇,则非有道焉使各私中国不可也"①。可见,严复所言"尚德"之德与传统伦理之"德"最大的区别在于,他摒弃了传统伦理中以三纲五常为核心的宗法专制伦理,而以新的伦理价值观来塑造新的"德"。通观严复伦理思想,我们发现他最为关注的是"群己"关系及其划界问题,并以"群""己"这两个基本范畴来构建其"群学"的伦理体系,关涉了"群""己""公""私"的伦理关系的问题。传统的道德哲学,主要基于先验人性论去解释个体的道德行为,重心性修养,偏"私德"。严复所推崇的德性是"公治所需之道德",是维护群体秩序和整体利益的体现。严复认为,人类是"以群为安利",德乃"合群"之"公心",是个体利益与群体利益的统一。严复强调人类为了求得生存的"合群"的重要性,合理的处理群己关系的需求必然产生一种公共伦理。因此,"合群"乃是群体生活的伦理要求。

在中国近代发展的特殊历史情境下,"合群"又具有了特殊的现实意义,即"保种合群"。在《天演论》中,天行规则是进化客观规律,应对这样的规律,如果完全顺应,则国必亡,如果逃避这样的规则亦不可取,唯一可以的选择就是发挥人的主观能动性,积极面对。严复说,"今者欲治道之有功,非与天争胜焉,固不可也。法天行者非也,而避天行者亦非。夫曰与天争胜云者,非谓逆天拂性,而为不祥不顺者也。道在尽物之性,而知所以转害而为利"②。也就是说要"尽物之性"来"与天争胜"。在严复看来,"尽物之性"是解决问题的关键。理解"尽物之性"的含义,需要了解何为"体合"。

严复的"体合"源自斯宾塞的适应(adaptation)论。斯宾塞在《生学天演》第十三章《论人类究竟》(Human Population in the Future)中提到适应论。其内容主要包含两个方面:第一,个体对外界自然环境的适应。人要在恶劣的自然环境中生存,必须具有改变自身的特性以适应外界环境的能力;第二,个体对社会环境的适应。人类社会与生物体一样是不断进化的,随着社会的进化,社会成员之间需要彼此配合,相互的联系日益密切,社会将成为一个互相依赖的整体。严复将斯宾塞的这一理论译为"体合"。严复解释道,"物自变其形,能以合所遇之境,天演家谓之体合。体合者,进化之秘机也"③。尤其强调"于物竞天择

---

① 严复:《原强(修订稿)》,《严复全集》卷七,福州:福建教育出版社,2014年,第36页。
② 严复:《天演论·进化第十七》,《严复全集》卷一,福州:福建教育出版社,2014年,第333页。
③ 严复:《天演论》,《严复全集》卷一,福州:福建教育出版社,2014年,第290页。

二义之外,最重体合……物竞、天择、体合三者,其在群亦与在生无以异"①。不管是物种生存抑或群族生存,体合是物竞、天择之外一大机密所在。严复通过"体合求存"之说巧妙地将斯宾塞的适应理论与群学思想相结合,突显他天演进化的伦理内涵。他从"身形"与"心德"两个层面对"体合"作阐释:"虽然民之随外缘而为体合也,有身形焉,有心德焉。身形之合,牵天系地,鼓于自然,与夫所勤动以厚生者也。至其心德,大抵所居之群制为之。民之于群也,其心德必隤然与法制相顺,而后居之而安也。"②在遭遇变局的特殊历史情境下,国人的"体合求存"有了现实意义——"合群保种"。"保种"的客观生存需求赋予了国人"合群"的特殊伦理内涵。

"合群保种"在严复看来,首先是聚众人之力,合国人之心。面对西方列强,严复提倡以"合群保种"的伦理精神共同面对危机。面对社会上的排满行为,他批判其是血缘宗法的狭隘种族主义思想,因此,他反对将满族视为异族,反对这种狭隘的民族主义。"微论客之所指为异族者之非异族。……今之满、蒙、汉人,皆黄种也。由是言之,则中国者,邃古以还,固一种之所君,而未尝或沦于非类,区以别之,正坐所见隘耳。"③严复在《原强》中对狭隘民族主义的驳斥,已经表达出"严复的这种族群思想已近似于国族意义,超越传统的夷夏之辨,表现出一种对中华民族共同体的自觉,具有强烈的民族整体意识"④。

严复推崇"合群",激发国人的爱国情感,是民族伦理和爱国伦理的体现。他强调说,"求国群之自由,……欲人人皆有一部分之义务,因以生其爱国之心……"⑤。美国政治学家路易斯·哈茨(Louis Hartz,1919—1986)充分肯定严复在处理个体与群体关系方面所作出的努力,一方面注重个体能力的发挥,另一方面注重集体凝聚力。⑥ 对于群己关系,严复认为群体的存在和发展需要有小己的情感倾注,增强群的凝聚力,就是增加一群之实力。"皮之不存,毛将

---

① 严复:《天演论》,《严复全集》卷一,福州:福建教育出版社,2014年,第330页。
② 严复:《群学肄言·宪生第十四》,《严复全集》卷三,福州:福建教育出版社,2014年,第212页。
③ 严复:《原强》,《严复全集》卷七,福州:福建教育出版社,2014年,第19页。
④ 凌红、李超:《严复思想的伦理向度:"尚力"与"尚德"》,《东南大学学报(哲学社会科学版)》,2020年第22卷第3期。
⑤ 严复:《法意》,《严复全集》卷四,福州:福建教育出版社,2014年,第291页。
⑥ [美]本杰明·史华兹:《寻求富强:严复与西方》,叶凤美译,南京:江苏人民出版社,1996年,第2页。

焉附",没有国群的存在,小己将无所依存。

合群保种是民族伦理的内在要求。严复借用古今中西的哲人思想阐述"合群"的可能性与必要性。首先,严复征引荀子之言,"人之所以为人者,以其能群也",论述了人类本来就赋有合群之天性。"凡民之相生相养,易事通功,推以至于兵刑礼乐之事,皆自能群之性以生"①,说明"合群"与人类社会的密切关系。其次,严复介绍了斯宾塞有关群学的太平公例,"各得自由,而以他人之自由为域"。他肯定了自由对于个体及群体发展的价值。自由是个体发展的前提,人得自由,则个体的潜能才能得以发掘与提高,群体的富强才能得以实现。同时,个人自由需以他人自由为域,以求双双无损而共利。群学伦理是严复进化论思想的一大特色,严复强调集体凝聚力的巨大作用,尤其是在整个民族深处内忧外患困境的特殊转型期。社会的竞争力潜藏于群体之中,只有凝聚集体的力量,整个社会才能强盛,此则是"体合"。"体合者,物自致于宜也。"严复认为人类社会与生物界一样都遵循"物竞天择"的生存规律,在这种充满竞争和淘汰的环境中,"体合"乃求存之道以达"郅治"。故曰:"所谓物竞、天择、体合三者,其在群亦与在生无以异。故曰任天演自然,则郅治自至也。"②

严复思想中这一"尚德"的伦理向度,其实是出于维护群体秩序和整体利益的体现,他所推崇的"合群""体合"等都是基于伦理共同体的思考,以民族国家为最高伦理目标。

三、"善群":鼓民力,开民智,新民德

严复对"群"的价值认可毋庸置疑。他从社会有机体论出发,观照个体自由和国家富强的关系,认为群己是互生互长的同构关系,出于善群的伦理要求,严复提出著名的三民说:"鼓民力""开民智""新民德"。

一国欲富强,群力之优劣非常重要。严复梳理出实现富强的逻辑顺序,论述利民对于国家富强的重要性。要实现利民之政,需要先使民能获取利益,而自利的前提是民众拥有自由,怎样的人能享受自由呢?需民力、民智、民德三者优而能自治之民才行。换言之,国家的富强归根到底源自民力、民智、民德。严复在《天演论》中添加大段论述,强调民力、民智、民德的重要性:"圣人知治人之

---

① 严复:《原强》,《严复全集》卷七,福州:福建教育出版社,2014年,第16页。
② 严复:《天演论·论十五演恶》,《严复全集》卷一,福州:福建教育出版社,2014年,第330页。

人,固赋于治于人者也。凶狡之民,不得廉公之吏,偷懦之众,不兴神武之君。故欲郅治之隆,必于民力、民智、民德三者之中,求其本也。故又为之学校庠序焉。学校庠序之制善,而后智仁勇之民兴,智仁勇之民兴,而有以为群力群策之资,而后其国乃一富而不可贫,一强而不可弱也。嗟夫!治国至于如是,是亦足矣。"①

所谓民力,通常是指民众的人力、物力、才力,也指人的体力。自古不论是古希腊罗马时代,还是中国的孔孟时代,都注重训练国人的体质,锻炼人们坚强的意志。严复所说之民力包括民众的体力、心力与民族的活力。他提倡"鼓民力"是直接针对封建政教礼俗,尤其认为吸食鸦片和女子缠足的陋习对国民体质影响最大,贻害民力,流毒最深,导致"民力已苶"。

所谓民智,是指人的聪明才智。严复所提民智是基于科学的近代理性之智。严复认为中国"教化学术之非"导致国人民智低下。"八股取士,使天下消磨岁月于无用之地,堕坏志节于冥昧之中,长人虚骄,昏人神智,上不足以辅国家,下不足以资事畜。破坏人才,国随贫弱。"②科举制度"锢智慧""坏心术""滋游手"。1895年严复发表《救亡决论》,疾呼"中国不变法则必亡是已。然则变将何先?曰,莫亟于废八股",直接反对科举制度。他还将传统思想学派判定为"无用",认为不管是宋明理学、考据学,还是近文经学、王阳明学,主要围绕圣贤经典,或训诂注疏,或阐发义理,奢谈性命道德,都远离实际,"非今日救弱救贫之切用""皆宜且束高阁也"。他批判传统育人方法缺乏批判意识与创造精神,提倡西方科学教育,指出:"言学则先物理后文词,重达用而薄藻饰。且其教子弟也,尤必使自竭其耳目,自致其心思,贵自得而贱因人,喜善疑而慎信古。"所以他强调:"是故欲开民智,非讲西学不可;欲讲实学,非另立选举之法,别开用人之涂,而废八股、试帖、策论诸制科不可。"③

所谓民德,就是国民之伦理道德。严复提倡以新伦理观来塑造新民德,革除旧民德之弊,尤其是要摒弃宗法专制伦理体系中的三纲五常。在纲常名教的钳制下,国人没有自由平等可言,养成奴性道德,缺乏向心力、凝聚力、责任感与

---

① 严复:《天演论·导言八·乌托邦》,《严复全集》卷一,福州:福建教育出版社,2014年,第279页。
② 严复:《救亡决论》,《严复全集》卷七,福州:福建教育出版社,2014年,第47页。
③ 严复:《原强(修订稿)》,《严复全集》卷七,福州:福建教育出版社,2014年,第35页。

第二章 天演论:新伦理建构的基石

爱国心。自秦以来,中国历代专制统治者以天下为家,以暴力奴虏民众,民众迫于压力表面臣服,以奴虏自待。严复直言这就是"奴分",他写道"义务者,与权利相对待而有之词也,故民有可据之权利,而后应尽之义务生焉。无权利,而责民以义务者,非义务也,直奴分耳"[①]。如何使吾民以中国私之为己有?严复提议通过"设议院于京师,而令天下郡县各公举其守宰",将权力、自由交还给人民,培养国民之独立人格与现代公民意识。

鼓民力,开民智,新民德。严复从"力、德、智"三方面第一次提出对国民素质的全面塑造,超越了传统伦理的泛道德主义精神。对力的发现,激起国人的尚武精神和冒险心;对智的追求,打破"以仁摄智"的局面,开启近代科学理性之路;对德的革新,重在树立独立人格,培育现代公德心。严复的"三民"伦理思想深受斯宾塞社会有机体论的影响,注重"小己"与"群体"之间的有机联系。"严复对群与己的理解是在一个有机体的框架中形成的。群与己是总与分、全体与单位的关系。己是群之基,群是己之积。群和己是同构共生的关系,离开任何一方,即意味着丧失自身的存在意义。显然严复对群己关系的理解已经扬弃了自然社会的伦理关系,有了社会伦理的普遍性含义,体现了追求'群'之善与'己'之善的统一。"[②]

诚然,我们可以肯定地说《天演论》是在特殊历史情境下的产物,是在严复思考如何拯救自己的民族以保种求存的问题意识驱动下诞生的。"优胜劣汰"的进化规律是严复要传达给世人的重要信息,但是其目的是警醒还沉睡在天朝大国梦境、愚痴"华夷之辨"的国人,从而激发人们的爱国心,引导人们走出封建传统伦理的桎梏,走向近代新伦理。"严复在运用进化论对传统天人关系、柔性文化进行批判的同时,更树立了一种全新的伦理观念,为中国近代伦理转型提供了一种新的思维:从仁本论到自然本质论、从自我完善到自我保存、从性善论到性恶论,它标志着旧的伦理精神的危机和近代伦理精神重建的开始。"[③]天演进化是新伦理建构的基点,《天演论》从新的理论高度,为传统社会向近代社会转变提供了驱动力,对传统伦理思想进行了近代意义上的一种修正。

---

① 严复:《法意》,《严复全集》卷四,福州:福建教育出版社,2014年,第429页。
② 凌红、李超:《严复思想的伦理向度:"尚力"与"尚德"》,东南大学学报(哲学社会科学),2020年第22卷第3期。
③ 郭国灿:《思想的历史与历史的思想——严复与近代文化转型论集》,长沙:岳麓书社,1998年,第71-74页。

第三节 "天行人治"进化思想对传统伦理价值的影响

严复对新伦理的构建是从批判"天不变,道亦不变""天人合一"的旧伦理开始,以天演进化思想为指导,进而构建其"天行人治"的"合群"新伦理——群学。即是说,严复的伦理思想不仅具有动摇传统伦理理论基础的意义,而且包含建构性伦理内容。严复的进化论注重对传统夷夏壁垒的打破,以全新的世界观和价值观对新伦理实施建构,无疑是对传统伦理价值观念毁灭性的冲击。

一、对"天不变,道亦不变"的批判

"天不变,道亦不变"是西汉大儒董仲舒的一个著名哲学命题。董仲舒说:"道之大原出于天,天不变,道亦不变。"(《春秋繁露》)在董仲舒的伦理思想体系中,"天"是一切事物的主宰,居决定性地位,"道"是封建统治制度的根本原则,源自天。董仲舒把道德精神和道德信念都归入"天"的统摄范畴之中,天神授予君权,阴阳五行说附会三纲五常。以"天不变,道亦不变"为哲学基础的封建伦理精神形态有效维护了封建秩序,巩固了封建统治,满足了封建社会走向大一统的需要。

从一定意义上说,董仲舒将天的权威发挥到极致,天威对君主的行为可以起到监督制约作用,但另一方面"天"把一切伦理关系和道德规范都神秘化,将人道统统都归于天,是具有浓厚神学色彩的形而上学。19世纪,人们所牢牢信奉的天命论,在西方列强一次次炮轰下,逐渐被质疑,最终严复《天演论》所传递的"优胜劣汰,适者生存"进化规律在中国的广泛传播直接促成了这种天人宗教迷信的瓦解。严复认为:

> 天变地变,所不变者,独道而已。虽然,道固有其不变者,又非俗儒之所谓道也。请言不变之道:有实而无夫处者宇,有长而无本剽者宙;三角所趋,必齐两矩;五点布位,定一割锥,此自无始来不变者也。两间内质,无有成亏;六合中力,不经增减,此自造物来不变者也。能自存者资长养于外物,能遗种者必爱护其所生。必为我自由,而后有以厚生进化;必兼爱克己,而后有所和群利安,此

第二章 天演论:新伦理建构的基石

自有生物生人来不变者也。此所以为不变之道也。①

严复所言之道具有实证主义色彩,从始源处褪去董仲舒所言"天不变,道亦不变"的神秘色彩,对传统道德秩序进行了否定。

首先,驱除宗教之天的神权迷信,复原天之自然客观性。在董仲舒的伦理体系中,"天"是人格化的宗教天,他的"天不变,道亦不变"命题是与他的"天人感应"的神学目的论相统一的。他指出:"人之人本于天,天亦人之曾祖父也,此人之所以乃上类天也。"(《春秋繁露·为人者天》)"天亦有喜怒之气,哀乐之心,与人相副,以类合之,天人一也。"(《春秋繁露·阴阳位》)"天地之阴气起,而人之阴气应之而起,人之阴气起,而天地之阴气亦宜应之而起,其道一也"(《春秋繁露·阴阳位》),天人相类成为其"天人感应"神学目的论的根据之一。在《春秋繁露·必仁且知》中董仲舒更是通过灾异说,显示了"天"之威严。"天地之物,有不常之变者,谓之异,小者谓之灾。灾常先至,而异乃随之。灾者,天之谴也;异者,天之威也。谴之而不知,乃畏以威。诗云'畏天之威',殆此谓也。凡灾异之本,尽生于国家之失。国家之失,乃始萌芽,而天出灾害以谴告之;谴告之而不知变,乃见怪异以惊骇之;惊骇之尚不知畏恐,其殃咎乃至。以此见天意之仁而不欲陷人也。"(《春秋繁露·必仁且知》)他把"天"作为道德的仲裁者,当"天意之仁"不能得到实施,"天"将给予谴告惩罚。严复对董仲舒的"天不变"之说提出驳斥。他说:"天道变化,不主故常是已。特自皇古迄今,为变盖渐,浅人不察,遂有天地不变之言。"②天地处于不断变化之中,这种变化只是没有被一般人察觉。"故知不变一言,决非天运,而悠久成物之理,转在变动不居之中。……特据前事推将来,为变方长,未知所极而已。"③天道的变化属于自然变化,遵循客观变化规律,无关乎神灵意志,从古至今天道处于变化之中,而且还将不断变化下去,按进化论规律即为"物变所趋,皆由简入繁,由微生著"④。严复对天的理解具有西方近代自然科学的实证性,运用进化论原理驱除了天之宗教神权迷信,从而揭穿了君权神授的谎言,同时为复原人道的主观自觉性奠定了基础。

---

① 严复:《救亡决论》,《严复全集》卷七,福州:福建教育出版社,2014年,第53页。
② 严复:《天演论·察变》,《严复全集》卷一,福州:福建教育出版社,2014年,第265页。
③ 严复:《天演论·察变》,《严复全集》卷一,福州:福建教育出版社,2014年,第266页。
④ 严复:《天演论·察变》,《严复全集》卷一,福州:福建教育出版社,2014年,第267页。

其次,批判俗儒之道,否定君权神授说。董仲舒认为封建社会的根本原则是由天决定的,"天意之仁"由圣人、君王来实现。董仲舒将人之性由上到下分为"圣人之性""中民之性"和"斗筲之性",认为"圣人之性"受命于天,近于全善,是上品。他说:"天者群物之祖也,故遍覆包函而无所殊,建日月风雨以和之,经阴阳寒暑以成之。故圣人法天而立道,亦溥爱而亡私,布德施仁以厚之,设谊立礼以导之。"(《汉书·董仲舒传》)作为天意的实施者,君王理所当然地具有了权威性和无可替代的唯一性,由此成就了君权神授。如果天是永恒不变的,那么按天意建立的封建社会之"道",也是永恒不变的。此"道"便是封建伦理体纲常。换言之,"天不变,道亦不变"为三纲五常的合法性奠定了理论基础。而严复却说:"道固有其不变者,又非俗儒之所谓道也。"①"虽然,天运变矣,而有不变者行乎其中。不变惟何?是名'天演'。"②"天演论"宣告不论是自然之天,还是人世之天,都遵循着演化规律,非恒常不变,此乃"运会"。圣人、君王乃运会中一物而已,运会是不可阻挡的,故需"知运会之所由趋,而逆睹其流极"。严复的天演运会说切断了董仲舒所言天道与人道之间的宗教神话关系,揭露了俗儒们为了维护封建统治秩序所设定的伦理的异化,粉碎了儒家之道永恒不变的理论基础。

最后,动摇了封建伦理的建构基础,推动了近代伦理进程。诚如张灏所说,"传统儒家的宇宙观和道德意识往往是连在一起,互相依存的。从传统儒家的观点去看,宇宙不只是一个自然的存在,而且是一个赋有道德意义的秩序;同时道德价值也不只是人的意志的产物,而是植基于宇宙秩序的'天经地义'"③。董仲舒的"天不变,道亦不变",即通过天人合一的环节把封建伦理纲常上升为天,然后再下降至人性,封建伦理准则就变成人内在的、固有的人性,人道便变为天道的外化。伦理纲常获得了不容置疑的无上权威,由此建构起的统治秩序越发坚不可摧。封建道德不仅获得天的神圣性的光环,而且具有了永恒性。但当封建社会开始衰落时,封建伦理纲常的弊端也就显而易见了。这种宗教性道德观虚张了天的作用而取消了人的道德自觉力,具有不合理性,注定了会被历史所否定,所以后期宋明理学开始回归于人的道德自觉。不管是取消了人的道德自

---

① 严复:《救亡决论》,《严复全集》卷七,福州:福建教育出版社,2014年,第53页。
② 严复:《天演论·察变》,《严复全集》卷一,福州:福建教育出版社,2014年,第266页。
③ 张灏:《烈士精神与批判意识:谭嗣同思想的分析》,北京:新星出版社,2006年,第242页。

觉力的宗教性天道观,还是存天理灭人欲的宋明天道观,都是通过对人的伦理束缚来为封建统治服务。但严复的进化伦理思想打破了封建伦理的这种建构范式。传统伦理体系是基于宗法血缘基础上建构的由天伦决定人伦的"家国一体"的伦理政治结构,提倡"修齐治平"的德性天下伦理观。而严复指出,"以天演为体,而其用有二:曰物竞,曰天择。此万物莫不然,而于有生之类为尤著"①。即示意竞争的必然性,并提出,"必为我自由,而后有以厚生进化;必兼爱克己,而后有所和群利安,此自有生物生人来不变者也。此所以为不变之道也"②。严复的进化伦理观颠覆了传统伦理思想,注入了近代元素。

二、从"心学"向"群学"的转变

晚清随着达尔文进化论思想的传播和民族危机压力的加剧,中国社会掀起了"群学"热潮。"群学"乃合群之术,"群学何?用科学之律令,察民群之变端,以明既往,测方来也。……今夫士之为学,岂徒以弋利禄,钓声誉而已,固将于正德、利用、厚生三者之业有一合焉。群学者,将以明治乱盛衰之由。而于三生之事操其本耳。"③从伦理维度上看,"群学"注重公德,遵循合群、善群的伦理原则。这股"群学"热潮的产生一方面与外部国际竞争环境密切相关,另一方面也与传统儒家整体"群体"至上的思想基础不无关系。但是,在中外文化冲撞、新旧思想交替时期出现的"群学"思潮明显具有新生事物的气质。

相比于传统的整体意识,可以说晚清"群学"热潮反映了新时局背景下先进知识群体的思想变化,开始"重新考察中国社会政治秩序的制度基础"④。"群"的概念早已有之。《说文解字》解释道:"群,辈也。从羊,君声。"《说文解字注》解释:"群,辈也,若军发车,百两为辈。"可见"群"的基本含义为人的集体、群体。此外,从社会性角度理解"群"的含义,最具代表性的是荀子《王制》篇的论述。尽管古人对"群"的基本含义及人所具有的能群之本性都基本了解,但是传统思想意识中的群体主义所建构的基础并不是人己关系,而是家国同构。

人们对"群"的理解往往定向为"家""国""天下","群己"关系被融入"天人

---

① 严复:《天演论·察变》,《严复全集》卷一,福州:福建教育出版社,2014年,第266页。
② 严复:《救亡决论》,《严复全集》卷七,福州:福建教育出版社,2014年,第53页。
③ 严复:《群学肄言·译〈群学肄言〉序》,《严复全集》卷三,福州:福建教育出版社,2014年,第7页。
④ 张灏:《危机中的中国知识分子:寻求秩序与意义》,北京:新星出版社,2006年,第8页。

之辨""公私之辨""天理人欲"的人我关系中。天人关系是传统伦理关系的基点,人伦出于天伦,崇尚以德配天。自先秦以来,人们尊奉"仁义礼智信"的德行修养。孔子有云:"德之不修,学之不讲。"(《论语·述而》)孟子曰:"穷则独善其身,达则兼善天下。"(《孟子·尽心上》)一切伦理原则是出于儒家"内圣外王"的内在德性要求。所以传统社会尊崇直觉体悟的认知方式,注重德性修养,提倡礼遇天下的"心学"。在这样的伦理前提下,随着封建专制的加剧,从先秦到宋明理学,群己关系就发展为"存天理,灭人欲"的公与私的对立。

从伦理层面上考虑,晚清"群学"含重塑群己关系新的伦理内涵,是由传统向近代的过渡,本质上是心学向群学的转变。这种转变的直接原因就是"优胜劣汰,适者生存"下的民族危机。在列强入侵、国难当头的危难时刻,能群、善群、合群的保国意识成为国人的统一思想。如康有为在《上海强学会序》里强调"合群",他说:"天下之变,岌岌哉!夫挽世变在人才,成人才在学术,讲学术在合群,累合什百之群,不如累合千万之群,其成就尤速,转移尤巨也。"①至于强学会成立之缘由,康有为说道:"中国风气,向来散漫,士夫戒于明世社会之禁,不敢相聚讲求,故转移极难。思开风气,开知识,非合大群不可,且必合大群而后力厚也。合群非开会不可。"②梁启超提出:"自然淘汰之结果,劣者不得不败,而让优者以独胜云尔。优劣之道不一端,而能群与不能群,实为其总源。"③梁启超还说:"国群曰议院,商群曰公司,士群曰学会。而议院公司,其识论业艺,罔不由学,故学会者,又二者之母也。"④可见康梁所说之群主要是士人的聚集,是"合群立会"之义。追其本源,还是来自传统"敬业乐群,会友辅仁"的思想。"传称'以文会友,以友辅仁',记称'敬业乐群'。"(《上海强学会序》)与康梁不同的是,严复从西方近代社会学角度立意提倡群学。

严复首倡"群学",是在1895年3月4日到9日发表于天津《直报》上的《原强》一文中。"而又有锡彭塞者,亦英产也,宗其理而大阐人伦之事,帜其学曰'群学'。'群学'者何?荀卿子有言:'人之所以异于禽兽者,以其能群也。'凡民之相生相养,易事通功,推以至于兵刑礼乐之事,皆自能群之性以生,故锡彭塞

---

① 康有为:《上海强学会序》,姜义华、张荣华编校:《康有为全集》(第二集). 北京:中国人民大学出版社,2007年,第92页。
② 楼宇烈:《康南海自编年谱(外二种)》,北京:中华书局,1992年,第29页。
③ 梁启超:《梁启超全集》(第二册),北京:北京出版社,1999年,第693页。
④ 梁启超:《论学会》,《饮冰室合集·文集之一》,北京:中华书局,1989年,第31页。

氏取以名其学焉。"①可见严复的群学主要是来自英国的斯宾塞。

"群"是严复毕生倾心关注的话题,正如高凤谦所说:"严子所译著,大半言群治。"②所以严复的群治思想是构成其思想体系的重要组成部分。当然严复的群治思想的形成一方面脱离不了传统群学的学术积累,另一方面是吸收了大量西方近代思想的产物,所以严复的群学对传统思想具有强烈的批判性,发挥了引领转型和过渡的作用。

首先,从道德起源说上看,否定道德先验说,认为道德的产生是社会进化的需要。传统伦理体系以人性本善的德性为基础。人之所以为人是因为人具有德性,孟子将人之"四德"看作人区别于动物的根本标准,这种先验人性论衍生出人伦道德规范。进而"老吾老以及人之老,幼吾幼以及人之幼"等一切人伦关系的调节通过"推己及人"来实现,所以强调"克己复礼"的德性修身。这种道德先验论一方面对提高自身修为起到重要作用,但另一方面却也隔断了人己之间的相互关系。严复认为:"中国人与人相与之际,至难言矣。知损彼之为己利,而不知彼此两无所损而共利焉,然后为大利也。"③严复批判道德先验论,认为道德与人性之间没有必然联系。他通过达尔文进化论说明人和动物一样,是自然进化发展的产物,"十九期民智大进步,以知人道,为生类中天演之一境,而非笃生特造,中天地为三才,如古所云云者……。达尔文《原人篇》,希克罗《人天演》,赫胥黎《化中人位论》,三书皆明人先为猿之理"④。因此人性无所谓善与恶之分,"是故知其大本,则孟子性善之言未必是,而荀卿性恶而善伪之论亦未必非"⑤。道德的产生也并非由人性来决定。严复认为"善相感通之德"是"天择以后之事",换言之,人为了能在生存竞争中获胜,需要懂得"能群""善群",能群、善群之事才是社会伦理道德的体现。

其次,从群己关系上看,批判纲常束缚,凸显小己价值。传统社会伦理本位的价值取向有别于西方社会个人本位的价值取向。在伦理本位的文化氛围中,

---

① 严复:《原强》,《严复全集》卷七,福州:福建教育出版社,2014年,第16页。
② 严复:《群学肄言·订正〈群学肄言〉序》,《严复全集》卷三,福州:福建教育出版社,2014年,第6页。
③ 严复:《原强》,《严复全集》卷七,福州:福建教育出版社,2014年,第22页。
④ 严复:《天演论·人群》,《严复全集》卷一,福州:福建教育出版社,2014年,第285页。
⑤ 严复:《天演论·论十六(咮经本)》,《严复全集》卷一,福州:福建教育出版社,2014年,第214页。

社会秩序体现出由天伦至人伦,由父子、兄弟、夫妇扩展到朋友、君臣,由家及国的差序格局,家被视为社会的基本单位,以血缘关系为纽带的宗法制度形成了中国独特的家国同构现象,酝酿了家天下文化,而小己的个体被传统主流文化所忽略,没有话语权,取而代之的是"家"的重要性。所以传统社会里群的概念往往被"家""国""天下"所取代,而传统的忠恕之道又有效化解了群己之间的对立与紧张,孕育了整体至上主义,进而变相地导致了群对己的专制、己对群的服从,消磨了小己的价值作用。社会进化论及社会有机体论从人类发展的原理出发,突出了小己和群体的相互作用。"积人而成群,合群而成国,国之兴也,必其一群之人,上自君相,下至齐民,人人皆求所以强,而不自甘于弱;人人皆求所以智,而不自安于愚。"①"群"不是"普天之下,莫非王土"的传统的君王天下,而是由个体所组成的集合体,群的强盛离不开其中小己小民的作用。严复超越传统等级观念的制约,从个体平等的角度理解群己关系。他列举"泰西各国所以富且强者,岂其君若臣一二人之才之力有以致此哉?亦其群之各自为谋也"②,针对当时中国民智已下、民德已衰、民气已困的局面,提出"合亿兆之民以为之也",呼吁在个体自由平等的伦理基础之上,"合群"取胜。

在处理群己关系时,严复援引斯宾塞的话加以解释:"斯宾塞群学保种公例二,曰:凡物欲种传而盛者,必未成丁以前,所得利益,与其功能作反比例;既成丁之后,所得利益,与功能作正比例。反是者衰减。其《群谊篇》立进种大例三:一曰民既成丁,功食相准;二曰民各有畔,不相侵欺;三曰两害相权,己轻群重。此其言乃集希腊、罗马与二百年来格致诸学之大成,而施诸邦国理平之际。"③认为个体成年之前,需要依赖他人和群体,成年之后,可以通过付出获得所需。当个体与群体之间发生冲突时,当遵循己轻群重原则。合群是个体生存的需要,也是整体生存的需要,小己是群体生存的基础。"己""群""个体权利""民族利益"在严复的近代社会伦理体系中相互交织,超越传统伦理道德注重个人修为的限度,架构出以自由平等为核心价值的群己伦理关系。

此外,从群际关系上看,变传统夷夏天下观为近代国群竞争世界观,争取国

---

① 严复:《〈国闻报〉缘起》,《严复全集》卷七,福州:福建教育出版社,2014年,第354-355页。
② 严复:《〈国闻报〉缘起》,《严复全集》卷七,福州:福建教育出版社,2014年,第355页。
③ 严复:《天演论·导言十七·善群》,《严复全集》卷一,福州:福建教育出版社,2014年,第296页。

群自由。在传统天下观支配下,国人眼里只有"华夏"与"夷狄"之分,且以自己的中原华夏文化作为统领天下的资本,没有域界。当西方列强的坚船利炮入侵和达尔文进化论传播之后,国人的天朝美梦才开始被惊醒,才开始知晓原来地球是圆的,世界上除了中国还有其他国家,而且国与国之间存在着"种与种争,群与群争""优胜劣汰,适者生存"的竞争关系。严复学贯中西,以远超同时人的洞察力,在《法意》中写道:"试读欧洲历史,观数百年、百余年暴君之压制,贵族之侵凌,诚非力争自由不可。特观吾国今处之形,则小己自由,尚非所急,而所以祛异族之侵横,求有立于天地之间,斯真刻不容缓之事。故所急者乃国群自由,非小己自由也。求国群之自由,非合通国之群策群力不可。"①高呼国群自由,于危难之时,提出国群优先小己的民族伦理观。

由此观之,在由"天下"格局变成"世界"格局的大环境下,修齐治平的传统个人道德修养的私德不得不向群与群争的注重爱国心和凝聚力的公德改变。严复的群学显示出明显的近代特性:由私转向公,由传统的君私天下变成天下为公。

三、"天人合一"伦理秩序的近代祛魅

如果按施太格缪勒(Stegmuller)所说"哲学的问题大部分始终是在于寻求最后的绝对的价值"②,那么中国哲学所追求的最高境界无疑是"天人合一"模式。"天人合一"是中国哲学带有根本性的思维方式,亦是中国伦理的重要思维特征,即伦理原则源于"天道",人道遵循天道,人最高的修养是人性合于天性。

具体而言,"天人合一"模式搭建了人与自然一体结构,追求的精神内核是天人之间的和谐,成为中国伦理精神的内在原理。传统"天人合一"主要包含两层:一是道家所追求的"万物与我为一"的精神境界。庄子说:"有人,天也;有天,亦天也。"(《庄子·山木》)道德经有言:"人法地,地法天,天法道,道法自然。"《庄子·达生》曰:"天地者,万物之父母也。"道家认为天人本是合一的,人修行目的即为"绝圣弃智",复原人的自然本性。因此,追求"万物与我为一"是道家的"天人合一"的精神境界。二是儒家所寻求的圣人的德性境界。在儒家看来,"天人合一"是一种德性追求。天是道德观念和原则之本原,人修身修心

---

① 严复:《法意》,《严复全集》卷四,福州:福建教育出版社,2014年,第291页。
② [德]施太格缪勒:《当代哲学主流》(上卷),王炳文译,北京:商务印书馆,1986年,第24页。

便是去除外在欲望之蒙蔽,达到一种自觉地履行道德原则的境界以"求其放心"。

实际上,"天人合一"的具体价值观念随着时间的推移,在不断地获得革新。"天人合一"的和谐思想发端于《周易》,成熟于先秦。《周易》中天、地、人一体相通的思想为"天人合一"提供了最朴素的宇宙观。《易·系辞下传》有言,"古者包牺氏之王天下也,仰则观象于天,俯则观法于地,观鸟兽之文,与地之宜,近取诸身,远取诸物,于是始作八卦,以通神明之德,以类万物之情"。此描述了天地、鸟兽、身物相通的宇宙大系统,构建了"天人合一"最初的模型。另一方面,《易·乾第一》说,"天行健,君子以自强不息""地势坤,君子以厚德载物"。"夫大人者,与天地合其德,与日月合其明,与四时合其序,与鬼神合其吉凶。"此说要求通过"大人"理想人格的德性追求,从而达到天人合一的境界,由此便赋予了"天人合一"朴素的伦理价值内涵。先秦时期有了完整的天人合一的伦理精神模式,"唯天下至诚,为能尽其性;能尽其性,则能尽人之性;能尽人之性,则能尽物之性;能尽物之性,则可以赞天地之化育;可以赞天地之化育,则可以与天地参矣"(《礼记·中庸》)。"天下之至诚"在于"尽其性",唯有"尽其性"才可以"与天地参"达到天人合一。人之性在于德,所以要达到这种境界,就必须不断提升人自身的德行,要具有道德自觉。由此完成了"天人合一"所含元典精神内涵。到了汉代,封建集权制下,出现了汉代董仲舒的天人感应说的宗教"天人合一"思想。樊浩先生对董仲舒的天人合一伦理思想分析得很精辟,他说:

董仲舒的伦理是中国"天人合一"的伦理精神生长过程中的必然环节。从根本上说,董仲舒的伦理精神仍然是与传统的天人合一一脉相承的体系,他以宗教的形式突出"天"的概念,把伦理规范上升为天,使之人格化,因而具有神圣性。但他把精神本体的天与宗教的天相混淆,把宗教的宿命与伦理的使命相混淆,所以他的"天"又是非本体化的天。同时他以宗教的机制使天人相通,而不是像经典儒家那样通过德性修养而齐天、接天,达于天人合一,故而可以说他的天人合一是经典儒家天人合一精神的异化与否定形式。①

同样到了宋明理学时期,又出现了"三纲五常"的天理之天,这种集伦理、人性、命定多重含义的天,使得"天人合一"兼具有宗教和德性双重性,实现了伦理体系建构上的完整性,同时也使得原本和谐的"天人合一"走向专制和封闭。在

---

① 樊浩:《中国伦理精神的历史建构》,南京:江苏人民出版社,1992年,第235页。

第二章　天演论：新伦理建构的基石

伦理与政治一体的特殊社会结构中，天人合一的伦理精神随着封建制度的衰落异变成制约人思想的精神桎梏。道德是人的本质特性，极端的道德追求使人丧失了自由，而使道德成为"伪道德"，使人成为奴隶，丧失了社会性。天人合一变成人对天的绝对服从，合一非和谐。可以说，正统儒家学说通过这种"天人合一"模式，为世俗伦理规范找到了绝对的凭依，由天命的终极价值决定了伦理规范的不可动摇。

进入近代，这种道德宿命论的"天命"观开始受到冲击。龚自珍大呼："天地，人所造，众人自造，非圣人所造。"①强调人的自主能动性，否定人对自然的消极顺从。自此传统的"天人之辨"开始发生龃龉，到 19 世纪末随着进化观的传播，继而发生革命性的转变。严复具有实证主义色彩的"与天争胜"进化思想，对传统"天人合一"观念授予了近代化洗礼。根据马克斯·韦伯(Max Weber, 1864—1920)的看法，近代文明的发展是人的理性化过程，是对"天人合一"的"祛魅"。

首先，科学理性被提上日程。一直以来儒家伦理是社会价值体系的核心，而儒家的智德关系是"仁智合一而以仁为笼罩者的系统"②。虽然不否定科技之智，但是在价值先后序列上，智服从于德。用人文方式对待自然物的态度，一直是传统文化的主流，正如郑玄所注《礼记注疏·大学》中的"格物"为"格，来也。物，犹事也"。甚至在 1867 年清朝遭遇西方文明重创之后，文华殿大学士倭仁仍是"立国之道，尚礼义，不尚权谋；根本之图，在人心，不在技艺"③的心态，视科技为奇技淫巧。任鸿隽(1886—1961)在 1931 年的《科学及其在中国的引入和发展》中感慨道："看一看两千年的思想史，我们可以看到一串串学者、文人、史学家、古籍注疏家，但却找不出一个培根称之为'自然的解释者'的人。"④传统价值观念的弊端被整个封建体制遮蔽着，直到受到近代文明的冲击，首先形成的就是天演进化论思想。

《天演论》所宣扬的进化论思想，具有实证科学性，它起源于生物学领域。达尔文比前人成功之处在于用大量丰富的论证材料证明了进化论，用科学性取

---

① 龚自珍：《龚自珍全集》(第一辑)，上海：上海人民出版社，1975 年，第 12-13 页。
② 牟宗三：《中国哲学的特质》，上海：上海古籍出版社，2007 年，第 149 页。
③ 曾国藩：《曾国藩家书·同治六年》，北京：中国言实出版社，2017 年，第 378 页。
④ 任永叔(任鸿隽)：《科学之引进中国及其发展》，载陈衡哲主编《中国文化论集》，福州：福建教育出版社，2009 年，第 110 页。

代了神秘性,为进化论在科学领域占据了一席之地。正如英国史学者丹皮尔(Dampier,1867—1952)所说:"达尔文主义不再是初步的科学学说,而成了一种哲学,甚至一种宗教。"①所以进化论开启的不仅是科技兴国之路,更为深远的是科学理性的启蒙。如同科学世界观在西方所引起的巨大冲击力一样,严复通过《天演论》展开的对宇宙万物的自然性论述,使得传统之"天"丧失了对宇宙起始、人类起源、社会秩序和政治理念的绝对话语权,他不傍依任何权威,运用自然科学知识阐发进化论思想。

万物生成乃"通天地人禽兽昆虫草木以为言,以求其会通之理,始于一气"②,这便否定了"天地合而万物生"之说。严复在西方近代自然科学的基础上,形成了具有机械唯物主义特征的哲学本体论,其中最具冲击力的是严复对"天"的认知。那么严复所用的"天"该作何解?在史华兹看来,严复完全是运用西方近代自然科学知识来理解和阐释"天"的。不可否认,从他解释天演之"无所为作而有因果之形气,因果而不可得言之"③,可以看出严复偏重从实证主义角度阐释"天"。"言学者期于征实,故其言天不能舍形气。"④以因果形气来表现天,明显是受到西方近代知识论影响。在西方,因果概念显示的是前后现象之间的必然联系。对宇宙的运行,严复则归为"质力相推""大宇之内,质、力相推,非质无以见力,非力无以呈质。凡力皆乾,凡质皆坤也"⑤。严复对自然界的认识实现了从形上层面向经验科学层面的转变,将"力"上升至宇宙本质,这是站在近代自然科学的高度对天人关系进行了一次分离。

其次,人的作用和位置被提升到一定的高度,体现人的主体性地位。在传统的天道观和三纲五常的支配下,人统于天,民治于君。在天人关系上,人处于被支配地位,无能力可言。在君民关系上,民相当于奴,无权利可言。《天演论》这部作品虽围绕进化论思想展开,但其谈及对象不仅是客观自然,还有人,论述内容不仅有"知运会",还有"恃人力"。严复当然不会只说"任天为治",他是要

---

① [英]丹皮尔:《科学史及其与哲学和宗教的关系》,李珩译,北京:商务印书馆,1997年,第281页。
② 严复:《原强(修订稿)》,《严复全集》卷七,福州:福建教育出版社,2014年,第24页。
③ 严复:《群学肄言·成章十六》,《严复全集》卷三,福州:福建教育出版社,2014年,第233页。
④ 严复:《天演论·群治》,《严复全集》卷一,福州:福建教育出版社,2014年,第332页。
⑤ 严复:《天演论·译〈天演论〉自序》,《严复全集》卷一,福州:福建教育出版社,2014年,第260页。

第二章 天演论:新伦理建构的基石

告诉人们在天行之客观规律面前人可何为,尤其在国难当头的危急时刻,他更要强调人的重要作用。因此进化论之后,人道观受自然演化观念的影响,趋向合理性,尤其是对人的能力的解放与肯定方面,体现近代化特性。

严复接受达尔文的观念,认为人乃天演中之一境,"人民者,固动物之一类也"①。从客观性层面上,复原人的自然本性,否定了"古者以人类为首出庶物,肖天而生,与万物绝异"②的观念,取消了人类特殊性,"万类之所以底于如是者,咸其自己而已,无所谓创造者也"③。并且充分相信人具有"与天争胜"的能力,"争自存者"。关于这一点,严复延续了柳宗元等一脉观点,与宋明理学的天理人欲观形成对峙。"以尚力为天行,尚德为人治。争且乱则天胜,安且治则人胜。此其说与唐刘、柳诸家天伦之言合,而与宋以来儒者以理属天,以欲属人者,致相反矣。"④对人的这种主观能动性的肯定,具有非凡的意义。同时严复在对人格的认识上,体现出新人格取代旧人格的开创性。康有为虽用"三世进化"说提出了"进化""发展"的新观念,但是他依然认为社会的动力在于"不忍人之心",在于内在之德。"一切仁政皆从不忍之心生。……人道之仁爱,人道之文明,人道之进化,至于太平大同,皆从此出。"⑤而严复指出,"一种之所以强,一群之所以立,本斯而谈,断可识矣。盖生民之大要三,而强弱存亡莫不视此:一曰血气体力之强,二曰聪明智虑之强,三曰德行仁义之强"⑥,从人"德""智""力"的综合能力出发,肯定了人的能力对群的重要性。严复从人之社会本性出发,塑造了"民力""民智""民德"的全人形象。严复重点突出人的群性特征,他在古代哲学家荀子"明分使群"学说的基础之上,引入西方斯宾塞的社会有机体理论,注重提出"合群"观念。"凡民之相生相养,易事通功,推以至于兵刑政礼乐之事,皆自能群之性以生。"⑦

最后,用"天演"建构近代"天人合一"。严复自称"天演宗哲学家",是富有深意的。他所翻译的《天演论》,其"天演"二字可谓严复独创。"天"指"世界总

---

① 严复:《原强》,《严复全集》卷七,福州:福建教育出版社,2014年,第16页。
② 严复:《天演论·察变》,《严复全集》卷一,福州:福建教育出版社,2014年,第267页。
③ 严复:《天演论·察变》,《严复全集》卷一,福州:福建教育出版社,2014年,第266页。
④ 严复:《天演论·群治》,《严复全集》卷一,福州:福建教育出版社,2014年,第332页。
⑤ 康有为:《孟子微·中庸注·礼运注》,北京:中华书局,1987年,第9页。
⑥ 严复:《原强》,《严复全集》卷七,福州:福建教育出版社,2014年,第25页。
⑦ 严复:《原强》,《严复全集》卷七,福州:福建教育出版社,2014年,第16页。

体",包括自然与人。"演"则为"演化""进化"的意思。"天演"是整个宇宙的运行规律问题。"小之跂行倒生,大之日星天地;微之思虑智识,显之国政民风,言其要归,厥惟天演。"①吴汝纶归纳为"天行人治,同归天演"。对严复而言,《天演论》所阐述的不仅是科学理论,也是世界观,是统括宇宙的道。

因为"天人合一"模式是中国伦理精神的内在机制,所以人们对"天"的认识与理解,直接影响到天人之间的关系及伦理要求。传统的天道观中对"天"的接受赋有多层含义,"天"既具有物质自然存在的客观性,又具有主宰运势的权威性,还具有不可言说的义理性。朱熹解释:"要人自看得分晓,也有说苍苍者,也有说主宰者,也有单训理时。"(《朱子语类》卷一)"苍苍者"乃自然之天,"主宰者"即人格化之天,"训理者"为义理之天。基于"天"的含糊多义性,古代思想史上对"天人合一"的具体理解也有所不同,如程朱理学正统儒家从"主宰之天"和"义理之天"的角度,强调服从的价值原则,而从荀子到唐代的刘禹锡、柳宗元这组非主流儒家,尊重"自然之天"的客观规律性,主张"天人相分""天人不相预""天人交相胜"。虽然具体观点上存有差异,但归根到底他们都追寻天与人的统一。刘柳的思想已具有"天人之辨"的元素,但是终究超越不了时代的局限性。

严复说:"中国所谓天字,乃名学所谓歧义之名,最病思理而起争端。以神理言之上帝,以形下言之苍昊。至于无所为作而有因果之形气,虽有因果而不可得言之,适偶西文各有异字,而中国常语皆谓之天。如此书天意,天字则第一义也;天演,天字则第三义也。皆绝不相谋,必不可混者也。"②可以说严复对"天"的理解是融通中西的产物,统括自然与人,包括经验世界与超验世界,既吸收了西方斯宾塞的社会进化论思想,又蕴含着中国古代哲学思想,既有"择于自然"之竞争,又有"顺其自然"之不争。严复对天人关系既有分离又有统一,分离,即恢复了天的客观自然性和人的主观能动性;统一,即保存对天的敬畏,主张天人会通。冯契先生曾评价严复的天演哲学"建立了一个在近代科学基础上和中国优秀传统相结合的进化论世界观"③。

综上所述,严复通过对《天演论》的进化观念进行伦理变革,将社会依循从野蛮向文明形态发展的伦理诉求、适者生存既需"力"也需"群"的伦理观念、个

---

① 严复:《天演论·广义第二》,《严复全集》卷一,福州:福建教育出版社,2014年,第224页。
② 严复:《群学肄言·成章十六》,《严复全集》卷三,福州:福建教育出版社,2014年,第233页。
③ 冯契:《中国近代哲学的革命进程》,上海:上海人民出版社,1989年,第137页。

第二章　天演论：新伦理建构的基石

体与群体共生的伦理关系作为社会达尔文主义的三个伦理维度,揭示出社会达尔文主义服务人类社会的本质;进化观念激发的民族竞争意识深刻影响了近代以来的伦理、道德观念,特别是"天演"之说否定了中国伦理传统中"天""天道"的神圣与权威,从而在很大程度上颠覆了"天""天道"这一儒家伦理的本原与终极依据,引发了中国近现代以来的各种思潮的兴起,推动了中国近现代伦理思想的转型。严复以"尚力"与"尚德"为伦理向度,提出了符合时代需要的新的伦理思想,重塑国人力的价值观念,阐明尚力的伦理价值;塑造国人新的德性,揭示尚德的伦理形态与实现方式,进而建构起合群、善群的群学新伦理体系。概言之,《天演论》成了严复建构其新伦理的基石。

《天演论》是严复译介的首部作品,也是其所有著作中最具影响力的一部。台湾学者吴展良先生从"道"的高度肯定了《天演论》的学术价值,称其具有"通贯乎天地人之道而可以救世的天演学理"①。吴先生的研究深化了学者对《天演论》的学理认识,证明了这不仅是为了"救世图存"的时务之作,更是富含了寻求宇宙人生普遍价值深意的作品,不仅是简单地介绍西方进化论思想,更是对中国传统伦理的近代化重构,蕴含了"以自他之耀回照故林"②的真情。"回照故林"即"得识古人之用",通贯"人道"和"天道"就是要求"天人合一"。严复在《天演论》中,融汇西方科学理论和中国儒道思想,彰显了会通中西的"求道精神",并欲构建"天人合一"的进化世界观。他的天演哲学从近代意义上对天人进行了融合,统一了科学理性与道德理性,这就是近代对传统的最大的超越。

---

① 吴展良:《严复〈天演论〉作意与内涵新诠》,《台大历史学报》,1999年第24期。
② 严复:《教授新法》,《严复全集》卷七,福州:福建教育出版社,2014年,第240页。

第三章　自强保种:近代"民族"观念下的伦理转型

《天演论》是严复伦理思想的起点,"天演"之"天"不再是封建伦理的终极依据,而是"物竞天择"之"天",是决定"适者生存,优胜劣汰"的神圣规律,体现了国家竞争、民族竞争的发展规律。这一观点激发了强烈的民族意识,如果说"华夷之辨"是传统意义上的因伦理的优越而产生的民族自觉,那么,民族意识的觉醒则成为传统伦理向近现代伦理转型的重要推动力量。而这种转型改变了中国传统伦理的核心原则,使"君为臣纲"所要求的"忠"转向对民族的伦理认同,以及在此基础上的对民族国家的伦理认同。

第一节　从"华夷之辨"到"'世界'观"的伦理嬗变

一、"华夷之辨"中的伦理观念

中国人自古以来就有民族自我意识,并在此基础上产生了一系列与此相关的伦理观念,即"华夷之辨"中体现出来的伦理自觉。如果追溯自身民族发展史,可以说早在上古时期,我国已有华夏族的民族意识的自觉,且形成了华夏、南蛮、东夷、西戎、北狄的五方格局。秦汉之后,蛮、夷、戎、狄逐渐与华夏族相融,"夷"的内涵也随之拓展,逐渐演变成对华夏族周边蛮、夷、戎、狄各族的总称。夷夏间的地位对应关系,如《左传·僖公二十五年》所记载的"德以柔中国,刑以威四夷"中的"中心"与"四边"的关系,"华夷之辨"肇始于此,国人最初的民族意识即潜藏于这一"华夷之辨"的观念中。

"华夷之辨",换言之,就是"华夏族"与"蛮夷"的区辨。从地缘位置来看,华夏民族在以黄河流域为中心的中原地区活动,而"蛮夷"在其四周活动,以"华夏族"为中心,位于其东南西北的分别是"东夷""南蛮""西戎""北狄"。从血缘差异来看,华夏族被视为炎、黄两部落的后裔。但是从地缘或血缘种族来区分"华夏"与"蛮夷"是欠妥的,因为历史上华夏与四夷之间,其实是"你中有我,我中有你",部落战争、民族迁徙等,各民族彼此交融,并非泾渭分明。故而,"华夷"之辨的根本不在地域血缘种族之辨。

那么"华夷之辨"中的伦理观念是什么?"华夏"除了以上所说的地域、血缘、种族划定之外,还有文化层面的界定。华夏族主要聚集于中原地区,凭借优越的地理位置和自然条件,经历夏商周三代一千多年的文化积累,拥有了丰厚的文化积淀。西周时期,周人开始萌发早期朴素的伦理道德观,宣扬"以德配天",认为行为有德,才能获得天命,继而从神事的祭祀活动中,衍生出作为等级制度、道德规范、价值判断标准的"礼"。《礼记·表记》说:"周人尊礼尚施,事鬼敬神而远之,近人而忠焉。"周天子"制礼作乐",使得华夏文化在当时的中华文明中居于主导地位。东周末年,周王室式微,诸侯争霸,出现"礼崩乐坏"的局面。孔子倡春秋大义,将是否遵守周礼作为"华夷之辨"的标准,提出尊王攘夷,发扬文化之大义,突出"礼"的伦理价值。程颐曰:"圣人恐人之入夷狄也,故《春秋》之法极谨严,所以谨严者,华夷之辨尤切切也。"[1]一种对文化族群的自我认同的"华夏"诞生了。因此,以"华夏"自称的中华民族,意味着有典章制度、礼教文化、伦理精神。相形之下,"夷狄"则指未受礼仪熏沐、不知华夏文明的野蛮民族。"礼一失则为夷狄,再失则为禽兽。"[2]"华夷之辨"归根到底是文明分野,这种文明源自周天子的"礼",后继由孔子发展为文明社会的政治秩序,主张通过"礼"来维护"序",这种"序"强调以血缘为基础的亲疏远近、上下尊卑秩序。由此我们不难理解"华夷之辨"字面是民族间的区隔,实则是对礼仪伦理秩序的尊崇,是一种政治与伦理价值观念的体现。

与"华夷之辨"相伴而生了华夏中心论,即地理位置中心观和文化(包含伦理价值观)中心观,并要积极将自我的伦理价值观推而广之。中国古人相信"天圆地方"说。《周礼·大宗伯》就有"以玉作六器,以礼天地四方。以苍璧礼天,以黄琮礼地"的说法。人们认为天是圆的,地是方的,相信自己居住的地方是天下的中心。"居天地之中者曰中国,居天地之偏者曰四夷,四夷外也,中国内

---

[1] 《大学衍义补》卷75。
[2] 《大学衍义补》卷75。

也。"①由这种天圆地方的地理感知逐渐扩展为"华夏中心观"。文化中心观,即"环列皆小蛮夷,无有文物,无有政体,不成其为国,吾民亦不以平等之国视之,故吾国数千年来,常处于独立之势。吾民之称禹域也,谓之为天下,而不谓之为国"②。地理中心及文化中心汇成了"华夏中心论"。华夏中心论实则说明了"华夏"与"夷狄"之间地位并非平等,华夏明显优于夷狄,居于文化主导的核心地位,"华夏民族之优越于其他民族,不仅是科技先进更是礼义盛大,不仅是武力强盛更是伦理秩序井然"③。

这种以中华文化为标准的"华夷之辨"和华夏中心论建构了国人以中华文明为核心的天下观,对"天下"的伦理认同是华夷之分的尺度和一种深层的民族意识。何为"天下"?"天下"不是地理空间概念,在列文森看来是"一个价值体"④,许倬云先生对此的表述更为形象:"'天下'是一个无远弗界的同心圆,一层一层地开花,推向未开化。中国自诩为文明中心,遂建构了中国与四邻的朝贡制,以及与内部边区的赐封、羁縻、土司诸种制度。"⑤

实际上,这种地理上的"华夏中心论"、体现种族尊卑观的"华夷之辨"以及伦理秩序上的"天下"价值观不过是传统民族主义的表现形式,"华夷之辨"和"天下"价值观更是构成了传统民族主义的深层内涵。由上论述我们可知"华夷之辨"是以文化优劣为尺度,显现优等文化的民族与劣等文化民族之间的区别,具有一定的民族排他性,而"天下主义"是以文明为目标,用文明对野蛮进行同化,从而达到天下统一,具有强烈的融摄性。天下主义思想源自先进文化对落后文化的统领意识,其产生历史背景是位于黄河流域的中原文明的优越性。用许纪霖的话,"天下主义是进攻利器"⑥,拥有强烈的文化优越感,无谓种族之分、地域之别。从这一点上看,"华夷之辨"与"天下主义"是相辅相成的。因为有文化的优劣,所以有华夷之辨,也因为有文化的优劣,才有文明对野蛮的一统天

---

① [宋]石介:《中国论》,载陈植锷点校《徂徕石先生文集》,北京:中华书局,1984年,第116页。
② 梁启超:《爱国论》,《饮冰室合集·文集之三》,北京:中华书局,1989年,第66页。
③ 徐嘉:《中国近现代伦理启蒙》,北京:中国社会科学出版社,2014年,第158页。
④ [美]约瑟夫·列文森:《儒教中国及其现代命运》,郑大华、任菁译,北京:中国社会科学出版社,2000年,第84页。
⑤ 许倬云:《我者与他者:中国历史上的内外分际》,北京:生活·读书·新知三联书店,2010年,第20页。
⑥ 许纪霖:《家国天下:现代中国的个人、国家与世界认同》,上海:上海人民出版社,2017年,第57页。

第三章 自强保种:近代"民族"观念下的伦理转型

下。历史上春秋时期、魏晋南北朝时期的民族大融合,六朝隋唐时期的互通,五胡乱华之后夷夏之间血缘混杂以及外来佛教的汉化,这些皆是例证。所以杜赞奇说:"在中国历史中有两种不同的民族主义思想资源,一种是排他性的以汉族为中心的种族主义,另一种是包容性的以天下为价值的文化主义。这两套关于民族共同体的叙述,既互相分离又纠缠在一起。"①

中国传统的民族观念与"华夷之辨""天下主义"是一脉相承的,离开任何一面都无法真正理解古代民族意识的内涵。自先秦时期开始所形成的这种"华夷之辨"的传统民族观念一直是人们的核心价值思想,"有其精神价值,即形成了一种独特的民族认同感与强烈的民族自豪感与自尊感。也正是这些信念,在近代遭受外地入侵、国家危难的特殊的环境中,促进了中国近代民族主义的产生,成为民族精神的宝贵财富"②。"华夷之辨"之所以能够成功地占据人们的主流思想地位,一方面是由于中国地处亚洲东部,地理上东隔大海,北有大漠,西有沙漠,相对封闭的地理位置使其减免了与外界的竞争,从而国人认为天下即由"华夏"和"夷狄"分而居之,由此形成了"华夏中心论";另一方面是源于中原文化的核心地位,虽然历史上多次出现民族政权的更迭,但中原文化一直是各民族崇拜敬仰的对象,所以传统的华夷天下观念没有因为易主而改变,相反得以不断延续。这种理想化的华夷天下观,使国人逐渐形成一种以自我为中心的民族自大心理。但是随着时代的推进和世界格局的改变,这种天下主义很快受到冲击并日渐衰微,随之而起的则是近代民族主义思潮。

明末以来,一些世界地理著作随着传教士的入华而被流传,其中代表性的著作是意大利的利玛窦的《坤舆万国全图》③。这些世界地理著作使得一些士大夫不禁感叹世界之大,夷夏之见不可持。但主流知识界对这些地理著作却视而不见,正如梁启超所说:"乾嘉学者视同邹衍谈天,目笑存之而已。"④在处理夷夏关系问题上,天朝一直以上国自居,显示雍容与大度,始终相信"德足怀之,威足畏之"。"清初与荷兰、葡萄牙的直接交往,是严格按照传统朝贡礼仪进行的,清

---

① 许纪霖:《家国天下:现代中国的个人、国家与世界认同》,上海:上海人民出版社,2017年,第58页。

② 徐嘉:《中国近现代伦理启蒙》,北京:中国社会科学出版社,2014年,第159页。

③ 除了利玛窦的《坤舆万国全图》,还有艾儒略的《职方外纪》,利类思、安文思、南怀仁等的《西方要纪》,南怀仁的《坤舆图说》等。

④ 梁启超:《中国近三百年学术史》,上海:上海古籍出版社,2014年,第313页。

廷将西方国家视作朝贡国，加以怀柔，并用贸易作为羁縻的手段。而此时的西方国家力求得到清政府给予贸易方便和特权，因此不惜为清廷效力，或讨好清廷，自认为属国。"①欧洲殖民者为了通商贸易，对中国的朝贡制度表现出屈从态度，这更是增大了天朝君臣的自大心理。

如果说鸦片战争之前，"华夷之辨"的观念尚且稳定，那么鸦片战争之后，随着西方列强的入侵，"华夷之辨"的不合时宜日益凸显。东南沿海城池的屡陷破碎了天朝君臣对夷人的成见与臆测。尽管保守主义者依然坚守"夷夏大防"的古训，但一部分开明人士开始了解"夷务"，洞悉夷情。林则徐通过"日日使人刺探西事，翻译新书，又购其新闻纸"②，渐渐对世界有了新的认识，编写《四洲志》启蒙国人。魏源"据前两广总督林尚书（林则徐）所译西夷之《四洲志》，再据历代史志及明以来岛志，及近日夷图、夷语，钩稽贯串，创榛辟莽，前驱先路"③编成《海国图志》。以林、魏为代表的先觉知识分子提出"师夷长技以制夷"的策略，承认夷有优于夏之处。"吾闻用夏变夷者，未闻变于夷者也"（《孟子·滕文公》）的固有观念开始发生变化。这无疑是走出"严夷夏之大防"的第一步。洋务派延续了"师夷长技以制夷"的思想，在外交策略上更是放弃了夷夏尊卑的思维模式，改称"夷"为"洋"。尽管这些先进知识分子在对待"夷"的态度发生了截然不同于过去的转变，由"攘夷"变为"尊夷"，但是本质上对中华文化价值秩序即"中体"的维护始终未变，说到底还属于"华夷之辨"思想的延续。继后的维新派在这方面比洋务派要更彻底一些，他们从天下大同、夷夏不分的理想秩序出发，否定"华夷之辨"。康有为明确指出："我中国地大物博，今亦仅为六十国中之一国。"④康有为的思想虽不再被传统的"华夷之辨"所束缚，但是大同的理想国际秩序太过于理想化。

传统民族伦理思想的核心理念是"华夷之辨"，也称"夷夏之辨"，对应于天下观。严复认为：

> 吾国之人，所以于政治之学，国家之义，自西人观之，皆若不甚分晓者，止缘大一统之故。吾所居者，只有天下，并无国家。而所谓天下者，十八省至正大

---

① 万明：《中国融入世界的步履：明与清前期海外政策比较研究》，北京：社会科学文献出版社，2000年，第420页。
② 魏源：《圣武记》卷十，上海：世界书局，1936年，第317页。
③ 魏源：《海国图志·原叙》，《魏源全集》第4册，长沙：岳麓书社，2004年，第1页。
④ 康有为：《列国政要比较表》，《各国比较地数表》按语，故宫博物院藏。

第三章 自强保种:近代"民族"观念下的伦理转型

中,虽有旁国,皆在要荒诸服之列,以其无由立别,故无国家可言。①

虽有"中国"之名,但起初并不是指国家,而是指国都。"惠此中国,以绥四方。"(《诗·大雅·民劳》)"中国,京师也。"后来,"中国"演变为华夏民族居住地的代名词。"'天下'的含义是'(中国的)帝国',换言之,亦即'世界'。"②"天下"有上下内外之分,无国界之别。"天处乎上,地处乎下,居天地之中者曰中国,居天地之偏者曰四夷。四夷外也,中国内也。天地为之乎内外,所以限也。"③严复直指传统天下观之弊端,"只有天下,并无国家"④。而严复的民族观念所显现是各国林立的世界体系,打破了传统天下夷夏格局的认知。近代之前,国人还不知中国只是世界之一隅。以林则徐的《四洲志》为首,《海国图志》《校邠庐抗议》等著作才开始逐渐打破国人的旧识,刷新地理空间认知,揭露"中央之国"的虚妄。相比于林则徐、魏源等人,严复更是拥有广阔的视野。多年海外留学经历,尤其是对先进文明的深刻认识,早就打开了严复的眼界,斯宾塞、赫胥黎、穆勒、甄克思等近代伟大思想家的先进思想又丰富了他的理性认知。在古今中西思想的涤荡下,严复具有超越时人的深邃眼光、开阔视野和博大胸怀。在他看来,在世界格局观照下,传统天下主义价值体系中的"华"与"夷"所构成的天下说,相对于世界体系而言,可以不攻自灭了。而在竞争秩序的国际体系下,新的天下主义将代替传统天下主义,旧的华夷二分的天下一统的格局完全被打破。

与天下主义相对应的"华夷之辨"的民族观主要是一种伦理认同和文化认同,而不是民族认同。所谓"华夷之辨"是强调"华"与"夷"之间的区分。"华",是指华夏族,中国人的古称。孔颖达疏曰:"有礼仪之大,故称夏;有服章之美,谓之华。华夏一也。"⑤所以华夏族指以中原地区为中心、讲求礼仪采章的民族。"夷",指华夏族四周的民族,分"东夷""西戎""南蛮""北狄",表示不知礼教的野蛮民族。华夷之分,不是单纯以种族、地域作为衡量标准,而是以文化的高低来界定,而且"华夷"之间的划分不是固定不变的,相互之间会发生转变,"苟有礼

---

① 严复:《政治讲义》,《严复全集》卷六,福州:福建教育出版社,2014年,第9-10页。
② [美]约瑟夫·列文森:《儒教中国及其现代命运》,郑大华、任菁译,北京:中国社会科学出版社,2000年,第86页。
③ [宋]石介:《徂徕石先生文集》,北京:中华书局,1984年,第116页。
④ 严复:《政治讲义》,《严复全集》卷六,福州:福建教育出版社,2014年,第10页。
⑤ 阮元校刻:《十三经注疏》下册,北京:中华书局,1980年,第2148页。

也,夷可进为华;苟无礼也,华则变为夷"①。梁漱溟称"它不是国家至上,不是种族至上,而是文化至上"②。这种文化就是重伦理秩序的礼教。至于满族、蒙古族、汉族等民族的区分并不是人们关注的问题,人们只关心礼教,礼教就是自孔孟开始的以"仁"为中心的儒家正统伦理思想,提倡"德治天下",修身,齐家,治国,平天下。"平天下"甚至成为士大夫的一种道德追求目标。梁启超说:

盖我先民常觉我族文化之至优美,而以使人类普被此文化为己任,凡他族之与我遇者,不导之入于此途,则自觉其悲悯之怀不能遂也。彼但能自进而与我伍,我遂欣然相携而无或歧视。故其义曰:"夷狄进于中国则中国之"。所谓国者绝无界线,惟以文化所被为推移,拥有广漠之国土,殊不以自私,常欲与世界人共之,故以"怀柔远人"为一种信条。③

严复的种群竞争的进化民族观,撕裂了国人基于文化价值观念上的"天下一家",植入了近代国际体系中的民族国家观念。国"自其最著者而言之,则一切治权,义由地起,所重者邦域,而种姓为轻"④,强调主权独立、领土完整。严复根据进化论指出"民民物物,各争有以自存。其始也,种与种争,及其成群成国,则群与群争,国与国争。而弱者当为强肉,愚者当为智役焉"⑤,直接将种群间赤裸裸的竞争关系传达给国人。如果说天下观念下,华夷有礼,则可以融为一家的话,那么世界竞争体系下,此华与此夷乃"优胜劣汰,适者生存"的关系,需求强以自存。华夷之间不再是以对儒家文化认同与否为分野,而是以综合国力的强弱比高下,不是可以彼此角色转换,而是有着疆域、主权的独立性。

最终甲午海战的失败,彻底粉碎了国人的旧梦。封建帝国在遭遇到强大西方列强后,原本在小农经济模式下尚可维持稳定的局面被打破,面对民族危亡这种千年未有的局面,天下主义遭遇到强势的西方近代文明的冲击而式微。"华夷之辨"由原先的天下包容主义,转为自我防御的排他主义,最终面临解体,由此国人陷入近代民族认同的伦理困境。

严复的民族观念体现的是面向现代化的国家层面的民族建构。按照学者

---

① 王韬:《弢园文录外编》,上海:上海书店出版社,2002年,第245页。
② 梁漱溟:《中国文化要义》,上海:上海人民出版社,2011年,第156页。
③ 梁启超:《历史上中华国民事业之成败及今后革进之机运》,《饮冰室合集·文集之三十六》,北京:中华书局,1989年,第28页。
④ 严复:《社会通诠》,《严复全集》卷三,福州:福建教育出版社,2014,第413页。
⑤ 严复:《原强》,《严复全集》卷七,福州:福建教育出版社,2014年,第15页。

第三章　自强保种:近代"民族"观念下的伦理转型

苏中立的研究,可以归纳为"严复向往现代文明,即企盼中国早日实现现代化,建立西方式的近代文明社会和国家"①,则其民族伦理观念必然对传统的民族伦理观有所修缮,根除其流弊,以与新社会形态相适应。

严复信奉斯宾塞的普遍进化论思想,在《天演论》中他称赞道:"有斯宾塞尔者,以天演自然言化,著书造论,贯天地人而一理之。此亦晚近之绝作也。"②他相信人类社会的发展也遵循着进化规律向前推进。根据英国学者甄克思所著的《社会通诠》(A History of Politics)的线性发展史观,严复提出了人类社会发展的三阶段,在该书的译者序中指出:"异哉! 吾中国之社会也。夫天下之群,众矣,夷考进化之阶级,莫不始于图腾,继以宗法,而成于国家。方其为图腾也,其民渔猎,至于宗法,其民耕稼,而二者之间,其相嬗而转变者以游牧。最后由宗法以进于国家,而二者之间,其相受而蜕化者以封建。"③由此人类必然由宗法社会进入军国社会,而当时的封建社会是介于宗法与军国之间的阶段。"方其封建,民业大抵犹耕稼也,独至国家,而后兵、农、工、商四者之民备具,而其群相生相养之事乃极盛,而大和强立,蕃衍而不可以克灭。此其为序之信,若天之四时,若人身之童少壮老,期有迟速,而不可或少紊者也。"④人类社会活动有规律,如天行有四时,循此不违。人类从宗法社会进入军国社会是趋势,那么农耕文明必然被工业文明所代替。如果说传统的"华夷之辨"是基于农耕文明的宗法社会所产生的一种伦理观念的话,那么处于工业文明的近代社会所需的伦理观念必然要打破旧习陈弊才算是一种文明的进步。

当严复运用进化观点对农耕文明与工业文明作先后序列,例数中西文化的巨大差异后,支撑"华夷之辨"的麻木自大的民族优越心理也随之崩塌。虽然在中国被迫步入近代后,国人经历惨痛遭遇,由完全鄙视夷狄到逐渐肯定夷之长技,由盲目排外到开始学习洋务,但士大夫们骨子里依然存有高傲的自大,即使是学习洋务,也需要"中体西用""西学中源"的托词来抚慰内心。这从李鸿章的话语中可窥见一斑:

---

① 苏中立:《民族主义与现代化:对严复〈社会通诠〉中关于民族主义论述的辨析》,《福建论坛(人文社会科学版)》,2008年第4期。
② 严复:《天演论·译〈天演论〉自序》,《严复全集》卷一,福州:福建教育出版社,2014年,第260页。
③ 严复:《社会通诠·译者序》,《严复全集》卷三,福州:福建教育出版社,2014年,第358页。
④ 严复:《社会通诠·译者序》,《严复全集》卷三,福州:福建教育出版社,2014年,第358页。

无论中国制度文章,事事非海外所能望见,即彼机器一事,亦以算术为主,而西术之借根方,本于中术之天元,彼西土目为东来法,亦不能昧其所自来。尤异者,中术四元之学,阐明于道光十年前后,而西人代数之新法,近日译出于上海,显然脱胎四元,竭其智慧不能出中国之范围,已可概见……是故求遗珠不得不游赤水,寻滥觞不得不度昆仑。①

而在严复看来,中西文化本身并无优劣之分,相反还有很多可以会通融合之处,甚至严复认为:"夫公理者,人类之所同也,至于其时,所谓学者,但有邪正真妄之分耳,中西新旧之名,将皆无有,而吾又安所致其断断者哉!"②所以严复以开放的文化观面对世界。

严复的民族观指向整体国民或民族,超越文化民族主义狭隘的种族论,与传统的"华夷之辨"的诞生具有不同的时空境遇。无可否认,"华夷之辨"是适应大一统时代的民族观,既有族群分野,更重文化融合,是与天下主义价值观相辅相成。而严复的民族观代表了近代民族主义思想,是世界体系下的近代民族国家的建构。实际上严复是对传统"华夷之辨"进行了与时俱进的更新,由旧时"华夷之辨"的天下观,拓展为新时"华夷之辨"的世界观。

二、从"天下"到"世界":"适者生存"的新伦理观

"华夷之辨"所坚守与推广的一系列伦理观念,体现了君权至上、宗法家族至上的伦理秩序。毫无疑问,如果没有19世纪西方列强的入侵,中国这种千年伦理传统还将或长或短地延续下去。然而西方列强的到来却粉碎了这种"天下观",取而代之的是"世界"。旧天下主义的"华夷之辨"的伦理观念中所含的狭隘性、非理性的认知逐渐暴露,面临世界新时局,新的伦理形态的登场成为必然。当"世界"取代"天下",礼治千年的伦理秩序开始瓦解,而当"适者生存"观念开始传播并为国人逐渐接受以后,"世界"观所要求的新伦理形态必然应运而生。

长久以来,国人处于相对封闭的地理环境中,"徒知侈张中华,未睹寰瀛之大"③。他们一直相信自己居住在天下的中心,夷狄位于天下之四边,天是圆的,

---

① "中央研究院"近代史研究所编:《海防档》(丙)机器局(一),台北:"中央研究院"近代史研究所,1957年,第14页。
② 严复:《〈英文汉诂〉卮言》,《严复全集》卷六,福州:福建教育出版社,2014年6,第87页。
③ 魏源:《圣武记》卷十二,上海:世界书局,1936年,第359页。

第三章 自强保种:近代"民族"观念下的伦理转型

地是方的,天下的空间构图就是"天圆地方"。到了明朝时期,中国的对外交流一度频繁,传教士们成为介绍传播西方科学文化的重要媒介,他们带来了全新的地理学。意大利的利玛窦是最具代表性的一位。他通过《坤舆万国全图》将16世纪地理大发现的成果介绍给国人,让当时的中国人知道有五大洲,明白"地圆说",第一次认识了世界,这给士大夫们极大的震撼,强烈冲击了他们固守千年的天下观。然而根深蒂固的思想难以轻易改变,加上华夏中心的天下观直接关系到道统,所以直到清代,《皇朝文献通考·四夷考》开篇依然是:"大地东西七万二千里,南北如之,中土居大地之中,瀛海四环。其缘边滨海而居者,是谓之裔;海外诸国亦谓之裔。裔之为言,边也。"当时的"华夷图""都把周边国家的位置标得模糊不清,中国的区域画得颇大,而汪洋大海却绘得很小"①。

应该说"华夷之辨"观念真正动摇是始于第一次鸦片战争。林则徐为了探悉夷情,收集了大量西方资料,逐渐认识到中国并非天下的中心,而只是世界的一隅。他在《四洲志》中对亚、非、欧、美四大洲进行了介绍,虽然内容粗浅,但打破了传统认知,成为"开眼看世界第一人",使得国人开始具有世界的概念。随后,徐继畲的《瀛寰志略》不仅详实地介绍了西方各国地理知识,而且从经济、政治、文教方面对泰西文明都进行了详细的介绍,明确提出了"变局"思想:"汉以后明以前,皆弱小番部,朝贡时通。今则胥变为欧罗巴诸国埔头,此古今一大变局。"②在对中西时局有了清楚的了解分析后,徐继畲主张"师法泰西文明,以图自强",他做到了"正眼看世界"。这一提议具有非常重大的近代启蒙意义。这样随着国人对西方认识的不断深入,传统的地理中心观、伦理优越感逐步瓦解,一些先进知识分子开始萌生新的世界观:世界其实很大,除了中国之外,还有其他很多国家,国与国之间的较量不仅是由文化决定,还由经济、军事、政治、社会等很多因素来决定。从此"华夷之辨"的华尊夷卑的观念发生改变。冯桂芬感叹:"顾今之天下,非三代之天下比矣。"(《校邠庐抗议·采西学议》)他深切感受到中国在政治、经济、军事、人才等方面都不如西方,如果不改变华尊夷卑的观念,积极向西方学习,则"我中华且将为天下万国所鱼肉,何以堪之"(《校邠庐抗议·制洋器议》)。国人已然由原先的天下一家的思想转变成世界万国观,开始有了国际认知,这是一种进步。

---

① 邹振环:《西方传教士与晚清西史东渐》,上海:上海古籍出版社,2007年,第68页。
② 宋大川校注:《瀛寰志略校注》(凡例),北京:文物出版社,2007年,第10页。

虽然先知先觉者们对"夷""夏"的认识已经发生改变,但是潜藏在心里的孤傲却难以改变。"华夷之辨"可以说是古代中国对待他国的固定思维范式,并通过朝贡体系来维护与他国的联系,这种朝贡制度透出王朝以上对下的恩威,露出帝国的王者自信。"这是一种中国特色的古时制度自信。"①所以"华夷之辨"真正发生改变不是由于国人认识到新世界的存在,而是西方这个强劲对手所带来的强烈的"亡国""亡教""亡种"的危机意识。经过几十年"师夷长技"的百般努力,依然无法实现"天下"机制与新世界体系的无缝对接,国人深陷伦理困境。民族危机加上秩序危机,"华夷之辨"在西学东渐的风潮下开始式微。

西学之风,当时最主要的就是种族论和进化论。从人类学的角度讲,种族是指体质形态上具有共同特征的人群分类。"华夷之辨"作为传统的族类区分标准,重视文明的有无、伦理秩序的井然与否,对于周边"蛮夷"的体质特征更多是想象性的认知。所以古代中国虽有种族意识但很淡薄。姚大力说种族意识"充其量也只是依附于王朝忠诚观念的一种'伴生性的原民族主义'的情感。一旦新的王朝巩固了它的统治秩序,这种'伴生性的原民族主义'情绪很快就会大面积消退"②。国人对种族的知识建构主要是受到西方种族观念的影响。根据松本真澄的研究,西方的种族论在中国受到关注,是严复推广进化论的结果。③严复的《天演论》大力宣传了"优胜劣汰,适者生存"的进化论,兴起了进化论的新思潮,而种族论是伴随进化论而生的产物。

在《保种余义》中严复说:"英达尔温氏曰:'生物之初,官器至简,然既托物以为养,则不能不争;既争,则优者胜而劣者败,劣者之种遂灭,而优者之种以传。既传,则复于优者中再争,而尤优者获传焉。如此递相胜不已,则灭者日多,而留者乃日进,乃始有人。人者,今日有官品中之至优者,然他日则不可知矣。'达氏之说,今之学问家与政事家咸奉以为宗,盖争存天择之理,其说不可易矣。"④按照达尔文的自然选择说,只有适者的种族才能得以存续,在竞争之中,

---

① 任剑涛:《走向理性:近代以来中国世界观的嬗变》,《中央社会主义学院学报》,2017年第2期。PH
② 姚大力:《追寻"我们"的根源:中国历史上的民族与国家意识》,北京:生活·读书·新知三联书店,2018年,第34页。
③ [日]松本真澄:《中国民族政策之研究:以清末至1945年的"民族论"为中心》,鲁忠慧译,北京:民族出版社,2003年,第40页。
④ 严复:《保种余义》,《严复全集》卷七,福州:福建教育出版社,2014年,第83页。

第三章　自强保种：近代"民族"观念下的伦理转型

优者则是适者。严复根据肤色的不同，还将人种划分为白人、黄人、黑人、红人和棕人。显然在当时的思想家看来，白种人是最优等、最高贵的种族。梁启超说："五色人相比较，白人最优。以白人相比较，条顿人最优。以条顿人相比较，盎格鲁撒逊人最优。此非吾趋势利之言也。天演界无可逃避之公例实如是也。"①"种与种争""优胜劣汰"成为当时国人的信条。

随着世界格局的改变，在进化思潮的影响下，尚力竞争成为一种时代精神，呼吁"适者生存"的伦理形态。这种伦理形态的诞生是人类文明发展过程中的必然环节，它符合工业文明重科技、求发展的需要，为社会发展提供动力，积累财富，尤其是科学将人类从宗教迷信中解放出来，给社会带来了巨大的进步。但这种产生于西方资本主义发展的伦理形态也酝酿了西方帝国主义的强权思想：富人积累财富是社会的"适者"，而没有能力获得财富的穷人是不适合在社会中生存的，力图替资本主义的压迫、剥削以及对弱小民族的侵略行为作辩护。另一方面，对于处于弱势地位的中国而言，"适者生存"的伦理形态迫使国人从现实境遇出发，激起自强保种的精神动力，催生民族危机意识，民族观念由原先的种族或文化民族观向近代民族国家转变，萌生了近代民族主义意识。

应该说，基于"华夷之辨"文化区分的传统民族观念，建立于崇尚文明的伦理诉求之上，与天下一家的伦理形态相吻合，而与民族竞争的近代世界观的伦理形态相冲突。近代世界范围内充满以民族国家为主体的竞争，凸显民族的独立性，要求以强盛的民族综合实力屹立于世界民族之林，呈现出"适者生存"的伦理形态。在传统的民族观向近代民族观转变的过程中，建立新的伦理体系需以"世界"观相对应。

概言之，严复所构建的这种"适者生存"的新伦理观以民族意识、民族主义为核心，通过其创建的"国群"概念来实现，"国群"不仅指向崭新的伦理实体——奠基于自由理念之上的近代民族—国家，而且宣扬领土完整、主权独立的民族国家意识，而非"天下"这样的伦理认同和文化认同。可以说，严复所构建的这一"适者生存"的新伦理观引领了时代思想潮流，特别是近代民族主义、自由主义乃至科学主义等思潮，使其成为中国近代伦理思想的奠基人。

---

① 梁启超：《新民说》，北京：商务印书馆，2016年，第13页。

第二节　民族主义思想的伦理维度

在"适者生存"的新伦理形态下,"民族"这一伦理实体具有举足轻重的意义,特别是对于中国来说,由此而产生的近代民族主义,是一切面向现实的思想(特别是伦理思想)的背景和底色,在很大程度上,严复认识到了这一点,并引领了这一思潮。

关于中国近代民族主义,学者郑大华总结说:"近代民族主义就是建立在民族认同、民族平等意识和民族忧患意识之基础上的。"①民族主义是对民族整体利益的进一步强化,那么在推动中国近代民族主义形成的进程中,严复在促进民族整体认同、建构民族自由平等意识、激发国民的民族存亡意识等方面作出了巨大贡献。正如美国汉学家本杰明·史华兹所说:"严复在斯宾塞那里发现的主要之点,乃是关于国家-社会的最栩栩如生的形象,如最纯粹的民族主义所想象的。"②

非常有趣的是,严复曾一度被指责不是民族主义者。这起冤案缘起于他在《社会通诠》第十二章所写的一段按语:"……民族主义,将遂足以强吾种乎?愚有以决其必不能者矣。"③据此,侯外庐认为:"严复对于民族问题也有重大的误解,他之翻译《社会通诠》,据蔡元培说,就是为了反对革命党人的排满……《社会通诠》印行之后,章太炎就有一篇反对严复的《〈社会通诠〉商兑》,虽两方所争的理由未必都对,但当时的民族革命者是合乎人民的要求的。"④萧公权更是认为:"严氏思想中不含民族观念。其讥评清廷,乃以其为专制之恶政府而非以其为异族之政府,其意以为中国乃宗法而兼军国之社会,故民族思想为我所固有,不足为强种之资。"⑤

---

① 郑大华、邹小站:《中国近代史上的民族主义》,北京:社会科学文献出版社,2007年,第6页。
② [美]本杰明·史华兹:《寻求富强:严复与西方》,叶凤美译,南京:江苏人民出版社,1996年,第50页。
③ 严复:《社会通诠·国家之议制权分第十二》,《严复全集》卷三,福州:福建教育出版社,2014年,第447页。
④ 张岂之:《侯外庐著作与思想研究》(第十九卷),长春:长春出版社,2016年,第352页。
⑤ 萧公权:《中国政治思想史》北京:新星出版社,2005年,第543页。

第三章　自强保种：近代"民族"观念下的伦理转型

对于上述这类评说，后来有学者作了进一步研究。根据王宪明①和苏中立②的分析，我们可以知道历史上对严复民族主义思想的"误解"，主要是因为对严复所用"民族"一词的解读存有偏差。③ 尽管如此，这并不影响作为近代启蒙思想家严复民族思想中的伦理价值。

一、"群与群争，国与国争"的进化民族观

中国近代民族主义形成的关键因素之一就是民族忧患意识，这是中国近代独特的民族情感基调。严复在《天演论》自序中深切地道出了当时国人的心声："于自强保种之事，反复三致意焉。"话语"自强保种"渗透出其深厚的民族主义关怀。

中国近代民族主义最初是在传统民族的固有生存方式受到外敌严重威胁的情况下被提倡的，是作为一种救亡图存的思想工具被认同的。故而，对中国近代民族主义的理解，除了民族主义本身所具有的复杂属性之外，还叠加了中国近代转型时期特殊的历史背景。从19世纪中叶开始，一些先进知识分子逐渐觉察到时局变化。谭嗣同指出："夫华夏夷狄者，内外之词也，居乎内，即不得不谓外此者之为夷。苟平心论之，实我夷而彼犹不失为夏。"④西方列强的入侵使得国人蒙受丧权辱国之耻的同时，也显现了中西实力之悬殊，继而开始催醒国人的自强意识。王韬就泰西各国条约有言："不过势均力敌，彼此无如之何。或意有所欲取而姑以此款之，或计有所欲行而先以此尝之，若利无所得，则先不能守矣。故夫约之立也，己强人弱则不肯永守，己弱人强则不能终守，或彼此皆强而其约不便于己，亦必不欲久守……是知约不可恃，道在自强。"⑤尽管如此，囿于传统思想文化的钳制，一切观念或举措上的改变犹如隔靴搔痒，不切要害，而真正让国人意识到国难危急已处于生死存亡一线的是严复。

严复引入先进的社会进化论思想，从种族存亡的角度提出与传统天下家国

---

① 王宪明：《严复群学及军事政治思想研究》，北京：清华大学出版社，2018年，第120页。
② 苏中立：《民族主义与现代化：对严复〈社会通诠〉中关于民族主义论述的辨析》，《福建论坛·人文社会科学版》，2008年第4期。
③ 关于严复此处所用"民族"一词的含义，本人于《从天下到国家：严复格义叙事中的"国群"伦理建构》一文中已阐释，在此不赘言。
④ 谭嗣同：《谭嗣同集》，长沙：岳麓书社，2012年，第184页。
⑤ 王韬：《弢园文录外编》，上海：上海书店出版社，2002年，第106-107页。

观截然不同的进化民族观,揭示出人类种群之间的生存竞争关系,给国人当头一棒。"舟车大通,种族相见,优胜劣败之公例,无所逃于天地之间。"①种群之间、国与国之间,唯强者智者得以自存,弱者愚者终逃不出被奴役的命运。在严复看来,眼下国人面对的"夷狄"是历史上从未遇到过的拥有异质文明的强者,从器物、制度到思想文化都优越于"华夏",如不奋发求强,则将被其"强肉""智役"。

面对强敌,严复以积极开放的心态迎接挑战,相信进化是众生不可逃离的规律,竞争是促进成长的途径,在竞争中可以磨砺自己的能力,达到自强自立。他反对保守封闭的民族排外主义:"外物之来,深闭固拒,必非良法。要当强立不反,出与力争,庶几磨砺玉成,有以自立。"②并且以西方的发展历史激励国人奋发图强:"西洋之克有今日者,其变动之速,远之亦不过二百年,近之亦不过五十年已耳,则我何为而不奋发也耶!"③在严复看来,人类社会发展遵循进化规律,而不是传统的历史循环律。尽管时势堪忧,但严复对自强自立充满信心,对文明满怀期待。"支那,开化之国也。其民族非野蛮也,聪慧强力有余"④"与其言排外,诚莫若相勖于文明。果文明乎,虽不言排外,必有以自全于物竞之际"⑤,指出趋于文明才是人类免于竞争的可行之道。

遵循社会演化规律,基于对文明的向往,他分析西方富强,"其命脉云何?苟扼要而谈,不外于学术则黜伪而崇真,于刑政则屈私以为公而已。……则自由不自由异耳"⑥,大胆地提出以自由为核心的进化思想。他否定传统道德哲学的先验人性论,认为"善相感通之德,乃天择以后之事,非其始之即如是也"⑦,将物竞天择的演化规律援引入人类社会的发展中,强调优胜劣汰的客观性。既然弱者为强肉,愚者为智役乃无法逃离的规律,面对"民力已苶,民智已卑,民德已薄"的社会现实,严复提出通过提高国民素质来增强国力,进而提出"鼓民力"

---

① 严复:《社会通诠·国家之行政权分第十三》,《严复全集》卷三,福州:福建教育出版社,2014年,第461页。
② 严复:《有如三保》,《严复全集》卷七,福州:福建教育出版社,2014年,第79-80页。
③ 严复:《原强(修订稿)》,《严复全集》卷七,福州:福建教育出版社,2014年,第32页。
④ 严复:《路矿议》,《严复全集》卷七,福州:福建教育出版社,2014年,第101页。
⑤ 严复:《与外交报主人书》,《严复集》第3册,王栻主编,北京:中华书局,1986年,第558页。
⑥ 严复:《论世变之亟》,《严复全集》卷七,福州:福建教育出版社,2014年,第12页。
⑦ 严复:《天演论》,《严复全集》卷一,福州:福建教育出版社,2014年,第287页。

第三章 自强保种：近代"民族"观念下的伦理转型

"开民智""新民德"的救国策略，开启了近代思想启蒙之路。

严复以人类社会演化规律为引导，将自由和善群归为进化之源泉，否定传统道德哲学的先验人性论，超越传统思维框架的制约。自由是进化的基础和动力，而"从未尝立以为教"，取而代之的是纲常教条钳制下的绝对服从。严复说，"文明幸福，果何物乎？则其义无他，一群之民，各奋于义务，各得其民直而已。"①"民直"乃拥有自由权利之后的自治。严复推崇个体自由的价值，认为有了自由，"一洲之民，散为七八，争驰并进，以相磨砻，始于相忌，终于相成，各殚智虑，此既日异，彼亦月新"②。难能可贵的是，他还非常重视小己对群体的重要性，"鼓民力""开民智""新民德"的善群之举为其进化民族观提供了有力保障。严复说："国拓都也，民么匿也。社会之变象无穷，而一一基于小己之品质。"③多次强调："欲知其合，先察其分。天下之物，未有不本单之形法性情以为其聚之形法性情者也。是故贫民无富国，弱民无强国，乱民无治国。"④严复的重民思想一方面与他服膺英国斯宾塞的社会有机体理论有关，另一方面源自他对历史经验的归纳总结——"考五洲之历史，凡国种之灭绝，抑为他种所羁縻者，不出三事：必其种之寡弱，而不能强立者也；必其种之暗昧，不明物理者也；终之必其种之恶劣，而四维不张者也。"⑤所以，求强以免遭种群灭亡。但严复反对强权无公理，他说："无公理之强权，禽兽之强权也。虎狼虽猛，终被槛羁，唯主公理而用强权，斯真人道之最贵耳。"⑥

应该说，严复的进化民族观彻底改变了国人的传统历史观。通过《天演论》，严复系统地介绍了达尔文进化论的基本观点，用"物竞天择，适者生存"阐述社会发展原理，指出了近代国际秩序中的丛林规则，同时也提出"国家者，由竞争淘汰不得已而合群以对外敌者也"⑦，号召国人"合群"保国，"善群"强种。严复根据进化论提出的保种、合群等思想唤起国人"自强保种"的民族主义意

---

① 严复：《群学肄言·宪生第十四》，《严复全集》卷三，福州：福建教育出版社，2014 年，第 213 页。
② 严复：《原强（修订稿）》，《严复全集》卷七，福州：福建教育出版社，2014 年，第 29 页。
③ 严复：《群学肄言·译余赘语》，《严复全集》卷三，福州：福建教育出版社，2014 年，第 10 页。
④ 严复：《原强（修订稿）》，《严复全集》卷七，福州：福建教育出版社，2014 年，第 31 页。
⑤ 严复：《论教育与国家之关系》，《严复全集》卷七，福州：福建教育出版社，2014 年，第 179 页。
⑥ 严复：《有强权无公理此语信欤》，《严复全集》卷七，福州：福建教育出版社，2014 年，第 224 页。
⑦ 梁启超：《国家思想变迁异同论》，《梁启超文集》，北京：北京燕山出版社，1997 年，第 147 页。

识,成为近代民族主义的序曲。理论上说,"《天演论》正是起到了这样的作用。它所宣传的民族竞争理论一举瓦解了'天下'观念与'华尊夷卑'等不切实际的旧观念,成为中国近代民族主义形成的重要理论前提。而在现实层面,中国所面临的社会危机与精神危机则成为近代民族主义应运而生的催化剂"①。严复的种族竞争观念激发了国人强烈的民族存亡危机意识,呼吁全疆域人民"合群保种",共同面对危机,促进了近代国族的诞生。正如许纪霖所说:"一个绝对的'他者'的出现,真正刺激了作为整体的中华民族的自我觉悟。……于是,近代中国不仅有了建国的追求,也有了建族的自觉。"②

二、"合群保种":民族伦理实体的建构

人类社会进入近代的特征之一是王权国家形态向现代国家形态的转变。现代国家强调主权独立、领土完整,是建立于民族集体认同之上的组织形态,而民族成为伦理实体则是建构近现代国家的基础。从 16 世纪开始,欧美陆续完成民族独立,建立起近代民族国家。在这股近代民族主义思潮的席卷之下,应对竞争狂潮,严复所呼吁的"合群保种",是对中华民族共同体的自觉,也是国人对国族的最早构想。

当"负者日退,而胜者日昌"成为一种时代特征时,求强保种必然成为一种合理性目标,这也是严复孜孜以求的伦理目标。为实现这一目标,严复提出"国群自由"的概念,重视以"合群""善群"的思想来保全民族的完整性和独立性。"群"说古已有之,荀子曾基于道德认知和价值导向的"义"的维度,提出"明分使群"的群学思想,而严复是吸收了近代社会有机体论和进化论思想提出"群"。严复说:"群也者,人道所不能外也。群有数等,社会者,有法之群也。社会,商工政学莫不有之,而最重之义,极于成国。"③可见,严复所言之群是从组织整体的有法有序性论之,其所谓国群是以国家社会有机体为单位。在近代民族主义背景下,严复的"合群保种"具有近代伦理精神和建立民族国家伦理实体的指向性。

"合群保种"需合众人之力,凝聚国人之心。面对强敌,严复反对满汉分野,

---

① 徐嘉:《中国近现代伦理启蒙》,北京:中国社会科学出版社,2014 年,第 166 页。
② 许纪霖:《作为国族的中华民族何时形成》,《文史哲》,2013 年第 3 期。
③ 严复:《群学肄言·译余赘语》,《严复全集》卷三,福州:福建教育出版社,2014 年,第 9 页。

第三章　自强保种：近代"民族"观念下的伦理转型

主张合力抗衡。当时社会上盛行着一股"小民族主义"(梁启超语)。"小民族主义"是相对于"大民族主义"的一种所指，主要为满汉情绪和排满浪潮，认为满族是"异种贱族，非吾中夏神明之胄"①，主张推翻清朝满族统治，建立大汉族。严复"以其为宗法"②，"宗法社会之民，未有不乐排外者"③，批判这种排满行为是狭隘种族主义，认为满汉两族"同是炎黄贵种，当其太始，同出一源"④，反对将满族视为异族，更是指出排满可能会导致国家分裂动乱：

请不必为满人道地，而但为所欲与复之汉族道地足矣。充汹汹者之所为，不沦吾国于九幽泥犁不止耳。合众民主定局之后，不知何以处辽沈，何以处蒙古、准噶尔、新疆、卫藏，不知我所斥以为异种犬羊而不屑与伍者。在他人方引而亲之，视为同种，故果遂前画，长城玉关以外断断非吾有明矣。他日者，彼且取其地而启辟之，取其民而训练之，以为南抗之颜行；且种族之恨相为报复，吾恐四万万同胞，卅年以往，食且不能下咽耳。⑤

严复的这种"合群"与后来所谓的"大民族主义"思想相吻合。梁启超在《政治学大家伯伦知理之学说》中提出："吾中国言民族者，当于小民族主义之外，更提倡大民族主义。"即"合汉合满合蒙合回合苗合藏，组成一大民族，提全球三分有一之人类，以高掌远跖于五大陆之上"⑥。如果说联合同种异族只是形式上的"合群保种"，那么严复吸收西方社会有机体论、进化论、自由论等近代思想所提出的"合私为公"，建构"国群"民族国家伦理实体才是本质意义上的"合群保种"之所在。民族国家作为"想象的共同体"(安德森语)，既有政治理性的构建，又有集体认同的情感归依。在严复看来，国群是小己之积。"一身之内，形神相资，一群之中，力德相备。身贵自由，国贵自主，生之与群，相似如此。"⑦"爱国者，民族主义之名辞也。泰西哲家谓非道德理想之至者，故世间国土并立，必其

---

① 章太炎:《驳康有为论革命书》,《章太炎全集》(四)，上海人民出版社，1985年，第182页。
② 严复:《读新译瓦克斯〈社会通诠〉》,《严复全集》卷七，福州：福建教育出版社，2014年，第138页。
③ 严复:《读新译瓦克斯〈社会通诠〉》,《严复全集》卷七，福州：福建教育出版社，2014年，第136页。
④ 严复:《政治讲义》,《严复全集》卷六，福州：福建教育出版社，2014年，第10页。
⑤ 严复:《与张元济书》第十九,《严复全集》卷八，福州：福建教育出版社，2014年8月，第156页。
⑥ 梁启超:《饮冰室合集·文集之十三》，北京：中华书局，1989年，第75—76页。
⑦ 严复:《原强(修订稿)》,《严复全集》卷七，福州：福建教育出版社，2014年7月，第25页。

有侵小攻弱之家,夫而后其主义有所用也。"①国难当头,唯有守群保种才是首要任务,这发自对中华民族命运共同体的自觉和强烈的民族伦理意识。严复的"国群"概念是建构民族国家的基础。

"现代国家的构建不仅是中国谋求生存、寻求富强的前提,也是遵循'群'作为社会有机体不断进化的自然法则和历史规律的必然要求。"②严复推崇"合群",是基于伦理共同体的思考,即以民族国家为最高伦理目标。他从种群竞争的国际视角出发,超越了传统民族主义的狭隘性,侧重于争取民族独立,伸张领土主权和提高民族凝聚力,显然超脱了传统的文化认同模式,走向了近代民族国家认同。

三、"生其爱国之心"的伦理认同

个体对民族的认同感,是民族主义的重要形成因素。只有个体对民族有了认同感,才能真正产生民族主义情怀。严复说:"求国群之自由,……欲人人皆有一部分之义务,因以生其爱国之心……"③这就是说国人需要建立一种爱国信仰,因为国家的存在和发展需要有人们的爱国情感来维系和支撑。增强个体对国家的向心力、民族凝聚力,就是增加一国之实力。爱国主义是民族主义在伦理上的指向,在这种对民族的情感转变上,严复的民族观是超前的。

自古以来人们没有明确的"民族"意识,更没有"国"的概念,只知有王朝,而王朝的正统地位的获得最终又取决于对"礼"的遵从。封建王朝两千多年来的教化,使国人已然具有的思维范式是"君为臣纲,父为子纲,夫为妻纲"。于民而言,这就是"理"。"这一以中原为中心的政治—文明共同体就叫作'中国'。"④如果说甲午海战之前,人们还幻想着可以"师夷长技以制夷",重振国威,再造辉煌,那么当中日甲午海战惨败的事实结合着严复宣传的"优胜劣汰,弱肉强食"的社会进化理论摆在国人面前时,一种强大的"他者"存在的压迫感,让国人的民族意识油然而生,"救亡图存"便成为国人的最高伦理目标。由这种民族危机感而产生的民族意识,在那时而言还很宽泛,是近似一种本能的自我保护意识,

---

① 严复:《与夏曾佑》第4,《严复全集》卷八,福州:福建教育出版社,2014年8月,第210页。
② 吴攀:《"群"观念与严复的现代国家想象》,《天津社会科学》,2021年第2期。
③ 严复:《法意》,《严复全集》卷四,福州:福建教育出版社,2014年,第291页。
④ 许纪霖:《家国天下:现代中国的个人、国家与世界认同》,上海:上海人民出版社,2017年,第22页。

第三章 自强保种:近代"民族"观念下的伦理转型

并非真正的民族自觉。"这种自我被掏空了的、只是以他者的存在而存在的国族认同,在近代中国仅是一个抽象的空洞符号,无法落实为中华民族的自觉实体。"①

真正的民族自觉建立在民众的爱国情感之上,爱是建构民族伦理实体的情感基础。但在传统的文化认同的思维模式下,封建统治者以封建伦理纲常为权术,禁锢国人的思想为其专制统治服务,王朝是君王一姓之王朝,与民无关,忠君变为愚忠。严复非常犀利地指出:"盖自秦以降,为治虽有宽苛之异,而大抵皆以奴虏待吾民。虽有原省,原省此奴虏而已矣;虽有燠咻,燠咻此奴虏而已矣。夫上既以奴虏待民,而民亦以奴虏自待。""夫奴虏之于主人,特形劫势禁,无可如何已耳,非心悦诚服,有爱于其国与主,而共保持之也。故使形势可恃,国法尚行,则鼺靴麬面,胡天胡帝,扬其上于至高,抑其己于至卑,皆劝为之……"这种君民关系下的国家,只能是"一旦形势既去,法所不行,则独知有利而已矣"则岂会爱君如己,爱国如私? 相形之下,西方国家是"其民皆若有深私至爱于其国与主,而赴公战如私仇"②。中西差异的根本是"自由不自由异尔。"

严复说:"故言自由,则不可以不明平等,平等而后有自主之权;合自主之权,于以治一群之事者,谓之民主。"③"西人之言政也,以其柄为本属诸民,而政府所得而操之者,民予之也。"④在传统天下观支配下,国人心中的国,仅源自空间想象和文化认同,对外没有疆域之分,没有政治上的主权,对内民没有自由,亦没有民权、民主之说。那么又如何生其爱国心呢? 对此,严复提出维护民主权利,"设议院于京师,而令天下郡县各公举其守宰。是道也,欲民之忠爱必由此,欲教化之兴必由此,欲地利之尽必由此,欲道里之辟、商务之兴必由此,欲民各束身自好而争濯磨于善必由此"⑤。维护国家主权独立,是近代变局下艰巨的历史使命。变一君之王朝天下为民为国家之主人,是从封建社会迈入近代社会的象征。人的近代化也由此开始,集权利与义务于一身。严复强调:"但身为国

---

① 许纪霖:《家国天下:现代中国的个人、国家与世界认同》,上海:上海人民出版社,2017年,第66页。
② 严复:《原强(修订稿)》,《严复全集》卷七,福州:福建教育出版社,2014年,第35页。
③ 严复:《主客平议》,《严复全集》卷七,福州:福建教育出版社,2014年,第111页。
④ 严复:《社会通诠·国家之行政权分第十三》,《严复全集》卷三,福州:福建教育出版社,2014年,第465页。
⑤ 严复:《原强(修订稿)》,《严复全集》卷七,福州:福建教育出版社,2014年,第36页。

民,无论在朝在野,生此世运转变之时,必宜人人思所以救此社会,使进于明盛,而无陷于阽危,则真今世之中国人,所人人共负之责任,而不可一息自宽者也。"①

中国民族观念的近代转型有着复杂的历史环境,既有传统民族观念的思想文化基础,又有来自西方外来势力的冲击,这冲击包含新时代文明发展的动力和亡国灭种的巨大压力,其中外来文化冲击所带来的民族危机意识是促使民族观念转变的直接原因。面对强敌入侵,严复提倡"优胜劣汰"的种群竞争观念,激发国人强烈的民族忧患意识,"合群保种"的观念开启了国族自觉,催生了国人的爱国之心,促进了个体民族认同。

第三节 民族主义观念下的伦理转型

在中国近现代伦理奠基的过程中,严复的民族观念不但引导了民族主义意识的产生,而且颠覆了"家国一体"的千年伦理形态,使中国的近现代伦理奠基于崭新的伦理实体之上,并由此而产生了整个伦理体系的转型与革新。

一、从"家国一体"到"国群"的伦理转型

所谓"家国一体"的伦理形态,是指西周时期的"立子立嫡之制,由是而生宗法及丧服之制,并由是而有封建子弟之制,君天子臣诸侯之制",这一制度"纳上下于道德,而合天子、诸侯、卿、大夫、士、庶民以成一道德之团体"②。简言之,殷周之际产生了严格意义上的宗法制,并在此基础上建立了完备的政治制度与文化模式,血缘组织上的亲疏关系衍生出"封土建国"的制度,血缘家族社会中的伦理原则如亲亲、尊尊、长长等,演化成了政治上的尊卑关系,国家的政治秩序依据了家(族)的伦理原则。在这个意义上,"家国一体"的伦理形态具有由家及国、家国同构的特征,"君臣视父子,朋友视昆弟",家(族)伦理扩展为国家、社会的伦理体系。也可以说,中国传统伦理的基础是"父为子纲""夫为妻纲"的宗法家族伦理,而重心在于以"君为臣纲"为核心的、符合君权专制制度的一系列上下尊卑的伦理秩序。这一伦理形态从西周开始,经过春秋、战国"礼崩乐坏"的

---

① 严复:《论教育与国家之关系》,《严复全集》卷七,福州:福建教育出版社,2014年,第178页。
② 王国维:《殷周制度论》,《观堂集林》,石家庄:河北教育出版社,2003年,第232页。

第三章　自强保种:近代"民族"观念下的伦理转型

洗礼,在汉代经过儒家、法家学者的强化,最后成为一种相对稳定的伦理形态,一直延续了整个封建时代。严复所面对的,即是这种千年伦理传统。

应该说,这一伦理传统适应于宗法家族社会的需要,也符合君主专制的国家形态的要求。但是,由此形成的伦理观念在 19 世纪却已完全落后于时代。世界范围内的国家竞争,是以民族国家为主体的竞争,而在"家国一体"的旧伦理中,民众以家(族)的伦理价值为核心,臣子以君为代表的"家天下"为重心,"在封建专制思想的禁锢下,国人有对一家一姓之国的忠,而不知民族国家为何物,缺乏向心力、凝聚力、责任感与爱国心。在纲常名教钳制下的奴性道德是依附性的,没有个体的自由与权利"①。这种伦理观既缺失了对个体权利的尊重,又囿于狭隘的家与国的视野,使人依附于家(族)和一家一姓之国家。而近代以来的民族国家不但赋予个体自由与权利,也要求人人都承担起对国家的责任与义务,因此,近现代民族国家是建立在民族认同的基础上的。这一"民族"既是具有"历史—文化"的客观依据,也需要主观的建构,也正是在这个意义上,安德森指出:"民族是一个想象的政治共同体。"所谓"想象",即是主观的构想与努力。所以,建构合理的"民族"既是现实的需要,也是理性的态度和敏锐的眼光。严复的这一努力,是通过创建"国群"这一概念来实现的。在严复看来,社会也好,国也罢,都属于"群"的范畴。"群有数等,社会者,有法之群也。社会,商工政学莫不有之,而最重之义,极于成国。"②严复的"国群"说体现了以"群"为核心建立现代民族国家的伦理意涵。

首先,"国群"宣扬领土完整、主权独立的民族国家意识,而非"天下"这样的伦理认同和文化认同。严复说:"凡是国家,必有治权。"③而传统中国并无国家之说,只有关于"天下"的意识。"所谓天下者,十八省至正大中,虽有旁国,皆在要荒诸服之列,以其无由立别,故无国家可言。"④传统天下观是基于"夷夏之辨"的华夏中心观,这是传统民族主义的重要伦理内涵。"夷夏之辨"与天下观为一币两面,看似具有强大的包容性,实则具有强烈的文化排他性。这种排他性,直到近代还在延续。其弊乃是拘泥于天下,不知世界,执拗于松散的文化认同、伦

---

① 凌红、李超:《严复思想的伦理向度:"尚力"与"尚德"》,《东南大学学报(哲学社会科学版)》2020 年第 22 卷第 3 期。
② 严复:《群学肄言・译余赘语》,《严复全集》卷三,福州:福建教育出版社,2014 年,第 9 页。
③ 严复:《政治讲义(第一会)》,《严复全集》卷六,福州:福建教育出版社,2014 年,第 11 页。
④ 严复:《政治讲义(第一会)》,《严复全集》卷六,福州:福建教育出版社,2014 年,第 10 页。

理认同而无统一的国家观念。故严复指出:"吾国之人,所以于政治之学,国家之义,自西人观之,皆若不甚分晓者,止缘大一统之故。吾所居者,只有天下,并无国家。"①"国群"是严复在民族国家意义上对"群"的理解,而这具有明显的近现代转向。

其中的重点是,严复所提倡之"国家"已不是"宗法而兼军国"的传统意义上的君权至上的国家。传统意义上的国家特征,是"满人得国几三百年,而满、汉种界,厘然犹在"。严复分析说:"中国社会,……故其言法也,亦以种不以国。"②国"自其最著者而言之,则一切治权,义由地起,所重者邦域,而种姓为轻"③,服膺进化论思想的严复面对国土沦丧的危局,大胆提出物竞、天择、群争的观点,如石破天惊般打破了天下一统的虚幻的天朝体系,唤醒了国人的民族危机意识。此后,严复的《天演论》真正成为中国近代民族主义的奠基,成为近代民族主义思潮的理论基础。所以从理论上说,"《天演论》正是起到了这样的作用。它所宣传的民族竞争理论一举瓦解了'天下'观念与'华尊夷卑'等不切实际的旧观念,成为中国近代民族主义形成的重要理论前提。而在现实层面,中国所面临的社会危机与精神危机则成为近代民族主义应运而生的催化剂"④。

其次,"国群"概念指向崭新的伦理实体。中国传统伦理面对伦理实体,一是家(族),二是(一姓之)国。这是历史发展的必然阶段,同时也是历史发展所要超越的。而"国群"的出现,不但符合历史发展规律,而且是从中国实际情况出发的一种创造性发展。首先,严复所言"国群"之"群"既有中国社会中固有的却没有充分发展的一种观念,也与西方近代社会有所关联。中国自古有崇尚群体的"和谐有序"的一面,张东荪指出:"大概古代人们所以需要宇宙观之故乃是目的在于确定社会秩序。换言之,即对于社会秩序作一个'合理的辩护'(rational justification)。"⑤所以,追求整体和谐的"天人合一"成为社会有序的基本思维模式。但在历史演进过程中,群体有序原则往往被整体至上原则所替代,"群"的含义被家、国、天下的概念所抹杀。在封建伦理秩序的庇佑下,伦理

---

① 严复:《政治讲义(第一会)》,《严复全集》卷六,福州:福建教育出版社,2014年,第9—10页。
② 严复:《社会通诠》,《严复全集》(卷三),福州:福建教育出版社,2014年,第447页。
③ 严复:《社会通诠》,《严复全集》(卷三),福州:福建教育出版社,2014年,第413页。
④ 徐嘉:《中国近现代伦理启蒙》,北京:中国社会科学出版社,2014年,第166页。
⑤ 张东荪:《中西思想之根本异点》,《理性与良知:张东荪文选》,上海:上海远东出版社,1995年,第286页。

第三章 自强保种:近代"民族"观念下的伦理转型

实体最终成为一姓之族、一人之天下。而近代西方从群体团体意义出发,发展出了"society"这一组织形态。"society"与严复所言之"群"具有某种相似性,但是近代西方建立"society"的伦理前提和伦理目标是保护个人自由、追求个人权利至上。1656年,约瑟·李曾说:"每人借自然与理性之光的烛照,都要做有利于个人最大利益的事,这是无法否认的金科玉律。……私人的腾达向上就会是公众的利益。"①可以说,严复的"国群"在很大程度上脱离了传统纲常伦理的约束,奠基于近代自由理念之上,也体现了近代功利主义伦理内涵。

具体来说,严复吸纳了英国功利主义以苦乐定善恶的道德价值观说,"世变无论如何,终当背苦而向乐。此如动植之变,必利其身事者而后存也"②。在严复看来,群体之所以成立,不是因为人具有"善相感通之德",而是出于"安利"的利己心,舍自营无以自存。"但民智既开之后,则知非明道,则无以计功,非正谊,则无以谋利。"③严复认为义利之间不是矛盾对立关系,而是统一体关系,随着民智的发展,必明"大利所存,必其两益"的社会最大公例,提倡开明自营的义利观。因此,严复强调了国群之强盛脱离不了个体之私,"'民不能无私也,圣人之制治也,在合天下之私以为公。'……是道也,欲民之忠爱必由此,欲教化之兴必由此,欲地利之尽必由此"④。此外,为寻求国群之富强、民之安利,严复引入自由平等理念,打破了封建纲常伦理的禁锢,提出"民各能自利,又必自皆得自由始",而"人得自繇,而必以他人之自繇为界"。从道德起源论,到义利观,以及群己观,严复介绍、引进了进化论、功利主义、自由论等近代西方伦理思想建构国群思想体系。

"国群"的出现,是在西学东渐及西方文明的冲击下,严复吸收西方近代国家概念而建构起来的,虽然主要内涵来源于近代西方思想,但其中依然有着中国传统伦理文化的内容。在这一点上,严复是清醒的,他指出,"乃自西学乍兴,今之少年,觉古人之智,尚有所未知,又以号为守先者,往往有末流之弊,乃群然怀鄙薄先祖之思,变本加厉,遂并其必不可畔者,亦取而废之。然而废其旧矣,

---

① [英]罗素:《西方哲学史》(下卷),马元德译,北京:商务印书馆,2017年,第169页。
② 严复:《天演论·导言十六·进微》,《严复全集》卷一,福州:福建教育出版社,2014年,第294页。
③ 严复:《天演论·导言十六·进微》,《严复全集》卷一,福州:福建教育出版社,2014年,第332页。
④ 严复:《原强(修订稿)》,《严复全集》卷七,福州:福建教育出版社,2014年,第36页。

新者又未立也"①,主张坚守儒家传统伦理之"天理人伦",并学习西方现代民族国家的科学技术、民主制度等,以此来构建新的伦理实体。从一定意义上看,"国群"概念是在传统民族观念的基础上,吸收西方近代民族国家政治理念后,政治与文化融合、历史与现实对接的产物,具有中国近代伦理实体的指向性,是人类社会发展到近代以来出现的现代民族国家(modern nation-state)概念,是一个自在的民族共同体步入近代的产物。

严复通过"国群"概念的创立,揭示了民族国家竞争的残酷现实,唤醒了国人的民族危机意识,瓦解了传统伦理的"天下"观。特别是由传统国家形态到近代"民族—国家"形态转变的历史要求,使得民族主义几乎成为全民的意识形态情结。因此,从中国传统伦理的近现代转型的历程来看,"国群"的出现是异常关键的环节。"国群"是严复"群学"思想与近现代民族思想的一个集中表达,"严复的'群学'以'群''己'为基本范畴,以自由为核心价值构建了新的伦理体系"②。然而,在启蒙与救亡双重变奏的时代主题中,国群(民族/国家)自由与个人自由之间充满了张力,如何调和这一张力则是严复要面对的重要伦理问题。③

二、"君臣""主民"伦理关系的转向

严复面向现代文明的民族观,其近代效力主要是促成国人天下观向近代国家观转变,民众逐渐摆脱奴仆身份转为国家主人,一家一姓之王朝,变为民众共有之国。这意味着国人从等级制度下的臣民变成近代国家中的公民,宗法社会家天下体系的伦理价值观向符合近代民族国家方向转变。正如列文森(Levenson,1920—1969)所说:"中国近代思想史的大部分时期,是一个使'天下'成为'国家'的过程。"④或者说,是从君主专制走向近现代民族国家。在这一点上,严复可谓是这一过程的引领者。

中国传统伦理思想的起点是血缘家族,基于"父子、兄弟、夫妻"的人伦,产

---

① 严复:《论教育与国家之关系》,《严复全集》卷七,福州:福建教育出版社,2014年,第180页。

② 凌红,李超:《严复思想的伦理向度:"尚力"与"尚德"》,《东南大学学报(哲学社会科学版)》,2020年第22卷第3期。

③ "从'家国一体'到'国群'的伦理转型",这部分内容已发表于笔者的《严复的"民族"思想与中国近现代伦理的奠基》一文中,载《江西师范大学学报(哲学社会科学版)》2021年第5期。

④ [美]约瑟夫·列文森:《儒教中国及其现代命运》,郑大华、任菁译,北京:中国社会科学出版社,2000年,第87页。

第三章 自强保种:近代"民族"观念下的伦理转型

生了基本"伦常"。父慈子孝,兄友弟悌,夫义妇听,家族成员由此便组成和谐的小群体。稳固的天伦关系、充满温情的家是国群的模型。由家及国,移孝作忠,长惠幼顺,君仁臣忠,所谓国家,实乃家的扩延。家国一体的整体结构,伦理与政治相结合,形成中国传统社会的独有特色。父子的家庭伦理重父慈子孝,君臣之分职在治国安民,君仁臣忠。人类社会的伦常有效,是以公正之理,行自然之道。在这种合理、公正的前提下,忠君无可非议。故孔子有言:"为君难,为臣不易。"(《论语·子路》)孟子曰:"君之视臣如手足,则臣视君如腹心;君之视臣如犬马,则臣视君如国人;君之视臣如土芥,则臣视君如寇仇。"(《孟子·离娄篇下》)然而随着社会的发展,这种伦理政治的内在张力日益扩大,伦理政治的互联结构在有效维护封建统治的同时,也酝酿了极度专制的诞生。为满足封建大一统的需求,伦理不断工具化、政治化,至汉代,经董仲舒"天人感应"论的宗教神化,三纲五常的制度化,再到程朱理学的"天理人欲"。伦理体系一方面达至鼎盛,另一方面也意味着衰落的开始,理学与心学的对立便是例证。当伦理被绝对地外在制度化后,必然削弱内在的道德力量,所以"君为臣纲"的极端单向规约加剧了君民之间的对立矛盾,磨灭了君臣互依关系。君越来越神圣化,而民则越来越奴隶化。"忠君"实则"伪忠",是迫于外在伦理纲常的要求作出的非自由的选择,不具道德性。

严复直指君臣纲纪的欺骗性:"秦以来之为君,正所谓大盗窃国者耳。国谁窃?转相窃之于民而已。"[1]在严复看来,天下真正的主人是民众,专权的君主等同盗贼,窃取了本该属于民众的权力,造成"知有一人而不知有亿兆"的局面,指责"中国帝王,作君而外,兼以作师……"[2]。民对君只是一味地顺从,绝对的"忠",君对民无仁义可言,以奴待之。如此在这种王朝国家形态中,严复揭露出君臣本质上"使后而仁,其视民也,犹儿子耳;使后而暴,其遇民也,犹奴虏矣。为儿子、奴虏异,而其于国也,无尺寸之治柄,无丝毫应有必不可夺之权利则同"[3]。也就是说,宗法等级制度下,君是宗法社会利益的最高代表,具有最高权力和权威。无论是仁政,抑或是暴政,民都无应有之权利。严复直截了当地揭

---

[1] 严复:《辟韩》,《严复全集》卷七,福州:福建教育出版社,2014年,第39页。
[2] 严复:《社会通诠·国家之行政权分第十三》,《严复全集》卷三,福州:福建教育出版社,2014年,第461页。
[3] 严复:《社会通诠·国家之行政权分第十三》,《严复全集》卷三,福州:福建教育出版社,2014年,第461页。

示出"忠君"的愚痴性。"义务者,与权利相对待之名词也。故民有可据之权利,而后应尽之义务生焉。无权利,而责民以义务者,非义务也,直奴隶分耳。"①尽无权利的义务,与做奴隶无异。至于君民之分,原初只是职责差异。严复大胆地说:"'民为重,社稷次之,君为轻。'此古今之通义也。"②

严复提出自由、民权、国等近代观念,批判"忠君",代之以"爱国",声张自由民权,以颠覆专制。他指出:"呜呼!国之所以常处于安,民之所以常免于暴者,亦恃制而已,非恃其人之仁也。恃其欲为不仁而不可得也,权在我者也。使彼而能吾仁,即亦可以吾不仁,权在彼者也。在我者,自由之民也;在彼者,所胜之民也。必在我,无在彼,此之谓民权。彼所胜者,尚安得有权也哉!"③传统"家国一体"伦理形态以"君为臣纲"为核心,帝王之下,皆是臣民,缺乏自由权利,进而"民德已薄"。对此,严复提倡新民德,摒弃传统伦理的纲常宗法专制,融合近代的自由价值,培育民众的"公益精神",即"公心"(史华兹语),使过去的臣民成为自由、独立、平等的社会公民。何为"公心"?有学者解释说,"我认为将其理解为公民道德意识更为符合其原义,及民众普遍参与公共事物的观念,积极协调个体利益与整个社会利益一致性的美德"④。"公心"是民对国的责任,是一种爱国情感,梁启超说:"国民者,以国为人民公产之称也。国者积民而成,舍民之外,则无有国。以一国之民,治一国之事,定一国之法,谋一国之利,捍一国之患,其民不可得而侮,其国不可得而亡,是之谓国民。"⑤

严复的目标就是建立具有近代意义的民族国家,这意味着用近代国家及其相应的政治、社会制度取代封建专制制度,树立独立之人格,培育爱国精神,以取代儒家"君臣""主民"形态的伦理,是现代民族国家形态的新伦理对抗封建帝国形态的旧伦理的开始。

三、文化民族主义的伦理维度

文化民族主义和政治民族主义是民族主义的两大形态。在建构近代民族

---

① 严复:《法意》,《严复全集》卷四,福州:福建教育出版社,2014年,第429页。
② 严复:《辟韩》,《严复全集》卷七,福州:福建教育出版社,2014年,第38页。
③ 严复:《法意》,《严复全集》卷四,福州:福建教育出版社,2014年,第206-207页。
④ 徐嘉:《中国近现代伦理启蒙》,北京:中国社会科学出版社,2014年,第220页。
⑤ 梁启超:《论近世国民竞争之大势及中国前途》,《饮冰室合集·文集之四》,北京:中华书局,1989年,第56页。

第三章 自强保种：近代"民族"观念下的伦理转型

国家的过程中，前者体现为文化共同体，后者是政治共同体。文化民族主义为民族国家的建构提供基础的文化归属感，没有文化层面的支撑，民族国家难以形成。文化民族主义体现文化的民族性，在近代伦理转型期，文化民族主义的伦理维度不仅需体现文化的民族性，还需体现文化的世界性。

严复"统新故而视其通，苞中外而计其全"的文化观很好地展现了近代伦理维度，与后来学衡派"论究学术，阐求真理，昌明国粹，融化新知"[①]的思想十分契合，既不赞同早期文化保守主义，也不认可新文化派的"全盘西化论"。胡适认为民族主义"最浅的是排外，其次是拥护本国固有的文化，最高又最艰难的是努力建立一个民族的国家"[②]。处于中国社会政治文化形态转变、伦理重建的特殊历史时期，严复和其他晚清知识分子一样，其民族观的内容是极其复杂的，但严复的民族观念中始终不离一条主线：文化民族主义的伦理维度。

第一，文化民族主义彰显一国之国性。国性是一个民族或国家赖以生存的精神内核。严复认为"国于天地，其长存不倾，日跻强盛者，必以其民俗、国性、世道、人心为之要素"，"国亡种灭，或为异族所奴隶"，都是"以道德扫地，人心窳涣为之先，从未有好义首公，忠信相扶之民，而不转弱为强，由衰而盛者"[③]。所以严复特别注重民性、国性之塑造和培养。尤其在目睹民国初期的社会失序、一战的惨绝人寰后，严复更是强调"大凡一国存立，必以其国性为之基。国性国各不同，而皆成于特别之教化，往往经数千年之渐磨浸渍，而后大著。但使国性长存，则虽被他种之制服，其国其天下尚非真亡"[④]。国性民质、立国精神、国魂、国本，虽表述不同，但都是国家得以维系的核心价值，是民族共同体所拥有的独特的民族精神或文化基础。中华几千年的浩瀚历史藏有吾国文化的结晶。对此，严复引用英国文豪约翰·罗斯金（John Ruskin）的话来倾诉他的敬仰之情，"凡物为数百千年人类所宗仰赞叹者，必有至高之美，实非以其见赏者众，而人类平均之识力感会，足以得其物之真也"[⑤]。

第二，传统伦理精神是立国之本。严复认为处于列国竞进的格局，国家必有立国精神方能长存。关于立国精神，严复概述为"忠孝节义"，并且对其含义

---

① 《学衡杂志简章》，《学衡》，1922年第1期。
② 胡适：《个人自由与社会进步》，《胡适文集:11》，北京：北京大学出版社，1998年，第587页。
③ 王栻：《严复集第2册：诗文下》，北京：中华书局，1986年，第342页。
④ 王栻：《严复集第2册：诗文下》，北京：中华书局，1986年，第330页。
⑤ 王栻：《严复集第2册：诗文下》，北京：中华书局，1986年，第322页。

作了具体阐释。"盖忠之为说,所包甚广,自人类之有交际,上下左右,皆所必施,而于事国之天职为尤重。不缘帝制之废,其心德遂以沦也。孝者,隆于报本,得此而后家庭蒙养乃有所施,国民道德发端于此,且为爱国之义所由导源,人未有不重其亲而能爱其祖国者。节者,主于不挠,主于有制,故民必有此,而后不滥用自由,而可与结合团体。耻诡随,尚廉耻,不懑不竦,而有以奋发于艰难。至于义,则百行之宜,所以为人格标准,而国民程度之高下视之。但使义之所在,则性命财产皆其所轻。故蹈义之民,视死犹归,百折不回,前仆后继,而又澹定从容,审处熟思,绝非感情之用事。"①"忠孝节义"之说,作为传统美德的德目,一直是被推崇的。但严复是从国家发展需求的近代伦理角度进行提倡,"忠孝"强调从家庭伦理向社会伦理、民族伦理的过渡,连接个人与家庭、社会、国家,培养国人爱社会、爱国的公共道德心。"节义"注重群己权界与个体的理性培养,以维系整体的和谐。严复认为:"今者幸此四端,久为吾国先民所倡导,流传久远,而为普通夫妇所与知。公等以为吾国处今,以建立民彝为最亟,诚宜视忠孝节义四者为中华民族之特性。而即以此为立国之精神,导扬渐渍,务使深入人心,常成习惯。"②

第三,文化民族主义体现文化的世界性。严复对传统伦理文化的坚守,不同于文化保守主义站在传统文化自有体系中对文化作反思,也不同于新文化派对传统文化的全然批判。严复思想中一直没有缺少文化关怀,关键问题是这种文化是何种文化。作为"近代西学第一人",他在阐释和传播西学方面所作的贡献是巨大的,同时他运用西方近代先进理念批判传统思想所表现出的勇气是"激进"的,有些人就此评价严复"西化"。亦有学者从儒学角度给出观点:"严复认为阐发儒学微言奥义需要引进西学。"③根据严复所讲"吾圣人之精意微言,亦必既通西学之后,以归求反观,而后有以窥其精微,而服其为不可易也"④,则可知严复有借由西学反观中学之意图,并且此意在他很多著作中都有所透露,"是

---

① 王栻:《严复集第2册·诗文下》,北京:中华书局,1986年,第343-344页。
② 王栻:《严复集第2册·诗文下》,北京:中华书局,1986年,第344页。
③ 张绍军:《"统新故而视其通"——西学家严复的儒学观》,《严复与近代中国社会文化》,天津:天津人民出版社,2015年,第393页。
④ 严复:《救亡决论》,《严复全集》卷七,福州:福建教育出版社,2014年,第48页。

第三章　自强保种:近代"民族"观念下的伦理转型

以生今日者,乃转于西学,得识古之用焉"①,"故不佞谓居今言学,断无不先治旧学之理,经史词章,国律伦理,皆不可废,惟教授旧法当改良。诸公既治新学之后,以自他之耀,回照故林,正好为此"②。其实严复虽然提倡通过西学来批判封建旧学,但主要是针对那些禁锢人心的封建糟粕,并非对传统的全盘否定。在《原强》中,严复就曾感叹:"儒术之不行,固自秦以来,愚民之治负之也。"③而纵览严复一生的著述,我们会发现严复对孔、孟原儒思想是褒扬的。只不过传统文化受到西方近代文化的强烈冲击,在先进文明的比照下相形见绌,一些封建弊端暴露无遗,显然是禁锢人心的桎梏、时代发展的绊脚石。作为新时代的启蒙思想家,必须打破旧制度化了的价值观,超越文化局限,开创新的思想意识时代。但"打破"不代表"抛弃",而是"扬弃"。在历经时代磨砺后,严复所谓的"复古",实则是对传统思想经过否定之否定后的肯定,是思想认识的深化。他说:"然则今之教育,将尽去吾国之旧,以谋西人之新欤?曰:是又不然。英人摩利之言曰:'变法之难,在去其旧染矣,而能择其所善者而存之。'方其汹汹,往往俱去。不知是乃经百世圣哲所创垂,累朝变动所淘汰,设其去之,则其民之特性亡,而所谓新者从以不固,独别择之功,非暧姝囿习者之所能任耳。必将阔视远想,统新故而视其通,苞中外而计其全,而后得之,其为事之难如此。"④史华兹曾感慨道:"他(严复)不是教条主义的反传统主义者。他与构成中国传统的全部思想流派的关系仍是个悬而未决的问题。"⑤严复对待文化的态度体现了包含中西的世界维度。

中国自汉代以来,各族间虽有文化区分,但通过文化融合逐渐形成了以儒家文化为核心的"政治—文化共同体",文化融合是种黏合剂,统一的文化价值观念促进了民族融合统一。民族本质上是文化共同体,如梁漱溟所说,"文化是一个民族的形态"。所以,一个民族国家,如果没有文化的维系,则无以立国。严复说:"人之所以成人,国之所以成国,天下之所以为天下""夫读经固非为人

---

① 严复:《天演论·译〈天演论〉自序》,《严复全集》卷一,福州:福建教育出版社,2014 年,第 260 页。
② 严复:《教授新法》,《严复全集》卷七,福州:福建教育出版社,2014 年,第 240 页。
③ 严复:《原强》,《严复全集》卷七,福州:福建教育出版社,2014 年,第 22 页。
④ 严复:《与〈外交报〉主人》,《严复全集》卷八,福州:福建教育出版社,2014 年,第 202 页。
⑤ [美]本杰明·史华兹:《寻求富强:严复与西方》,叶凤美译,南京:江苏人民出版社,1996 年,第 46 页。

之事,其于孔子,更无加损,乃因吾人教育国民不如是,将无人格,转而他求,则亡国性。无人格谓之非人,无国性谓之非中国人,故曰经书不可不读"①。余英时说:"无限地强调国家观念将不免歧入沙文主义的险途,无限地强调民族意识也很容易滑向'种族优越论'的绝径。这两条路都曾在近代世界史上造成过严重的灾害。但是,从另一方面说,提倡国家观念而不能确立'主权在民'的基础,宣扬民族意识而不能归宗于文化传统,其结果则必然是双双落空的。"②

处于政治危机和价值危机的双重压力下,中华民族作为国族的建构是漫长的过程。政治上的共同体,需有近代国家形态,反对封建时代的传统伦理,而文化上的共同体,离不开民族文化的生命力和凝聚力。在建构国族这条异常复杂且充满艰辛的道路上,严复的小心谨慎确是睿智之举。

---

① 王栻:《严复集第2册·诗文下》,北京:中华书局,1986年,第332页。
② 余英时:《文化评论与中国情怀(上)》,《余英时文集》第七卷,桂林:广西师范大学出版社,2006年,第302页。

第四章　自由：近代伦理的核心价值

"自由"是西方启蒙运动以来所奠定的核心价值，也是近现代社会有别于前现代社会的根本标志之一，也逐渐成为伦理、道德的前提与基石。① 如果说"天演""民族竞争"贴合了近代中国的实际需要和近期目标，快速激发了新伦理观念，那么，"自由"就是中国走向现代社会的根本目标之一，对于建构新伦理产生了长久而深远的影响。中国从明代末年开始，逐渐有了近代社会的特征，伦理观念也发生了相应的变化，但始终没有突破传统伦理的边界。严复敏锐地发现"自由"对于中国社会打破思想桎梏、走向近现代国家的重要意义，第一次在中国系统介绍了"自由"的理念，指出中国新伦理的建构必须符合"自由"的理念，可以说，在中国传统伦理转型过程中，严复在如何实现"自由"上做出了重要的探索。

第一节　走向近代伦理的先声及其局限

如果从时间上划分，中国的近代开始于1840年的鸦片战争。西方列强的入侵打开了古老封建帝国的大门，随后大清帝国被卷入国际体系，被迫直面近代浪潮。进化主义、民族主义、自由主义等各种近代西方思潮席卷中国，深重的民族危机直接导致了中国传统伦理动摇，而后逐渐瓦解。所以中国伦理的近代启蒙有别于西方式启蒙，更多是在外来压力的催逼下，无奈发生的一场夹杂着民族救亡性质的突变。

尽管中西近代启蒙的时代语境和问题意识有所不同，但启蒙的核心价值一样，都是反对封建专制，追求自由。按照这种启蒙精神的理解，中国近代伦理启蒙虽是19世纪中后期在外力迫使下才登上历史舞台，但实则早在明代中后期，

---

① 甘绍平：《自由伦理学》，贵阳：贵州大学出版社，2020年，第2-3页。

中国自身的近代意识已初露端倪。李贽（1527—1602）提出的"夫私者，人之心也"（《藏书·德业儒臣后论》）承认自私乃人之本性。黄宗羲（1610—1695）的"为天下之大害者，君而已矣"（《明夷待访录》）反对君主独裁。唐甄（1630—1704）的"人之生也，无不同也"（《潜书·大命》）反对尊卑贵贱的等级制度。这些命题与传统公私观截然不同，明显带有追求个体觉醒的进步含义。

唐凯麟先生归纳总结说："在明清之际的社会大动荡的特定历史条件下所兴起的反宋明道学的思潮，无论就其政治倾向还是学术倾向而言，都已明显地区别于封建传统思想，具有了对封建专制主义和封建蒙昧主义、禁欲主义实行自我批判的性质，是中国早期启蒙思想的一种特殊的理想形态。"[①]这股由进步思想家所掀起的具有批判精神的新思潮，虽然没有蔚然成风，引起近代启蒙，但其所产生的影响是不可磨灭的，是中国早期伦理启蒙的先声。

一、家族伦理本位转向社会伦理本位

明清之际思想家的观念具有极大启蒙价值的是对公私之辨的重新阐释。公与私是中国哲学史上的一组重要概念。公私观念不仅直接反映出个体与群体、个人与国家的关系，还涉及形而上的道德伦理层面，隐含了群体的价值观和价值判断。自先秦以来，主流的社会价值评判是以公灭私，"公"具有正义、公平的伦理性，"私"是非合理的，甚至是不道德的。时至明清，思想家们对传统伦理观念中的偏执不仅予以质疑和否定，更是对"私"有了新的认知，从而使得"私"获得存在的正当性和合理性，逐渐走出"公"的对立面的阴影，以"公"的组成部分的性质存在，具有了更为广阔的社会伦理价值。故而，明清公私之辨的更新实则意味着传统伦理从家族伦理本位向社会伦理本位的转变。

中国传统伦理形态是以人论为出发点、以家族伦理为本位的宗法血缘框架体系。在由己及人、移孝作忠、由家及国的推演中，以血缘关系为纽带，以伦理道德为核心，以宗法制度为保障，中国逐渐形成了"君为臣纲"的忠孝伦理政治形态。政治诉诸伦理，伦理诉诸血缘，伦理政治以家族血缘宗法的伦理原理为根基。诚如黄建中先生所归纳的："中土以农立国，国基于乡，民多聚族而居，不

---

① 唐凯麟：《走向近代的先声——中国早期启蒙伦理思想研究》，长沙：湖南教育出版社，1993年，第4页。

第四章 自由：近代伦理的核心价值

轻离其家而远其族，故道德以家族为本位。"①在这种天然血缘不言自明的伦理庇佑以及"内圣"则"外王"的德性修为规约下，"君王"获得了道德层面的正当性，所谓"以德行仁者王"（《孟子·公孙丑上》），从而成为道德至善者的代表，是最高权力者的象征。

同时在这种伦理本位的保护下，君王以"公道""至公"的名义掌控一切，成为"公"的代名词。这与哈贝马斯（Habermas, 1929—　）所说的"代表的是其所有权，而非民众"②的"代表型公共领域"如出一辙。封建君王行使的"公"不是天下之"公"，是君王一己之"私"，是"以为天下利害之权皆出于我，我以天下之利尽归于己……以我之大私为天下之大公……"（《明夷待访录·原君》）。公与私被捆绑于君王与民众的利益纠纷中，随着矛盾的加剧越发紧张。

明清时期，君主专制加强，阶级矛盾和民族矛盾空前恶化，犬牙交错，整个社会呈现"天崩地解"之局面。君主专制之极如萧公权所说："有明诸帝，倚专制君主之淫威，薄待朝臣，摧仰士气，为前代之所未见。"③高压的专制统治遇上手工业等商品经济发展下市民阶层的个体意识萌生，进而催生了具有批判性的价值观念。围绕个体之私，出现了大量肯定个体利益、为"个体之私"正名的观点，例如"天生一人，自有一人之用"④，"有生之初，人各自私也，人各自利也"⑤，"人之有私，固情之所不能免矣"⑥。"私"从君王的权利范畴移至普通民众层面，褪去上下等级的界限，复原人之基本权利，这具有极大的超越性。

更为难能可贵的是，明清思想家们还提出"合天下之私以为公"的进步思想，肯定私的正当性，进而丰富公的伦理内涵，凸显"天下之公"的含义，具有近代社会伦理价值。"公"的基本含义除了表示"私"的对立面存在之外，还有与人共有之义。《韩非子·五蠹》中对"公"的解释便是："背厶谓之公，或说，分其厶以与人为公。"当君王与臣民之间的公私矛盾发展到无以复加的地步时，一己之私的"公"被否定，天下之私的"公"被唤起。王夫之提出，"以天下论者，必循天

---

① 黄建中：《比较伦理学》，济南：山东人民出版社，1998 年，第 85 页。
② ［德］哈贝马斯：《公共领域的结构转型》，曹卫东等译，上海：学林出版社，1999 年，第 6-7 页。
③ 萧公权：《中国政治思想史》，北京：商务印书馆，2017 年，第 577 页。
④ 李贽：《焚书·答耿中丞》。
⑤ 黄宗羲：《明夷待访录·原君》。
⑥ 顾炎武：《日知录·言私其縱》。

下之公,天下……非一姓之私也"①,从"公私之辨"否定"君臣之义"的绝对性。他说:"有一人之正义,有一时之大义,有古今之通义;轻重之衡,公私之辨,三者不可不察。以一人之义,视一时之大义,而一人之义私矣;以一时之义,视古今之通义,而一时之义私矣;公者重,私者轻矣,权衡之所自定也。"(《读通鉴论·安帝十四》)在王夫之看来,义虽有"一人之正义""一时之大义""古今之通义"三个层次,但都必须以"天下之大公"为最高价值尺度。他指出,"一姓之兴亡,私也;而生民之生死,公也"(《读通鉴论·敬帝》),与君王一姓之兴亡相比,关系到民众生死的事乃是公。同样黄宗羲也说,"盖天下之治乱,不在一姓之兴亡,而在万民之忧乐"(《明夷待访录·原臣》)。黄宗羲认为,"治"就是人民能获得幸福,"乱"就是社会不安宁,人民遭到不幸。"一姓之兴亡"与"万民之忧乐"相比,在黄宗羲看来是无关大体的。由此可见,不管是王夫之还是黄宗羲,他们都批判君主独裁的一家之私,提倡民众乃为天下之大公,在公私之分上有了明晰的见解。顾炎武对封建专制统治的抨击更为深刻,他不仅将"天下"与"国"作了区分,深刻地指出"国"乃成一家一姓之国,属君王所有,"天下"是民众的天下。"有亡国,有亡天下。亡国与亡天下奚辨?曰:易姓改号,谓之亡国。仁义充塞,而至于率兽食人,人将相食,谓之亡天下。"(《日知录·正始》)揭示出传统伦理"忠君爱国"思想对民的束缚,实则成就君主独裁的天下为私。而且他还进一步说"是故知保天下,然后知保其国。保国者,其君其臣,肉食者谋之;保天下者,匹夫之贱,与有责焉耳矣"(《日知录·正始》),提出含有社会伦理价值的"天下兴亡,匹夫有责"。在顾炎武看来,天下的主体不是君王,也不是上天,天下具有伦理实体性,伦理尽丧,天下则亡,天下兴亡,民众有责。这明显与传统观念不同,而是强调了民众于天下而言,是权利与义务的统一。

虽然合私为公论早在《吕氏春秋·贵公》中就有提及,"天下非一人之天下也,天下之天下也",明清思想家们开始突破以家庭为本位的血缘宗法关系的束缚,倾向于追寻新的社会关系,"就其力之所能为,与心之所欲为,势之所必为者以听之",乃至"则大成大,小成小"(《李氏文集·明灯道古录》)的社会。尽管这些进步思想家的思想过于理想主义,但不可否认其中充满了对封建官方正统思想"宋明道学"的否定。通过对"一家一姓"与"天下"的公私之辨,明代思想家对个人利益和社会共同利益的取舍实则是对家族本位的宗法血缘伦理的抨击,表

---

① 王夫之:《读通鉴论·叙论》。

现出了向社会本位伦理演变的动向,具有进步意义。沟口雄三先生指出:

公与私不再是二元对立的概念,公包括私,而且私不仅满足皇帝一人,同时也满足民,这种高层次的公才是公得以成立的原因。至此,君主本身为公被否定,明末所谓的公是更高层次的、指皇帝与富民之间的社会关系的"共"概念。①

二、从天理人性论到自然主义人性论

人性论问题是中国伦理思想研究中的一个重要问题。中国传统伦理信奉"天人合一",把道德规范上归于天,下求之于性,往往从基本人性中寻求道德的本源与根据。中国道德主体的精神本体就是受孟子性善论的规约,"善"设计了中国伦理精神人性认同。这种强调人的道德属性,贬抑个体利欲的德性主义人性论,反映了人类对自身本质的认识,唤醒了人的道德自觉,成为社会主流人性论。明清时期一反常态,推崇人的自然属性,强调个体感性欲望合理性的自然主义人性论开始抬头。

自然主义人性论是相对于德性主义人性论而言,重在从道德规约中还原人之为人的天然属性。德性主义人性论虽然发挥了激发主体道德自律意识的作用,但同时也有否定人的意志选择自由之弊,尤其当道学家们将这种德性主义人性论的宗法等级性推向了极端之后,道德伦理开始走向异化。纲常等级秩序被抽象化成"天理",人性被区分为"天地之性"与"气质之性"。"天地之性"与天地同体,与天理共性,至善完备;"气质之性"中"理与气杂",有善有恶。道学家将这种人性二元论与抽象化的天理说相结合,借天之名,提出"存天理、灭人欲"的口号,借天理的公正伦理性为灭人欲寻得正当的理由。原本求善的德性诉求,经由理学家们的加工后成为控制民众的工具,进而人的个体独立性全然丧失,成为统治阶层的附属物,德性主义人性论走向了反人道的禁欲主义人性论。这种灭绝人性的天理人性说在明时期的极端专制统治下,最终成为明清启蒙思想家的抨击对象。

针对理学家对人欲的灭绝性论说,明清思想家从人欲的天然属性的角度出发,肯定人的基本欲望的合理性,体现为对"人性有私"命题的肯定。"私"为何解?《说文解字》中对"私"的解释是:"禾也。北道名禾主人曰私主人。"可见"私"最初是指对庄稼的所有权,后指对物之私有。但当公私观与天理人欲观联

---

① [日]沟口雄三:《中国公私概念的发展》,汪婉译,《国外社会科学》,1998年第1期。

系在一起后,"私"就逐渐演变为理学的利欲之私。程颐说:"人心私欲,故危殆。"(《遗书》)"义与利只是个公与私也。"(《河南程氏遗书》)私等同于恶、否然,变身为主观价值判断。到了明清时期,对待私的态度,出现了儒学思想上的转变。

应该说,上述沟口雄三对明末公私的认识是值得肯定的。理欲、义利、公私是伦理范畴的重要概念,影响着整个社会的价值取向。明末的新思潮无疑具有开创性,虽然宋代理学兴起的同时,以欧阳修、李觏、陈亮等为代表的功利学者提出了与理学家们的公私旨趣迥然不同的观点,肯定利、欲为人之常情,淡化"私"的伦理色彩,从"自身利益"的新角度对待"私"。但是,宋代的功利学者的思想没能形成席卷之势,倒成了明清启蒙思潮的先声。

肯定"人性有私"的命题,是从本源上对"私"进行肯定。李贽从"童心"出发理解人性,"童心"乃"真心",绝假纯真,是人"最初一念之本心"。他说:"夫童心者,真心也。若以童心为不可,是以真心为不可也。夫童心者,绝假纯真,最初一念之本心也。若失却童心,便失却真心;失却真心,便失却真人。人而非真,全不复有初矣。童子者,人之初也;童心者,心之初也。夫心之初,曷可失也!"(《焚书·童心说》)他认为道学家鼓吹的道德教条只会蒙蔽童心,"有道理从见闻而入,而以为主于其内而童心失"(《焚书·童心说》)。李贽认为,人心是自私的,自私是人的本性,"夫私者,人之心也。人必有私,而后其心乃见;若无私,则无心矣"(《藏书·德业儒臣后论》)。并且他将人的私利与社会生产生活联系起来,"服田者私有秋之获,而后治田必力;居家私积仓之获,而后治家必力;为学者私进取之获,而后举业之治也必力"(《藏书·德业儒臣后论》),进一步肯定了私利的道德价值意义。王夫之在批判宋明道学的"性二元论"的过程中,提出了他的人性学说。"夫性者生理也,日生则日成也。则夫天命者,岂但初生之顷命之哉!"(《尚书引义·太甲二》)"人之皆可为善者,性也。"(《读通鉴论·三国》)"盖性者,生之理也。均是人也,则此与生俱有之理,未尝或异;故仁义礼智之理,下愚所不能灭,而声色臭味之欲,上智所不能废,俱可谓之性。"① 王夫之既肯定了人具有的判断是非善恶的理性能力,也不否定人与生俱来的生理心理机能,对宋明道学的封建禁欲主义进行了有力批判。戴震提出了"欲根于血气,故曰性也"的命题,对程朱所宣扬的"存理灭欲"进行了批判。"举凡品物之性,皆

---

① 张载撰、王夫之注:《张子正蒙》卷三,上海:上海古籍出版社,2000年,第136页。

就气类别之,人物分于阴阳五行以成性。舍气类,更无性之名。"(《孟子字义疏证·性》)他认为万物都是由阴阳五行之气蕴化而来,"阴阳五行,道之实体也;血气心知,性之实体也"(《孟子字义疏证·天道》)。戴震将欲与私、蔽区分开来,论述了情欲是人的自然之性,揭露了程朱性二元论的荒谬性。

明清进步思想家用不同的人性论观点对宋明道学进行了批判。李贽的观点最为极端,具有非道德化倾向。王夫之的论述比较温和,集合了德性主义人性论和自然主义人性论,是对德性主义人性论的修正。戴震直截了当地肯定了自然主义人性论,具有解放思想的开放性。但自先秦时期开始,《尚书·洪范》中的"以公灭私"论则成为一种基调,以后更是演变为中国传统社会的一股主流思潮,虽然明清启蒙思想就深度而言,可谓达到了史上空前的高度,但在主流思潮之下,并不能获得推广,这一点可以从黄宗羲的书被冠以"待访",李贽的书被冠以"焚""藏",唐甄的书则被冠以"潜"的事实上获得证明。尽管如此,客观地说,明后思想家的言论在中国伦理发展史上留下了不可磨灭的印迹。对自然人性的尊重,是对人自然权利尊重的开始。这应该是人的近代化最早的体现。

三、从"民本"到"民主"

民主观念真正深入人心是近代西学输入后的结果,明清时期虽没有"民主"的概念,却有了民主意识的萌发。

《尚书》有言,"民为邦本,本固邦宁"。在家国同构、政治伦理一体的中国传统伦理文化中,民本主义观念是核心,也是儒家伦理思想的精华之一。民本主义,即以民为本,是以农耕为本务的中国封建社会在伦理道德上的价值取向。孟子的"民为贵,社稷次之,君为轻"(《孟子·尽心下》)的思想充分体现了重民、惠民的民本主义思想,是孔子所谓"仁者爱人"的进一步展现。

民本思想在中国封建社会对于维护社会的稳定和固国安邦具有积极作用。正如孟子所说,"得其民,斯得天下矣……得其心,斯得民矣"(《孟子·离娄上》)。诚然,这种对民心的关心,其目的是得天下,因为"水可载舟,亦可覆舟"。在传统社会政治权力私有的条件下,民众不具有政治主体地位,因此他们的思想观念只能是从属于统治阶层。在贤君的大盛世时期,或许人们可以感受到君王的"爱民如己",但随着封建专制制度的衰落,民本思想的温情也逐渐消散,"君为臣纲"的霸权露出真相。所以归根到底,整个社会都缺乏实现民主的条件,一切的裁判权都在权力所有者手中。

宋明封建专制统治加剧,理学又日益僵化,失去了维系人心的力量。梁启超评说:"晚明理学之弊,恰如欧洲中世纪黑暗时代之景教(基督教)。其极也,能使人之心思耳目皆闭塞不用,独立创造之精神,销蚀达于零度。"① 一股反对专制、要求平等的思潮应运而生。李贽的"庶人非下,侯王非高"(《老子解》),唐甄的"人之生也,无不同也"(《大命》)都透露出打破尊卑贵贱等级的界限、呼吁平等公正的心声。黄宗羲说:"百官之设,所以事我,能事我者我贤之,不能事我者我否之。"(《明夷待访录·置相》)"有生之初,人各自私也,人各自利也;天下有公利而莫或兴之,有公害而莫或除之。"(《明夷待访录·原君》)他认为道德和国家的产生是基于人们对保障自己利益的需要,道德也好,国家也罢,都不是自然就有的。他提出"天下为主,君为客"(《明夷待访录·原君》)。民众是天下的主人,君主对天下的管理实则是为民服务。为臣的职责,在于服务于天下之民。"我(臣)之出而仕也,为天下,非为君也。"(《明夷待访录·原臣》)黄宗羲的观点非常具有批判力,其思想中的民主主义元素可以与法国的卢梭相媲美,《明夷待访录》也被称为中国的《社会契约论》,中国最早的《人权宣言》。中国传统伦理思想中关于道德本源问题的思考,一般都是"天人合一"的基本范式。黄宗羲关于道德本源的分析,从调整个人私利与社会公利关系的角度出发,具有开创性。虽然不能将黄宗羲的思想简单等同于西方契约论的伦理学说,但是他思想中所含的民主价值是不容否定的。梁启超充分肯定了《明夷待访录》的启蒙作用:"(《明夷待访录》)的确含有民主主义精神,虽然很幼稚,对于三千年专制政治思想为极大胆的反抗。在三十年前,我们当学生时代,实为刺激青年最有力之兴奋剂。我自己的政治运动,可以说是受这部书的影响最早而最深。"②

启蒙的关键在于走出精神上不成熟的状态,在于是否有勇气运用自己的成熟的知性,去检验已有的价值观念,并从学理上和逻辑上讨究这些价值观念的理路。③ 以顾炎武、黄宗羲等为代表的明清思想家们明显具有了宝贵的启蒙精神,他们对中国传统社会的价值观念开始了自觉的、充分的批判和深刻的自省。这是中国自身思想发展历程中早期启蒙的制高点。

---

① 梁启超:《清代学术概论》,北京:东方出版社,1996年,第9页。
② 梁启超:《中国近三百年学术史》,北京:东方出版社,1996年,第53页。
③ 邓晓芒:《20世纪中国启蒙的缺陷——再读康德〈回答这个问题:什么是启蒙?〉》,载赵林、邓守成主编:《启蒙与世俗化:东西方现代化历程》,武汉:武汉大学出版社,2008年,第65-66页。

四、早期启蒙思潮的伦理价值与局限性

明清之际所掀起的启蒙思潮是中国传统封建伦理文化自身矛盾运动的逻辑产物。传统封建伦理经由程朱的发展之后,伦理原则和道德规范变成了"道"或"天理"——超历史的永恒法则。这种形上本体的强化,使得封建伦理具有了神圣权威,纲常名教成了不容置疑的道德规范。为了扭转理学"外假仁义之名,而内以行其自私自利之实"的虚伪倾向,王阳明建立了"致良知"的心学,提倡"吾心之良知,即所谓天理也",认为"尔那一点良知,是尔自家底准则",强调个体的道德意识的重要性。王阳明的心学在启动中国近代伦理转型方面是功不可没的,蔡元培评价道:"(王阳明)矫朱学末流之弊,促思想之自由,而励实践之勇力者,其功固昭然不可掩也。"[①] 本是欲救理学困境的心学,客观上却给理学带来了异化。

明代中期以后,随着手工业与商业的发展,市民阶层开始崛起,资本主义萌芽产生,人们开始关注个体利益,道德价值的思维取向发生了改变,再加上朝政腐败,整个社会危机四伏。在这一背景下反宋明理学的批判思潮兴起了,进步思想家们开始关注个体的觉醒。王夫之在《四书训义·卷三》上说:"以我自爱之心,而为爱人之理,我与人同乎其情也,则亦同乎其道也。人欲之大公,即天理之至正矣。"这里王夫之显示出对自身价值的关注,强调理欲一致。黄宗羲也说:"人心本无所谓天理,天理正从人欲中见,人欲恰好处即天理也,向无人欲,则亦并无天理之可言矣。"(《南雷文定·陈乾初先生墓志铭》)他认为天理是通过人欲表现出来的。继王阳明心学之后,泰州学派进一步伸展了个体性向度,明清之际的思想家们正是在此基础上,对封建专制的伦理要求提出了批判。

他们不仅揭露了封建伦理的蒙蔽,而且冲击了传统三纲五常。黄宗羲说:"夫治天下犹曳大木然,前者唱邪,后者唱许。君与臣,共曳木之人也。"(《明夷待访录·原臣》)王夫之说:"以天下论者,必循天下之公,天下非夷狄盗逆之所可尸,而抑非一姓之私也。惟为其臣子者,必私其君父,则宗社已亡,而必不忍戴异姓异族以为君。若夫立乎百世以后,持百世以上大公之论,则五帝、三王之大德,天命已改,不能强系之以存。"(《读通鉴论·卷十五》)顾炎武说:"为民而立之君,故班爵禄之意,天子与公、候、伯、子、男一也,而非绝世之贵。代耕而赋

---

① 蔡元培:《中国伦理学史》,长沙:湖南大学出版社,2014年,第120页。

之禄,故班爵禄之意,君、卿、大夫、士与庶人在官一也。"(《日知录·周室班爵禄》)明清启蒙思想家在反对宋明理学的斗争中,其思想初步具有了近代色彩的平等、自由等道德要求,为后人留下了巨大的精神财富,开启了一个新时代。在19世纪末20世纪初,爱国仁人志士为了对抗西方列强的侵略,肩负救亡图存的使命,他们从明清早期启蒙思想家那里发现了动力。在维新运动时期,黄宗羲的《明夷待访录》就是青年的宝筏。梁启超如此论述:"梁启超、谭嗣同辈倡民权共和之说,则将其书(《明夷待访录》)节钞印数万本,秘密散布,于晚清思想之骤变,极有力焉。"①"窃印《明夷待访录》……等书,加以案语,秘密分布,传播革命思想,信奉者日众,于是湖南新旧派大哄。"②在《中国近三百年学术史》中,梁启超又提及:"此书(《明夷待访录》)……光绪间我们一班朋友曾私印许多送人,作为宣传民主主义的工具。"③应该说,明清思想家打破了"天理"的思维定式,他们的反道学思潮透露出了近代的曙光。

明清思想家的这种"以复古为解放"的启蒙方式,在古色古香的外衣下藏着近代思想的因子,具有历史的进步意义。但是明清反道学的思潮有其本身的局限性。马克斯·韦伯曾指出:"如果一种统治的合法性是建立在遗传下来的('历来就存在的')制度和统治权力的神圣的基础上,并且也被相信是这样的,那么这种统治就是传统型的。"④晚清中国就是属于这种传统型统治。根据韦伯的理论,在这种传统型统治下,如果统治者不对自身权力进行限制,那么可能受到"传统主义的革命",而这种革命更多是针对统治者个人,不是制度。可以说明清思想家冲击了封建的伦理纲常,但是没有冲破封建政治体制的框架,他们希望"有王者起,将以见诸行事,以跻斯世于治古之隆"(顾炎武《顾亭林文集·与人书二十五》)。另外,反道学的思想家们不少人打着"三代之治""三代之法"的旗号,也显得他们的思想不够成熟。当然,瑕不掩瑜,明清之际的启蒙思潮在中国伦理发展史上留下了不可磨灭的历史功绩。

---

① 梁启超:《儒家哲学》,长春:吉林出版集团有限责任公司,2016年,第120页。
② 梁启超:《儒家哲学》,长春:吉林出版集团有限责任公司,2016年,第179页。
③ 梁启超:《中国近三百年学术史》,北京:东方出版社,2012年,第57页。
④ [德]马克斯·韦伯:《经济与社会》(上),林荣远译,北京:商务印书馆,1997年,第251页。

第二节 "自由"之引入

中国古代没有"自由"这一概念,只包含有"自由"的思想,但没有产生近代意义上的"自由"之义。正如严复所言,"政界自由之义,原为我国所不谈。即自唐虞三代,至于今时,中国言治之书,浩如烟海,亦未闻有持民得自由,即为治道之盛者"[①]。形成于17世纪西方启蒙运动之后的"自由"或"自由主义"对中国而言是"舶来品"。这股近代思潮进入中国,严复功不可没。(需要说明的是,这里所分析的"自由"是以自由主义时代的西方自由概念为参照的,它们促进了近代中国人自由观的形成。)

一、"自由"在西方

"自由"概念是借西学东渐之潮输入国内的。对于这个西方的原初话语,时人的反应不一,有的视之如洪水猛兽,有的视之为奇珍异宝。为了对其有相对正确理性的认识,我们有必要回到西方,对它进行追本溯源式的简单梳理。

从历史渊源看,西方的"自由"理念早在古希腊就已经萌发,经历古希腊、中世纪,然后到近现代,可谓发展久远。应该说,除了自由观念,古希腊更是充满文明和智慧的时代,"希腊人不仅奠定了一切后来的西方思想体系的基础,而且几乎提出和提供了两千年来欧洲文明所探究的所有问题和答案"[②]。古希腊人的自由观主要体现为拥有管理自己城邦的意识。以赛亚·伯林(Isaiah Berlin, 1909—1997)曾指出:"在古代世界,特别在希腊人当中,'是自由的'就是能够参与自己城邦的管理。只有当一个人有权参与法律的制定和废除时,法律才是有效的。自由并不是被迫服从别人为他制定的法律,而是服从由他制定的法律。"[③]这可以认为是公民参与政治的天然自由权利,也可以理解为争取政治自由的最初自由观。古希腊人还非常注重个体的主观感受,开始具有朴素的个人自由观,其主要哲学代表有伊壁鸠鲁和斯多亚学派,前者认为自由就是没有恐慌、没有痛苦的快乐的人生,后者强调人的意志是自由的前提。

---

① 严复:《政治讲义》,《严复全集》卷六,福州:福建教育出版社,2014年,第42页。
② [美]梯利:《西方哲学史》(上),葛力译,北京:商务印书馆,1975年,第16页。
③ [英]以赛亚·伯林:《自由论》(修订版),胡传胜译,南京:译林出版社,2011年,第289页。

中世纪虽说是由基督教精神所奴役的黑暗时期，但基督教压制人们对自由的争取的同时，也给人们提供了追求自由的精神给养。基督教的原罪说使得人们对自由有了最初的理性思考的可能性。可以说原罪说是人类撬动自由民主的阿基米德基点。同时，贯穿整个中世纪的神权与王权之争也推动了自由的发展。穆尔(Moore,1851—1931)在其《基督教简史》中指出："教会所争取的，首先是独立于世俗权力之外，然后是凌驾于它们之上，这种斗争可以说是中世纪历史的主要动力。"[1]基督教与王权的政教分离限制了双方权利的极端化，从而为人民的自由提供了空间。最后发生于14世纪到16世纪的文艺复兴，反对愚昧神学，倡导人的个性解放，促进了人类的觉醒。如果说文艺复兴是新兴资产阶级所兴起的思想文化运动，那么宗教改革却是从民众阶层改变了整个社会观念。所以文艺复兴、宗教改革与启蒙运动被称为西欧近代三大思想解放运动。就这样从古希腊直到中世纪结束的漫漫历史长河为自由主义的形成奠定了坚实的思想基础。

步入近代，自由理论获得进一步发展，更加强调个人的自由政治权利和个人与政府之间人的自由范围与受保护的领域。代表人物有洛克(Locke,1632—1704)、卢梭(Rousseau,1712—1778)、康德(Kant,1724—1804)、穆勒(Mill,1806—1873)。洛克提出社会契约论思想，认为契约是个人与政府关系的基础，人都有"自然权利"，政府的权力是众多人自然权利的集合，人作为个体的自由的存在，通过契约的方式表达自己的政治观点，以契约管理国家而已。洛克的自由观带给后来的政治哲学家们很大影响。卢梭提出通过"每个结合者以及他所有的一切权利已全部转让给整个集体"[2]的方式，每个人都服从国家，每个人都平等地享有权利。他希望通过社会契约论来换取集体上的自由与平等的权利。康德认为"所谓自由是指意志除了道德法则以外再不依靠任何事情而言的"[3]，自由就是理性的选择，"自由就是自律"。与以上哲学家思想有所不同，穆勒的自由观从政治自由转向社会自由，体现功利主义的原则，将个人与社会联系在一起，追求最大幸福原则。从上述思想家的观念可以发现，近代西方自由观念有两大理论根基：自然法和功利主义。但是，历史证明前者会过于强调人

---

[1] [美]G.F.穆尔：《基督教简史》，郭舜平等译，北京：商务印书馆，1981年，第164页。
[2] [法]卢梭：《社会契约论》，李平沤译，北京：商务印书馆，2011年，第19页。
[3] [德]康德：《实践理性批判》，关文运译，桂林：广西师范大学出版社，2002年，第86页。

的理性,会导致理性一元论,这是建立专制集权政府的根源;后者会因国家干预而压制个体自由,落入不自由的境地。

英国思想家以赛亚·伯林在邦雅曼·贡斯当(Benjamin Constant,1767—1830)的古代人的自由和现代人的自由两种自由属性的基础上重新思考了自由概念的含义,详细地区分了自由的两种概念:积极自由(positive liberty)与消极自由(negative liberty)。在伯林看来,消极自由范畴的问题是"主体(一个人或人的群体)被允许或必须被允许不受别人干涉地做他有能力做的事、成为他愿意成为的人的那个领域是什么"①。换言之,一个人或一群人被容许或应当被容许在什么限度内可以不受别人干涉地做他所能做的事,或成为他所愿意成为的人。这个"领域""限度"便是消极自由的范畴。对应于积极自由范畴问题的是"什么东西或什么人,是决定某人做这个、成为这样而不是做那个、成为那样的那种控制或干涉的根源"②。概言之,消极自由是"be free from",积极自由是"be free to"。伯林肯定消极自由的优先性与不可侵犯性,因为"没有了它(消极自由),其他价值也会化为乌有,因为没有了去实践它们的机会,没有了各种机会,没有了各种相互歧义的价值,到头来就没有了生活"③。伯林同样也肯定了积极自由的自我导向性的作用,即"产生了这个时代的正义的、道德的公众的运动。如果否认了这一观点,我们会对这个时代的重要事实与观念存在误解"④。伯林主张价值多元论,他认为积极自由与消极自由是彼此冲突又相互联系的关系,单独强调任何一方都失之偏颇,要根据现实社会情况及人的理性要求在两者之间寻找一种动态的平衡。他说:"多元主义以及它所蕴含的'消极'自由标准,在我看来,比那些在纪律严明的威权式结构中寻求阶级、人民或整个人类的'积极'自我控制的人所追求的目标,显得更真实也更人道。"⑤伯林的理解,不仅丰富了自由的伦理内涵,更创新了人们的思维方式。

通过简单梳理,我们发现虽然"自由"源自西方,但关于"自由"概念的界定却没有定论,准确地说是难以定论。"自由"不仅是作为价值追求的哲学概念和

---

① [英]以赛亚·伯林:《自由论》(修订版),胡传胜译,南京:译林出版社,2011年,第170页。
② [英]以赛亚·伯林:《自由论》(修订版),胡传胜译,南京:译林出版社,2011年,第170页。
③ [伊朗]拉明·贾汉贝格鲁:《伯林谈话录》,杨祯钦译,南京:译林出版社,2002年,第138页。
④ [英]以赛亚·伯林:《自由论》(修订版),胡传胜译,南京:译林出版社,2011年,第217页。
⑤ [英]以赛亚·伯林:《自由论》(修订版),胡传胜译,南京:译林出版社,2011年,第219-220页。

象征,"自由"还具有历史性。所以盖利(Gallie)曾说:"自由这个概念是一个本质上有争议的概念。"① 这说明"自由"概念的内涵十分复杂,然而有一点是可以肯定的:自由本意是不受外界的约束。在社会领域中,人们能享受的自由会存在相互冲突的问题,所以自由是相对状态的自由。自由主义者基本都认为自由是有限度的,每个人都有同等的追求自由的权利,但一个人的行为不能伤害到别人。

二、"自由"的伦理目标:国家富强

如上所说,"自由"是舶来品。现今意义的"自由"概念的引入可上溯到1847年麦都思的《英汉字典》,其将"liberty"解释为"自主,自主之权,任意擅专,自由得意",但真正对"自由"及诸概念的接受,一般认为是从约翰·穆勒的《论自由》被严复引入中国开始。

西方近代自由主义在中国得以传播并盛行,严复的作用不可磨灭。不管是"自由主义"观念的引入方面,还是对自由理念的阐释方面,严复都可谓是开山者。所以严复被称为中国的"自由主义之父"。严复对自由理念的提倡是与他的爱国救国情结紧密结合在一起的。1895年甲午中日海战,中国惨败,举国震惊。作为爱国知识分子,严复"觉一时胸中有物,格格欲吐",于2月到5月间,陆续在天津《直报》上,发表了四篇重要文章:《论世变之亟》《原强》《辟韩》和《救亡决论》,倾述自己的爱国思想,这标志着他民主思想的基本成熟。这些政论文中富含的自由主义观念大大地启发了中国的知识阶层。在《论世变之亟》中严复指出,中西差异"则自由不自由异耳",在《原强》中提出"以自由为本,以民主为用",这些都触及社会伦理思想层面的关键命题。

需要说明的是,虽然"自由"理念在西方历史悠久,但自由主义思潮却是西方近代进程的产物。西方自由主义的演进过程中,自由主义分为古典自由主义(classical liberalism)、新自由主义(new liberalism)和新古典自由主义(new classical liberalism)。古典自由主义从17世纪延续到19世纪末,新自由主义则是从19世纪末开始,新古典自由主义形成于20世纪70年代。古典自由主义的代表人物有洛克、狄德罗(Diderot,1713—1784)、穆勒等,他们基本上都坚持这样的理想:个人的天赋权利是社会和政府权威的限度,个体的幸福是社会

---

① 冯英:《析严复对自由概念的界定》,《北京科技大学学报(社会科学版)》,2002年第4期。

第四章 自由：近代伦理的核心价值

和国家发展和追求的最终目标。他们反对国家对个人自由的干预，将国家视为"守夜人"——"一种消极的个人自由的保护者、社会秩序的维护者"①。新自由主义的代表人物有格林（Green,1836—1882）、霍布豪斯（Hobhouse,1864—1929）、凯恩斯（Keynes,1883—1946）、罗尔斯（Rawls,1921—2002）等。他们对自由的消极解释表示不满，认为古典自由主义过于强调人的理性能力，应该发挥社会对公民的保障能力，主张政府积极干预促进个人自由。新古典自由主义实则以恢复古典自由主义为目的，反对国家干预，"复兴"古典自由主义所提倡的"消极自由"，在一定意义上，新古典自由主义可以看作是"古典自由主义"的翻版，其代表人物有哈耶克（Hayek,1899—1992）、弗里德曼（Friedmann,1912—2006）等。从历时性发展的视角看，新自由主义对古典自由主义提出修正，新古典自由主义又是对古典自由主义的"回归"。尽管新旧自由主义在某些论题上出现了分歧，但是他们有不变的共识，即坚决维护和发展个人自由。

严复留学英国时期选择性地接受了18世纪苏格兰古典自由主义传统，他信奉的自由思想家赫伯特·斯宾塞和约翰·穆勒，都是斯密、休谟（Hume,1711—1776）的思想传人。与同时期的法国启蒙思想家相比，苏格兰启蒙思想家选择的是经验主义的演化路径，具有整合群己、调和公私的取向。诚如哈耶克所言："苏格兰自由主义者早已知道，……能够促使个人努力对公共利益的实现产生有益作用的，并非'天赋自由'，而是经过进化发展得以形成的种种确保生命、自由和财产的制度。"②这些与严复注重合群进化的思想特点相吻合。严复说："非新无以为进，非旧无以为守；且守且进，此其国之所以骏发而又治安也……惟新旧各无得以相强，则自由精义之所存也。"③

严复的自由思想融合在他庞大的思想体系中。他最推崇的西方思想家是斯宾塞，因为《天演论》的缘故，人们会首先联想到斯宾塞的普遍进化论对严复的影响，而往往会忽略了斯宾塞的《社会学研究》在严复心里的位置。约1881年，严复初读《社会学研究》之时就拍案叫绝："不佞读此在光绪七、八之交，辄叹得未曾有，生平好为独往偏至之论，及此始悟其非。窃以为其书实兼《大学》《中

---

① 冯英：《严复自由主义思想解读》，长春：吉林大学出版社，2007年，第39页。
② 高力克：《启蒙的先知》，北京：东方出版社，2019年，第94页。
③ 严复：《主客平议》，《严复全集》卷七，福州：福建教育出版社，2014年，第112页。

庸》精义。而出之以翔实,以格致诚正为治平根本矣。"①不仅如此,在《原强》中,严复继续评论说:"呜呼! 美矣! 备矣! 自生民以来,未有若斯之懿也。虽文、周生今,未能舍其道而言治也。"②皮后锋归纳说:

> 如果说,对严复影响最大的西方思想家是斯宾塞,那么,对严复影响最大的西学著作就是《社会学研究》,它在严复的思想中占有很重要地位。严复的许多思想主张都能在此书中找到源头,易言之,《社会学研究》中的许多思想理论已成为严复思想的一部分。③

所以,严复第一部与自由主义思想有关的译著,便是译自斯宾塞的《社会学研究》的《群学肄言》(The Study of Sociology)。1898 年严复在《国闻汇编》上发表了《砭愚》和《倡学》两篇文章,1903 年于上海文明编译局出版《群学肄言》足本。不仅如此,严复还翻译了西方自由主义者的多部经典著作来宣传介绍自由主义思想。

《原富》是严复 1902 年译自亚当·斯密的《国富论》(An Inquiry into the Nature and Causes of the Wealth of Nations)。斯密是苏格兰经济学家、哲学家,他把伦理学与经济学相互联系在一起,通过合理的经济策略,来实现个人幸福的伦理目标。《国富论》是经济自由主义的经典之作,贯穿其中的核心思想是"看不见的手"定律。斯密相信,市场中存在一只看不见的手自发地调节着个体的谋利活动,以达至增进社会总体利益的效果,而政府的职责只在于保护本国安全,保障国民人身自由和财产自由,以及提供公共设施及公共服务,不应当干预商业社会中的经济运行。《国富论》发表后对欧美乃至整个世界经济政策都产生了巨大影响,促进了世界经济的发展。严复很敏锐地捕捉到这一点,察觉到英国富强背后由经济自由所带来的强大动力。他说:"晚近欧洲富强之效,识者皆归功于计学。计学者,首于亚丹斯密氏者也。其中亦有最大公例焉,曰:'大利所存,必其两益:损人利己,非也,损己利人亦非;损下益上,非也,损上益下亦非。'其书五卷数十篇,大邸反复明此义耳。"④可见,严复翻译《国富论》应该是有所希冀的,他不仅将自由与充分发挥个人能力结合在一起,更难能可贵的

---

① 严复:《〈群学肄言〉译余赘语》,《严复全集》卷三,福州:福建教育出版社,2014 年,第 10 页。
② 严复:《原强》,《严复全集》卷七,福州:福建教育出版社,2014 年,第 17 页。
③ 皮后锋:《严复评传》(下),南京:南京大学出版社,2011 年,第 453 - 454 页。
④ 严复:《天演论·恕败》,《严复全集》卷一,福州:福建教育出版社,2014 年,第 288 - 289 页。

第四章 自由：近代伦理的核心价值

是他还将自由与国家富强的需要放在一起。当然这无疑会触及传统价值观念，中国素来重农抑商，《论语·里仁》有曰："君子喻于义，小人喻于利。"这种重义轻利的观念已经深入人们心里，成为规约中国社会价值目标和价值取向的伦理传统。但人们讳于言利的传统严重阻碍了近代中国经济的发展。严复提出寻求国家富强，必须遵守"大利所存，必其两益"的规则，必须依靠自由的经济氛围，他从传统的儒家伦理框架中走了出来，肯定对经济利益的追求具有伦理上的正当性，颠覆了传统"重义轻利"的义利观。

《法意》译自法国经典的政治著作《论法的精神》。严复翻译《法意》体现了他对民主和法制的向往，吸引他的是法律和政治制度中的自由观念。他反对任何形式的"圣人之治"，反对"克己"的道德，热情赞扬非人格化的具有近代政治意义的"法治"。这又是严复对传统儒家价值观的一次攻击。在中国，"以贵治贱，故仁可以为民父母，而暴亦可为豺狼"①，所谓"法治""贤圣之治"是由君主把控，在这种人格化的政治体制下，实则无自由、平等可言。在《〈法意〉按语》中，严复阐述了自己的心声："夫制之所以仁者，必其民自为之。"②

严复向国人介绍的另一部自由主义理论的重要著作《群己权界论》，原著是约翰·穆勒的《论自由》(*On Liberty*)。约翰·穆勒是英国著名的哲学家，1859年出版了《论自由》。这本书堪称论述个性自由的经典之作。马君武的译本《自由原理》先于严复译本《群己权界论》，但却没有受到海内外学界的关注。严复起初将《论自由》译为《自由释义》，后来对书名进行了修改。应该说这是严复的良苦用心，书名没有直接体现"自由"二字，却直述"自由"深意，说明严复对"自由"理解得相当透彻。严复在《〈群己权界论〉译凡例》中，对自由进行了一番解释："中文自繇，常含放诞、恣睢、无忌惮诸劣义。然此自是后起附属之诂，与初义无涉。初义但云不为外物拘牵而已，无胜义亦无劣义也。夫人而自繇，固不必须以为恶，即欲为善，亦须自繇。其字义训，本为最宽，自繇者凡所欲为，理无不可，此如有人独居世外，其自繇界域，岂有限制？为善为恶，一切皆自本身起义，谁复禁之！但自入群而后，我自繇者人亦自繇，使无限制约束，便入强权世界，而相冲突。故曰人得自繇，而必以他人之自繇以为界，此则《大学》絜矩之道，君子所恃以平天下者矣。穆勒此书，即为人分别何者必宜自繇，何者不可自

---

① 严复：《法意》，《严复全集》卷四，福州：福建教育出版社，2014年，第181页。
② 严复：《法意》，《严复全集》卷四，福州：福建教育出版社，2014年，第206页。

籋也。"①自由虽是"生人所不可不由之公理"②,但自由价值的真正实现是明晰个体私域与个体私域之间、个体私域与社会公域之间的自由界限之后的事,严复强调了权界之于自由的重要意义。

还有一本有关自由的书籍是《政治讲义》。如果说《原富》和《群己权界论》分别属于经济自由、社会自由(公民自由),那么《政治讲义》则是宣传政界自由。《政治讲义》主要介绍西方政治学,实则是严复于1905年夏天在青年会所作的演讲稿。严复说:"政治学所论者,政府之事也。政字中国六书,从文从正,谓有以防民,使必出于正也。然则政治,正是拘束管辖之事。而自由云者,乃惟民所欲而无所拘,然虽有严厉国家,必不能取民事一切而干涉之。于其所行,势不能尽加约束,于其日力不能尽夺,于其财产不能尽罗,必留有余,任民自适己事。凡所自适者,皆自由也。"③政界自由,就是国民不受政府管束,实享的自由。然严复指出政府管束与享受自由之间互为辩证关系,"政治所明,乃是管理之术。管理与自由,义本反对。自由者,惟个人之所欲为。管理者,个人必屈其所欲为,以为社会之公益,所谓舍己为群是也。是故自由诚最高之幸福。但人既入群,而欲享幸福之实,所谓使最多数人民得最大幸福者,其物须与治理并施。纯乎治理而无自由,其社会无从发达;即纯自由而无治理,其社会且不得安居"④。所以取得两者之间的平衡最为重要。

应该说严复对西方自由主义的介绍在当时是非常全面的,他在《〈民约〉平议》中,还简单介绍了霍布斯、洛克、卢梭的自由观,但从他的译著选择可以看出,他主要介绍斯密、穆勒、孟德斯鸠的自由观。

总而言之,严复就是那位将西方近代自由主义引入中国的"盗火者"。自"自由"一说吹入东土,中国社会便起了风波。从前人们不谈自由,但19世纪末,自由开始与主权挂钩,梁启超说,19世纪末,"言民事者,莫不瞋目切齿怒发曰:彼历代之民贼,束缚驰骤,磨牙吮血,以侵我民自由之权,是可忍孰不可忍言国事者,莫不瞋目切齿怒发曰:彼欧美之虎狼国,眈眈逐逐,鲸吞蚕食,以侵我国自由之权,是可忍孰不可忍"⑤。同时,官僚知识分子们对自由说的主权意识另

---

① 严复:《群己权界论·译凡例》,《严复全集》卷三,福州:福建教育出版社,2014年,第254页。
② 严复:《论教育与国家之关系》,《严复全集》卷七,福州:福建教育出版社,2014年,第181页。
③ 严复:《政治讲义》,《严复全集》卷六,福州:福建教育出版社,2014年,第51页。
④ 严复:《政治讲义》,《严复全集》卷六,福州:福建教育出版社,2014年,第42页。
⑤ 梁启超:《梁启超全集》(第一册),北京:北京出版社,1999年,第349页。

第四章　自由：近代伦理的核心价值

有一番说辞：张之洞在1898年的《劝学篇》中说道："近日摭拾西说者,甚至谓人人有自主之权,益为怪妄。此语出于彼教之书,其意言上帝予人以性灵,人人各有智虑聪明,皆可有为耳。译者竟释为人人有自主之权,尤大误矣。"①究其原因,严复的自由与自主基本同义,这无疑有悖于传统等级伦理。

有学者认为严复不是自由主义者,或者严复曲解了西方自由主义,背离了"个体自由"至上的自由主义原则。美国的汉学研究学者史华兹教授说："严复思想的绝大部分要素来自斯宾塞,但在吸收过程中发生了微妙变化。"同时史华兹也抛出了自己的疑问："但是,人们能说这是一种简单的歪曲吗？或者,严复的出人意料的观点,是否可能实际上揭示了这位大师教导中的一些他的西方门徒还并不清楚的异常特征呢？"②史华兹的疑问值得我们对严复自由主义思想进行认真审思。自由本就是复杂的概念,对于严复的自由思想,我们不能作非此即彼的简单判断。严复发现了充分发挥个人自由价值,于社会和谐,于国家富强具有重要的意义。

故至善之治,其群力足以立宪而成俗,作而能守,不为纷更矣。而其民又能自树立,不受劫持,其奋发有为之风,又足以祛其上之压力。此其见之于政也,则为自由,为民权,用以变进改良其群之法度。③

总而言之,不管严复是不是自由主义者,我们不可否认严复将一种崭新的价值观念"自由"带给了国人,他不仅提出了自由于个体的价值意义,同时他还构想了一个以自由为基点,关乎政治、经济、社会等多维度的,实现国家富强的伦理体系。本杰明·史华兹在他的名著《寻求富强：严复与西方》中指出,追求富强是严复学术的特点与使命,引介"自由"所要实现的伦理目标亦是如此。

第三节　自由之于近代伦理

"自由"是西方近代政治哲学的核心概念。严复不仅清楚自由对于个体而言的政治权利价值,他更强调自由的伦理内涵,注意到自由在群己关系中的重

---

① 张之洞：《劝学篇》,上海：上海书店出版社,2002年,第20页。
② [美]本杰明·史华兹：《寻求富强：严复与西方》,叶凤美译,南京：江苏人民出版社,1996年,第72页。
③ 严复：《群学肄言》,《严复全集》卷三,福州：福建教育出版社,2014年,第145页。

要作用,注重通过个体利益的提高从而实现群体利益的过程。

一、严复对"自由"理念之释义

什么是自由?对这个问题的回答可以说难倒了古今中外的学者。孟德斯鸠就曾感叹:"'自由'这一词的含义很多,在思想上给人们留下了各种印象。"①20世纪,堪称自由主义研究巨擘的以赛亚·伯林也认为这个问题很复杂。我国学者顾肃在对"自由"进行研究的过程中同样发现,"在政治哲学的所有概念中,大概没有比自由这一概念更基本、更难以阐述,也更容易引起混乱的了"②。这些都说明一个问题:自由内涵具有复杂性。"自由"概念中掺杂了诸多历史的、思想的和价值的因素。那么我国社会由传统转向近代的特殊时期,严复所宣扬的近代"自由"概念该如何理解?

在此我们需要强调的是严复所提的"自由"是西方启蒙运动以后确定起来的新思潮。中国历代文人学者都会把庄子的《逍遥游》高扬为自由旗帜,其中"若夫乘天地之正,而御六气之辩,以游无穷者,彼且恶乎待哉"③之句充满了自由自在的那份惬意。徐复观先生说:"庄子认为人生之所以受压迫、不自由,乃由于自己不能支配自己,而须受外力的牵连。受外力的牵连,即会受到外力的限制甚至是支配。这种牵连,在庄子称之为'待'。"④"无待"即可以"逍遥"。一个人要真正获得精神自由,必须"无待"。由此,《庄子》思想中的"逍遥"就是"自由"之意,"逍遥"所描述的无拘无束、自在自得的状态和感受,主要是一种绝对的内在精神自由。陈鼓应注意到庄子会大量使用"游"的概念来表达精神的自由,如"乘物以游心""游者无穷"等。他认为:"在庄子看来,'游心'就是心灵的自由活动,而心灵的自由其实就是过体'道'的生活,即体'道'之自由性、无限性及整体性。"⑤可见,庄子所言"自由",是"游心"的"逍遥"之自由,是"无待"的内心精神之自由,是个人精神不受负累的理想的感性的自由状态,追求身心不受外物所累的绝对自由的存在,但这与严复所言"自由"不可同日而语。

自由从人内心状态而言,可以是个人内心世界的精神自由,从政治哲学方

---

① [法]孟德斯鸠:《论法的精神》,袁岳编译,北京:中国长安出版社,2010年,第65页。
② 顾肃:《自由主义基本理念》,北京:中央编译出版社,2003年,第54-55页。
③ 陈鼓应注译:《庄子今注今译》(上册),北京:商务印书馆,2012年,第20页。
④ 徐复观:《中国人性论史·先秦篇》,上海:上海三联书店,2002年,第347页。
⑤ 陈鼓应:《老庄新论》(修订版),北京:商务印书馆,2008年,第425页。

面考虑,是涉及政治权利的自由。严复说:"夫自由一言,真中国历古圣贤之所深畏,而从未尝立以为教者也。"①"自由"所以如此不招圣贤待见的原因在于自由与伦理政治制度是对立存在的,这种互怼紧张关系,导致了"自由"在中国历史上的贬义性定格。如《后汉书·阎皇后纪》中的"兄弟权要,威福自由",《晋书》的"杀生自由,好恶任意"(《晋书·刘琨传》)等都取"自由"之贬义。正因为此,严复对"自由"的阐释需克服传统劣义,接引自由的近代伦理价值。

如前所述,英国思想家以赛亚·伯林关于积极自由和消极自由的划分已经成为理解自由理念的经典模式。严复对自由的阐释说明严复对西方自由的认识是相当透彻的。

从对西语"Liberty"的翻译,我们也可对严复的用意窥见一斑。早期西方传教士在介绍"自由"时,多将"Liberty"与"自主、自主之权"来对应。然而严复倾向于用"Freedom"一词,为了更为准确地传译出神髓,严复选用"自由"和"自繇"。在两篇关于"自由"的经典译著《群己权界论》和《论法的精神》中,严复所用都是"自繇"二字,而且这种翻译做法,严复一直持续到晚年。他曾对这样的译法作过说明:"由、繇二字,古相通假,今此译遇自繇字,皆作自繇。不作自由者,非以为古也。视其字依西文规例,本一玄名,非虚乃实,写为自繇,欲略示区别而已。"②可见严复对"自由"深得其真义,已然脱离传统框架,依循西方自由思想原则,注重的并非抽象精神的"虚",而是一种实际价值的"实",主要体现在:

第一,自由是个体应享有的一种权利,也是义务。"彼西人之言曰:唯天生民,各具赋畀,得自由者乃为全受。故人人各得自由,国国各得自由,第务令毋相侵损而已。侵人自由者,斯为逆天理,贼人道。"③严复从人权出发声张自由的天然性,并且在此他反观中国两千余年的君主专制统治,严厉批判君主为"盗贼","夫自秦以来,为中国之君者,皆其尤强梗者也,最能欺夺者也"④。揭露专制制度剥夺了人生而本有的"自由"。"自其自由平等观之,则捐忌讳,去烦苛,决壅敝,人人得以行其意,申其言,上下之势不相悬,君不甚尊,民不甚贱,而联若一体者,是无法之胜也。"⑤这里体现了人作为公民享有自由、平等的权利。相

---

① 严复:《论世变之亟》,《严复全集》卷七,福州:福建教育出版社,2014年,第12页。
② 严复:《群己权界论·译凡例》,《严复全集》卷三,福州:福建教育出版社,2014年,第255页。
③ 严复:《论世变之亟》,《严复全集》卷七,福州:福建教育出版社,2014年,第12页。
④ 严复:《辟韩》,《严复全集》卷七,福州:福建教育出版社,2014年,第38页。
⑤ 严复:《原强》,《严复全集》卷七,福州:福建教育出版社,2014年,第20页。

对于此，严复直言："政界自由之义，原为我国所不谈。即自唐虞三代，至于今时，中国言治之书，浩如烟海，亦未闻有持民得自由，即为治道之盛者。"①他明确指出我国传统历史上没有政界自由之说。因为自由强调自我作为主体的独立性，与封建伦理相背离。在《论世变之亟》中，严复针对中西文化差异指出："西人自由，则于及物之中，而实寓所以存我者也。""存我"充分体现了西方自由主义的特点，以保护个体权利为核心，以追求个人幸福为原则，与伯林所说的"积极自由"的含义具有一致性。"积极自由"遵从自主原则，与"消极自由"不同的是，自己不在意别人或外界的情况，完全做自己的主人。与此同时严复还强调自由不仅是权利，也是责任义务。"自由者，各尽其天赋之能事，而自承之功过者也。"②自由的主体既享有个体自主性的权利，又需对自己的行为负责，能够承担行为后果。"为善有其可赏，为恶有其可诛。"这实则是要求自由主体对行为有道德自觉。

第二，自由是有法自由。孟德斯鸠在《论法的精神》第十一章第三节《自繇真诠》中论述道："政府国家者，有法度之社会也，既曰有法度，则民所自由者，必游于法中，凡所可愿，将皆有其自主之权，凡所不可愿，将皆无人焉可加以相强，是则国群自由而已矣。所不可不常悬于心目之间者，无制与自由之为异也。自繇者，凡法之所不禁，则吾皆有其得为之权利。"严复随附按语："此章孟氏诠释国群自由之义最为精审，不佞译文，亦字字由戤子称出，学者玩之，庶几于自由要义不至坠落野狐禅也。"③自由虽然提倡个体有独立的自主权，但并非为所欲为，纯粹的不受任何限制的自由是不存在的。自由权利在国群范围内，需遵守法的制约，在法律面前人人平等。

第三，自由是有权界的自由。"学者必明乎己与群之权界，而后自繇之说乃可用耳。"④严复在《群己权界论》一书中说，自由"初义但云不为外物拘牵而已"。但他继续说："但自入群而后，我自繇者人亦自繇，使无限制约束，便入强权世界，而相冲突。"⑤"抑关于一己为最切者，宜听其人之自谋""一己行事，不可于人

---

① 严复：《政治讲义》，《严复全集》卷六，福州：福建教育出版社，2014年，第42页。
② 严复：《主客平议》，《严复全集》卷七，福州：福建教育出版社，2014年，第111页。
③ 严复：《法意》，《严复全集》卷四，福州：福建教育出版社，2014年，第177页。
④ 严复：《群己权界论·译者序》，《严复全集》卷三，福州：福建教育出版社，2014年，第252页。
⑤ 严复：《群己权界论·译凡例》，《严复全集》卷三，福州：福建教育出版社，2014年，第254页。

之权利,有侵损也"①,也就是说,个人行为只要不侵犯自身以外的他人的利害,个人自由就不该受到干涉。同时个人自由要以不侵犯他人自由为限度。严复明确意识到自由虽然是个体权利,但是没有限制的自由,等于没有自由,只会沦为强权政治。在这里,可以说"自由"与中国的"絜矩之道"具有一致性,个体自由以他人自由为前提,个体自由的实现存于自我与他人的关系处理中,这就是"消极自由",在被容许的限度范围之内,个体不受限制。

近代自由理念的传入对我国思想领域的影响是巨大的。徐嘉先生总结说:

一方面,它昭示了不能保障自由和平等的社会制度是恶的,从而使封建专制社会失去了道德正当性。另一方面,自由和平等对于中国传统伦理来说,从根本上动摇了其"依附性的伦理关系"的根基,并对德性主义人性论和重义轻利等封建伦理思想产生了革命性的影响。②

二、"自由为体、民主为用"之伦理意蕴

"自由"是近代伦理的基础性理念。严复不仅引入了"自由"理念,更为革命性的是他提出了"自由为体,民主为用"的重要命题,并且指出西方之所以强盛的原因即在于此。这直接否定了"中学为体,西学为用"的传统救国模式,其思想内核触及传统伦理的根基,具有巨大的伦理启蒙价值。

面对严峻的民族危机,救国保国是国人共同的目标。从魏源、林则徐等人"师夷长技以制夷"口号的提出到数十年洋务运动的开展,士大夫们经世致用的伦理目标达到高度一致。张之洞的"中学为体,西学为用"堪称救国策略的总原则。"西学"可以为用,但"中学"之体必须维护,不可动摇。"中学"之体,实则儒家的伦理纲常。"君为臣纲,父为子纲,夫为妻纲",这是基于天道的人道要求,"天不变,道亦不变"。中国独特的伦理与政治相结合的意识形态,凝结成制约人心、维护封建统治的礼教。它规范着"五伦"关系,成为社会的基本伦理要求,另一方面也成为封建政治制度的基础,对维系整个封建社会秩序的稳定发挥了重大作用。

但"中学为体,西学为用"之说,却遭到严复的否定。在严复看来,体与用是统一体,体是用之体,用为体之用,体用不可分割。他批评讽刺道:"体用者,即

---

① 严复:《群己权界论·译凡例》,《严复全集》卷三,福州:福建教育出版社,2014年,第319页。
② 徐嘉:《中国近现代伦理启蒙》,北京:中国社会科学出版社,2014年,第195页。

一物而言之也。有牛之体,则有负重之用;有马之体,则有致远之用;未闻以牛为体,以马为用者也。……故中学有中学之体用,西学有西学之体用,分之则两立,合之则两亡。"①其实,体用范式的思维模式难以固定,"体用范式对于现实世界的解释力主要源于体、用关系的宽泛性、多样性与复杂性,如两者的主辅关系、结构与功用关系、本体与现象的关系以及价值等级关系等等"②。学理上说,严复对中体西用所提出的批判有失历史的客观性,但从启蒙价值上看,他的观点很是犀利,动摇了"中体西用"说之合理性。不仅如此,在甲午战败后,严复更是直接将矛头指向伦常之"中体",提出了"自由为体,民主为用"的新理论形态。他非常敏锐地察觉到,西方富强的根本在"自由"。"今兹之所见所闻,如汽机兵械之伦,皆其形下之粗迹,即所谓天算格致之最精,亦其能事之见端,而非命脉之所在。其命脉云何?苟扼要而谈,不外于学术则黜伪而崇真,于刑政则屈私以为公而已。斯二者,与中国理道初无异也。顾彼行之而常通,吾行之而常病者,则自由不自由异耳。"③"于学术则黜伪而崇真,于刑政则屈私以为公"即为五四时期所说的"科学"与"民主"。换言之,西方能够享有科学理性和民主精神的根源在于自由之本。

如前文所述,中国传统思想文化中缺乏近代自由的理念。近代自由是西方启蒙运动的产物。启蒙运动精神如果用康德的话说就是,"要有勇气运用你自己的理智! 这就是启蒙运动的口号"④"必须永远有公开运用自己理性的自由,并且唯有它才能带来人类的启蒙"⑤。这种对自由的渴求是对一切既定观念的合理性、权威性、神圣性的质疑与批判。如果说欧洲从中世纪迈向近代文明需要打破的是宗教神权的禁锢,那么中国社会走向近代文明则需要打碎的是封建礼教。正如美国学者维拉·施瓦支(Vera Schwarcz)所说:"十八世纪欧洲启蒙学者渴求从宗教的思想禁锢中解放出来,中国知识分子则为改造自己身上的奴性而斗争,这种奴性源于家族权威而不是神权专制。……在二十世纪的中国,启蒙意味着一种背叛,要求砸碎几千年以来的'君为臣纲,父为子纲,夫为妻纲'

---

① 严复:《与〈外交报〉主人》,《严复全集》卷八,福州:福建教育出版社,2014年,第201页。
② 徐嘉:《中国近现代伦理启蒙》,北京:中国社会科学出版社,2014年,第74页。
③ 严复:《论世变之亟》,《严复全集》卷七,福州:福建教育出版社,2014年,第12页。
④ [德]康德:《历史理性批判文集》,何兆武译,北京:商务印书馆,2017年,第23页。
⑤ [德]康德:《历史理性批判文集》,何兆武译,北京:商务印书馆,2017年,第25页。

第四章　自由:近代伦理的核心价值

的封建纲常礼教的枷锁。"①瓦解封建帝国礼教的巨大力量来自个体的觉醒,严复借用西方的"自由"理念打破了传统思维模式,直接唤起个体的觉醒。

诚如美国学者本杰明·史华兹所说:"在19世纪末以前,许多所谓的'对西方的反应'大多仍发生在中国传统思想的框架内。"②洋务派尚且不论,就连维新派的康有为在面对救亡危机问题时,仍然推出"保教论",唯独严复发出了异样的声音。据梁启超记载,"(严复)来书又谓教不可保,而亦不必保。又曰保教而进,则又非所保之本教矣。读至此则据案狂叫,语人曰:不意数千年闷葫芦,被此老一言揭破,不服先生之能言之,而服先生之敢言之也"③。士人的心思才力为传统教旨所束缚,不敢越雷池一步,严复却直言不讳,在被奉为权威的纲常面前,严复显示出用对知识的尊重代替对权威盲从的理性。"有一道于此,致吾于愚矣,且由愚而得贫弱,虽出于父祖之亲,君师之严,犹将弃之,等而下焉者无论已。有一道于此,足以愈愚矣,且由是而疗贫起弱焉,虽出于夷狄禽兽,犹将师之,等而上焉者无论已。"④

自由是超越权威的个人权利,但在传统社会里,国人不知有自由,更缺乏民众享受自由的条件。在封建伦理纲常的束缚下,只有"君为臣纲,父为子纲,夫为妇纲"的教条,而无客观真理,只需"君要臣死,臣不得不死"的服从,而无自我权利。严复说:"须知言论自由,只是平实地说实话求真理,一不为古人所欺,二不为权势所屈而已。使理真事实,虽出之仇敌,不可废也。使理谬事诬,虽以君父,不可从也。此之谓自由。"⑤严复认为言论自由就是为求真理,可以把真实的观点无所顾忌地表达出来,不受到任何权威和强力的干涉。严复之所以如此强调思想言论自由,是因为国人在封建专制的压迫下,无思想言论自由可言,"事关纲常名教,其言论不容自由,殆过西国之宗教"⑥。他认为当权者对人们的思想言论进行干预,是独裁,是专制。"为思想,为言论,皆非刑章所当治之域。思

---

① [美]维拉·施瓦支:《中国的启蒙运动:知识分子与五四遗产》,李国英等译,太原:山西人民出版社,1989年,第3-4页。
② [美]本杰明·史华兹:《寻求富强:严复与西方》,叶凤美译,南京:江苏人民出版社,1996年,第5页。
③ 杨肇林:《醒世先驱:严复传》,北京:作家出版社,2016年,第281页。
④ 严复:《与〈外交报〉主人》,《严复全集》卷八,福州:福建教育出版社,2014年,第202页。
⑤ 严复:《群己权界论·译凡例》,《严复全集》卷三,福州:福建教育出版社,2014年,第256页。
⑥ 严复:《群己权界论·译凡例》,《严复全集》卷三,福州:福建教育出版社,2014年,第256页。

想,言论,修己者之所严也,而非治人者之所当问也,问则其治沦于专制,而国民之自由无所矣。"①所以提倡自由,必须消除抑制个体自由的消极因素,去除封建专制之"形劫势禁",尤其是封建礼教对人的思想约束。

严复用中国古老的体用范式来描述近代社会自由和民主的关系,一方面丰富了体用范畴新的时代内涵;另一方面将自由民主提升到了一定的理论高度。应该说严复命中了近代社会的命脉。"自由者,各尽其天赋之能事,而自承之功过者也。虽然彼设等差而以隶相尊者,其自由必不全。故言自由,则不可以不明平等,平等而后有自主之权;合自主之权,于以治一群之事者,谓之民主。"②严复推崇自由,认为自由是西方文化的根本精神,是民主精神之实质,具有本位性,而崇尚个体权利的自由精神完全与君权至上的权威相背而行。

与自由相比,民主是自由的外在表现形式,是实现个人自由的制度保障。胡适说:"东方自由主义运动始终没有抓住政治自由的特殊重要性,所以始终没有走上建设民主政治的路子。西方的自由主义绝大贡献正在这一点,他们觉悟到只有民主的政治方才能够保障人民的基本自由,所以自由主义的政治意义是强调的拥护民主。"③严复抓住了命脉,揭露了传统封建统治的真实面目。王栻高度评价严复的西学造诣,指出不仅洋务派人物不可与其比,就是维新运动的人物也都难以望其项背。应该说严复不仅对西方文化的认知达到前所未有的高度,对传统文化的审视也是独具慧眼。唐代韩愈在其维护封建道统的文章《原道》中说:"古之时,人之害多矣。有圣人者立,然后教之以相生相养之道。为之君,为之师。驱其虫蛇禽兽而处之中土。寒然后为之衣,饥然后为之食。木处而颠,土处而病也,然后为之宫室。为之工以赡其器用,为之贾以通其有无,为之医药以济其夭死,为之葬埋祭祀以长其恩爱,为之礼以次其先后……"④在这里,韩愈将君王安置在圣人高度,高扬君王的恩威,他冠之圣人以非凡的能力,而视民众为一群无能之辈。不仅如此,民众与圣人之间,圣人完全是以恩人的形象自居,民众对待圣人应该是感恩戴德。这种思想具有明显的阶级不平等性,是封建专制思想的代言。针对韩愈的论说,严复特撰《辟韩》加以讽刺性反

---

① 严复:《法意》,《严复全集》卷四,福州:福建教育出版社,2014年,第218页。
② 严复:《主客平议》,《严复全集》卷七,福州:福建教育出版社,2014年,第111页。
③ 胡适:《容忍与自由》,北京:中国言实出版社,2017年,第157页。
④ 韩愈:《唐宋八大家散文选》,裴梦苏校注,南京:江苏凤凰文艺出版社,2019年,第3-4页。

驳:"如韩子之言,则彼圣人者,其身与其先祖先必皆非人焉而后可,必皆有羽毛、鳞介而后可,必皆有爪牙而后可。"①严复先以此指出韩愈圣人之说的荒诞,随后严复又给出民"出什一之赋,而置之君,使之作为行政、甲兵"②的君由民选的论断,并附以孟子的民贵君轻的政治主张加以佐证,强调主权在民。民主的诉求必然反对专制的压迫,严复以民主主义抗议以往的权利主义压制。

虽然对个体利益的觉知在明中时期就有萌发,但如前所论,因为各种原因,最终那股思潮还是被专制给吞没。与西方"自由"理念源远流长的历史背景不同,中国传统社会向来缺乏滋养"自由"的土壤,正因为稀缺,所以严复的自由民主观显得难能可贵。中国长久以来处于封建大一统的"天下"思想格局中,伦理与政治相结合的独特结构为封建帝国大厦提供了坚不可摧的稳固保障。在这种专制制度支配下,统治者与被统治者之间是"主与仆"的关系,既定的秩序导致了皇权的先验权威以及人们的惯性服从,使得整个社会有序却毫无生机。"自由为本,民主为用"的伟大命题,用自由反对专制,以自由取代三纲五常,以自由实现国家富强的伦理目标,由此表征着中国近代的启蒙。李泽厚评价说:"它标志着向西方寻求真理由感性到理性、由具体到抽象、由形式到内容、由现象到本质这条'天路历程'中不断上升的一个界碑。"③

三、"自由"观念下的新义利观

当自由这个近代魔法盒被打开之后,随之而来的是一系列伦理价值观念的更新。"自由"的本质特征是"存我","存我"即强调自我的主体性。中国数千年的传统伦理思想里"为公""舍己"的价值取向,消磨了个体存在的重要性。而严复对自由的提倡,是发现了由个体利益可以引发群体整体利益的提升,自由与国家富强的关联性也赋予了追求私利道德上的正当性,这样在对待义与利关系的问题上,人们也开始有了新的价值判断。

义利论是中国传统伦理思想中的重要道德命题。"义利之说,乃儒者第一义。"(《朱文公文集·卷二十四》)"义"是应该之则,"利"指物利、财利。这两个概念最初并没有道德意义,周灭殷后,人们开始有了"修德求富"的道德自觉,这

---

① 严复:《辟韩》,《严复全集》卷七,福州:福建教育出版社,2014年,第37页。
② 严复:《辟韩》,《严复全集》卷七,福州:福建教育出版社,2014年,第38页。
③ 李泽厚:《中国思想史论》(中),合肥:安徽文艺出版社,1999年,第589页。

时才有了义利观的萌发。春秋战国时期,孔子有言:"君子喻于义,小人喻于利。"即是说,君子与小人价值指向不同,道德高尚者重视道义,而品质低劣者看重的是利益。由君子与小人价值取向的高低分野,将义与利进行了序列差等。当然孔子并非完全地否定利的价值,他鼓励符合正当的道义的利,而当义与利相冲突时,舍利取义。正如《论语·里仁》所说:"富与贵,是人之所欲也,不以其道得之,不处也。贫与贱,是人之所恶也,不以其道得之,不去也。"孟子继承和发展了孔子的义利观。一方面,他肯定利于民的重要性,"民之为道也,有恒产者有恒心,无恒产者无恒心"(《孟子·滕文公上》)。另一方面,他突显义的高贵,"大人者,言不必信,行不必果,惟义所在"(《孟子·离娄下》)。孟子见梁惠王时也说:"王何必曰利",显示出他重利轻义的道德倾向。孔孟的义利观到了汉代得到进一步强化。汉朝大儒董仲舒指出:"天之生人也,使人生义与利。利以养其体,义以养其心。心不得义不能乐,体不得利不能安。"(《春秋繁露·身之养重于义》)肯定了义与利都是人所需要的。但董仲舒的另一句话"仁人者,正其谊不谋其利,明其道不计其功"(《传习录·与黄诚甫》)却成了义利观的至理名言,强化了重义轻利的道德取向。到了宋明理学时期,义利观的发展极端异化,理学家将道义论绝对化,提出了"存天理,灭人欲"。从义利观发展的理路来看,虽然各时代的思想家的表述不同,轻重有分,但是在义利关系问题上,孰先孰后,孰轻孰重,他们的观点基本一致,即先义后利。

  义和利是对立统一的存在。首先义和利在现实层面上具有统一性。"利"实际上是人内在欲求的外现。人和动物在对外在的物质生活资料的欲求方面具有一致性。人为了生存和发展的需要,在生产活动和社会活动中,需要积极追求各种对象和资源,能动地改造它们来满足占有和享用它们的各种欲求。人们追求和拥有外界对象与资源的活动,就是人们谋求利益的行为。在追求和享用这些外界对象和资源的活动中,个体对人我关系作出思考和选择,优先群体利益而后个体利益以及优先精神利益而后物质利益的取舍,体现出道德之善与人性崇高,这种为他人和社会所谋取的"大利""公利"便具有了"义"的蕴涵。利是义的基础。但是义和利在价值层面上具有难调和性和对立性。虽然先秦儒家承认"富与贵,是人之所欲也",但义利观的诉求还是"义以为上"。孔子就深刻地认识到,"放于利而行,多怨"(《论语·里仁》)。孟子更是认为仁义礼智是人固有的本性。所以对于儒家思想家而言,义不仅仅是利益的代表,也是人区别于禽兽的根本标准。

第四章 自由：近代伦理的核心价值

虽然义利之辨自古一直是人们争论的话题，但是家国一体的社会体系中，重义轻利始终是中国传统伦理思想发展史的主脉。以血缘为纽带的宗法制和自给自足的小农自然经济为先义后利的道德观提供了价值合理性基础。此外，在君主专制的封建形态下，需要这样整体至上的价值取向来强化宗法人伦秩序，从而巩固君权父权一体的集权体制。应该说古代思想家这种重义轻利的义利观，在一定条件下是具有积极、合理的一面的，但是其消极影响也不容忽视。重义轻利的义利观加剧了义利之间的紧张，一方面构成了道义的绝对权威和神圣性的地位，要求个体利益无条件服从道义，另一方面漠视和弱化了个体利益在道德中的地位和价值。所以这种传统的义利观为封建统治者谋取私利披上了道义的外衣，如史华兹所说：

> 儒家经典中没有划清统治阶级中的个人道德败坏和可称作国家政策的道德败坏之间的界限。国家，特别是作为国家象征的皇帝，在责成自己追求财富和权利的过程中，提供了同样可悲的例子：作为一个集合体的国家，与一个追求个人私利的贪官在本质上是一样的。①

同时，对利益的漠视和否定严重限制了社会物质生产生活的发展。严复曾批评道：

> 治化之所难进者，分义利为二者害之也。孟子曰："亦有仁义而已矣，何必曰利？"董生曰："正谊不谋利，明道不计功。"泰东西之旧教，莫不分义利为二涂。此其用意至美，然而于化于道皆浅，几率天下祸仁义矣。②

可以说传统自然经济与宗法礼治为重义轻利的义利观提供了栖身环境，使其具有不言自明的合理性与价值性根基。正是在封建宗法礼制的约束下，个体丧失了自身的独立性。梁启超说："大抵中国善言仁，而泰西善言义。仁者，人也，我利人，人亦利我，是所重者常在人也。义者，我也，我不害人，而亦不许人之害我，是所重者常在我也。"③梁启超通过中西对比，指出中国人"所重者常在人"，缺乏独立的主体意识。个体缺乏追求利益的欲求，整个社会就缺乏活力。所以，传统社会的公私观与义利观具有相一致的价值导向。

---

① ［美］本杰明·史华兹：《寻求富强：严复与西方》，叶凤美译，南京：江苏人民出版社，1996年，第10页。
② 严复：《原富》，《严复全集》卷二，福州：福建教育出版社，2014年，第87页。
③ 梁启超：《新民说》，《饮冰室合集·专集之四》，北京：中华书局，1989年，第35页。

相反，严复指出自由与富强之间的关系，"所谓富强云者，质而言之，不外利民云尔。然政欲利民，必自民各能自利始；民各能自利，又必自皆得自由始"①。民众只有获得自由，充分发挥个体能力去追求相应的利益，才能增加整个社会的财富，从而实现国家富强这个伦理目标。反之，如若民众没有追求自利的自由，毫无疑问会限制整个社会的发展。如史华兹所言，自由意味着无约束地发挥人的全部才能，意味着创造一个解放和促进人的建设性的能力以及使人的能力得以充分发挥的环境。严复说："自天演学兴，而后非谊不利、非道无功之理，洞若观火。而计学之论，为之先声焉。斯密之言，其一事耳。尝谓天下有浅夫，有昏子，而无真小人。何则？小人之见，不出乎利。"②他认为"小人"与"君子"的区分不在于是否追求利益，相反追求合理的个体利益具有正当性，变相地批判了传统义利观。他指出，"然而不痛改讳言利之习，不力破重农抑商之故见，则财且遗弃于不知，夫安得而就理。是何也？以利为讳，则无理财之学"③。

严复通过翻译亚当·斯密的《原富》，发现了实现经济自由的公私两利与国家富强之间的紧密关系。正如高力克所言："斯密经济学的一个具有革命性的理论，是以'自然的自由秩序'整合交换系统与道德机制，从而阐明了一种功利与道德统一的开明利己主义。"④所以，严复在《天演论》按语中就谈及斯密学说，"晚近欧洲富强之效，识者皆归功于计学。计学者，首于亚丹斯密氏者也。其中亦有最大公例焉，曰：'大利所存，必其两益：损人利己，非也，损己利人亦非；损下益上，非也，损上益下亦非'"⑤。严复提倡开明自营原则，认为是世道进化所需。他说：

自营一言，古今所讳，诚哉其足讳也！虽然，世变不同，自营亦异。大抵东西古人之说，皆以功利为与道义相反，若薰莸之必不可同器。而今人则谓生学之理，舍自营无以为存。……开明自营，于道义必不背也。复所以谓理财计学，为近世最有功生民之学者，以其明两利为利，独利必不利故耳。⑥

传统社会对"义"的评价标准，往往是以维护统治阶层利益为中心，而步入

---

① 严复：《原强(修订稿)》，《严复全集》卷七，福州：福建教育出版社，2014年，第32页。
② 严复：《原富》，《严复全集》卷二，福州：福建教育出版社，2014年，第87页。
③ 严复：《原富·序》，《严复全集》卷二，福州：福建教育出版社，2014年，第6页。
④ 高力克：《启蒙先知：严复、梁启超的思想革命》，北京：东方出版社，2019年，第100页。
⑤ 严复：《天演论·恕败》，《严复全集》卷一，福州：福建教育出版社，2014年，第288-289页。
⑥ 严复：《天演论·群治》，《严复全集》卷一，福州：福建教育出版社，2014年，第332页。

近代,寻求国家富强成为最大之"义"。在这一伦理目标驱使下,个体利益与群体利益借由"自由"实现了统一。严复对经济自由主义的注重,在一定程度上颠覆了重义轻利的传统价值观,他"开明自营"的观念对我国近代以后的发展产生了深远的影响。

四、"自由"观念下之群己权界

自由这一近代伦理新思想随着西学的深入逐渐走进国人的视野,但对于这个来自西方的舶来品,国人对它缺乏理性的认知。守旧者视其为洪水猛兽,喜新者爱之若狂,亦激进,亦保守。据此1903年严复翻译了约翰·穆勒的自由主义经典之作 On Liberty,译名为《群己权界论》。自由之群己权界说,便由此而来,严复从个体自由和社会自由两方面对自由进行了伦理性的阐述。严复说:"盖政界自繇,其义与伦学中个人自繇不同。仆前译穆勒《群己权界论》,即系个人对于社会之自由,非政界自由。"①

群己权界的译法,严复应该是有良苦用心的。关于译著书名,严复最初定题为《自由释义》,后来特意改为《群己权界论》。此番变更在当时也引起部分学者的关注。蔡元培指出:"后来他(严复)看得激进的多了,反有点偏于保守的样子。他在民国纪元前9年,把他四年前旧译穆勒的 On Liberty 特避去'自由'二字,名作《群己权界论》。"②蔡元培认为书名的转译意味着严复由激进向保守的转变。关于书名之意,严复加以阐述:"其字义训,本为最宽,自繇者凡所欲为,理无不可,此如有人独居世外,其自繇界域,岂有限制?为善为恶,一切皆自本身起义,谁复禁之!但自入群而后,我自繇者人亦自繇,使无限制约束,便入强权世界,而相冲突。故曰人得自繇,而必以他人之自繇为界。"③严复在对"自由"进行明义时,还附上柳宗元的诗句:"穆勒此篇,所释名义,只如其初而止。柳子厚诗云:'破额山前碧玉流,骚人遥驻木兰舟,东风无限潇湘意,欲采蘋花不自由。'所谓自由,正此义耳。"④即是说"自由"本义并非所谓恶,"无胜义亦无劣义"。若从群治角度看,群己关系处理是践行"自由"的前提,因为"群学之开宗

---

① 严复:《政治讲义》,《严复全集》卷六,福州:福建教育出版社,2014年,第45页。
② 蔡元培:《蔡元培讲中国伦理学史》,北京:团结出版社,2019年,第138页。
③ 严复:《群己权界论·译凡例》,《严复全集》卷三,福州:福建教育出版社,2014年,第254页。
④ 严复:《群己权界论·译凡例》,《严复全集》卷三,福州:福建教育出版社,2014年,第255页。

也,以么匿之所有,定拓都之所有。群之能事,必视其民,常于二者之间,求其对待之公例"①。而且,群己关系不仅是社会组成结构上的关系,更重要的是小己的品质直接会影响群的整体品质。"所谓小己,即箇人也。大抵万物莫不有总有分,总曰拓都,译言全体;分曰么匿,译言单位。笔拓都也,毫么匿也;饭拓都也,粒么匿也;国拓都也,民么匿也。社会之变象无穷,而一一基于小己之品质。是故群学谨于其分,所谓名之必可言也。"②

非常难能可贵的是,严复尊重小己的意志自由,并将自由意志与道德选择结合起来。他认为不是出于个体自主选择所作出的决定,无所谓道德的善与恶,而意志自由与传统道德哲学所推崇的"服从"原则是相互对立的。严复说:"斯宾塞伦理学,《说公》(*Justice in Principle of Ethics*)一篇,言人道所以必得自繇者,盖不自繇则善恶功罪,皆非己出,而仅有幸不幸可言,而民德亦无由演进。故惟与以自繇,而天择为用,斯郅治有必成之一日。"③"人性大同,显然如此,然而有异。唯其有异,而群德之高下以分。二群之间,视么匿之所同,以为其拓都之所同,亦视么匿之所异,以为拓都之所异。故群之变也,视民德之进退,群性与民性,群德与民德,相待为变,其例则群学之所有事也。"④从一定意义上说,严复的这种观点是对传统专制伦理的否定,具有进步性。"一切伦理秩序皆包含着人为设计的因素,自由主义强调以个体为本的道德立场,虽然有其片面性,但是对于近代中国来说,却是一种进步。"⑤严复从群治的角度,揭示个体自由与民德演进的重要关系。"将自由与社会责任联系在一起的体认在严复思想之中有重要意义……严复并不就个体来谈自由,而是把自由放在群己密切相关的架构中来思索其意义。"⑥西方"存我"的"自由"思想与严复的"群学"相结合之后,有了伦理性维度。应该说严复这种别出心裁的处理方式倒是有融通传统伦理与现代政治之感。

人得自由,需以他人自由为界,守"挈矩之道"。严复曾在他的首篇政论文

---

① 严复:《群学肄言·喻术第三》,《严复全集》卷三,福州:福建教育出版社,2014年,第40页。
② 严复:《群学肄言·译余赘语》,《严复全集》卷三,福州:福建教育出版社,2014年,第10页。
③ 严复:《群己权界论·译凡例》,《严复全集》卷三,福州:福建教育出版社,2014年,第254页。
④ 严复:《群学肄言·喻术第三》,《严复全集》卷三,福州:福建教育出版社,2014年,第40页。
⑤ 徐嘉:《中国近现代伦理启蒙》,北京:中国社会科学出版社,2014年,第216页。
⑥ 黄克武:《自由的所以然:严复对约翰弥尔自由思想的认识与批判》,上海:上海书店出版社,2000年,第214页。

第四章　自由:近代伦理的核心价值

《论世变之亟》中提到,"中国理道于西法自由最相似者,曰恕,曰絜矩。然谓之相似则可,谓之真同则大不可也。何则？中国恕与絜矩,专以待人及物而言。而西人自由,则于及物之中,而实寓所以存我者也"①。严复精准地捕捉到西方自由的"存我"特性,同时也发现了西方自由与中国伦理思想的契合处:"夫子之道,忠恕而已矣"(《论语·里仁》)"己所不欲,勿施于人"的道德自律。严复通过对"自由"群己权界的划分,来保护价值主体的自由。在严复看来,自繇"非虚乃实",用严复的话解释就是,"政界自由之义,可云其最初义为无拘束无管治,其引申义为拘束者少而管治不苛。此第二引申义,即国民所实享之自由"②。自由是权利的体现,但是"必明乎己与群之权界,而后自繇之说乃可用耳"③。严复分别解释了"行小己自繇之义"与"社会干涉之义"来强调己群关系,强调小己与国群,应各事其所有事,即"凡事吉凶祸福,不出其人之一身。抑关于一己为最切者,宜听其人之自谋,而利害或涉于他人,则其人宜受国家之节制"④。具体而言,"曰以小己而居国群之中,使所行之事,利害无涉于他人,则不必谋于其群,而其权亦非其群所得与,忠告教诲,劝奖避绝,国人所得加于其身者尽此。过斯以往,皆为蔑理,而侵其应享之自繇权者。此所谓行己自繇之义也。乃至小己所行之事,本身而加诸人,祸福与人共之,则其权非一己所得专,而于其群为其责。使国人权利,为其所见侵,则清议邦典,皆可随轻重以用事于其间,于以禁制其所欲为,俾其人无由以自恣,此所谓社会干涉之义也"⑤。

穆勒在原著中为了维护个人自由不受侵犯,着重讨论了个体自由需要摆脱社会权利对它的限制问题,在穆勒看来,是"市民自由"或"社会自由"的问题,而严复巧妙地运用"界"对个人自由与社会自由的域进行了划分,明确小己自由与群体自由的界限,在严复看来是"群理自由"。严复在《群己权界论》首篇便指明:"群理之自繇,与节制对。今此篇所论释,群理自繇也。盖国,合众民而言之曰国人(函社会国家在内),举一民而言之曰小己。今问国人范围小己,小己受制国人,以正道大法言之,彼此权利界限,定于何所？"⑥"群理自繇"就是指国群

---

① 严复:《论世变之亟》,《严复全集》卷七,福州:福建教育出版社,2014年,第12页。
② 严复:《政治讲义》,《严复全集》卷六,福州:福建教育出版社,2014年,第49页。
③ 严复:《群己权界论》,《严复全集》卷三,福州:福建教育出版社,2014年,第252页。
④ 严复:《群己权界论》,《严复全集》卷三,福州:福建教育出版社,2014年,第319页。
⑤ 严复:《群己权界论》,《严复全集》卷三,福州:福建教育出版社,2014年,第333页。
⑥ 严复:《群己权界论》,《严复全集》卷三,福州:福建教育出版社,2014年,第257页。

层面(含社会国家在内)上的自由,其中一民为"小己",众民为"国人","小己"受制其"国人","民之意谓,出治政府势必与所治国民为反对",如此一来,要追求自由,就要"裁抑治权之暴横"。①

故而,"群己权界"是对小己自由与国群自由两方的保护。小己自由的享受以不损害他人利益为前提,社会无权干涉。孟德斯鸠在《法意》中说:"故为政有大法,凡遇公益问题,必不宜毁小己个人之产业,以为一群之利益。"②严复对此深有同感,所以他对限制国人自由的封建纲常伦理很是不满,对社会群体借由政治权利对个体自由的干涉进行了批判。尤指明清的专制统治者以高尚的"天理"道德扼杀个体的正当欲求。严复指出,"中国之弱,非弱于财匮兵窳也,而弱于政教之不中,而政教之所以不中,坐不知平等自由之公理,而私权奋压力行耳"③。针对这种情况,严复明确指出:"贵族之治,则民对贵族而争自由;专制之治,则民对君上而争自由;乃至立宪民主,其所对而争自由者……乃在社会,乃在国群,乃在流俗。"④

可见自由之"群己权界"既保护个体的自由权利不受公权力伤害,又不纵容个体为所欲为,维护群体的正当干涉权,既保护了个体的自由,也保障了群体自由。由此严复深刻批判了我国封建之流弊:"……民德最隆之日,在在皆有不苟同不侪俗之风。而如是之风,又常与其时所出之人才为比例。心德之刚健,节操之坚勇,其见于历史者,皆在自繇最伸之日。惟今日敢于自异者之无人,此吾国所为可大惧耳。"⑤

真正自由权利的享受是建立于意志自由的自愿和道德自律的自觉的基础之上。"必善恶由我主张,而后为善有其可赏,为恶有其可诛。又以一己独知之地,善恶之辨,至为难明,往往人所谓恶,乃实吾善,人所谓善,反为吾恶。此干涉所以必不可行,非任其自繇不可也。"也就是说,自由需要伦理维度。"总之自繇云者,乃自繇于为善,非自繇于为恶"⑥。严复一直强调,"自繇之乐,惟自治力

---

① 严复:《群己权界论》,《严复全集》卷三,福州:福建教育出版社,2014年,第257页。
② 严复:《法意》,《严复全集》卷四,福州:福建教育出版社,2014年,第513页。
③ 严复:《主客平议》,《严复全集》卷七,福州:福建教育出版社,2014年,第110页。
④ 严复:《群己权界论》,《严复全集》卷三,福州:福建教育出版社,2014年,第255-256页。
⑤ 严复:《群己权界论》,《严复全集》卷三,福州:福建教育出版社,2014年,第312页。
⑥ 严复:《群己权界论》,《严复全集》卷三,福州:福建教育出版社,2014年,第256页。

第四章 自由：近代伦理的核心价值

大者为能享之"①，将"自由"与"自治"相接，一方面说明"民力""民智""民德"的国民素质与享受自由之间的密切关系，另一方面也避免了西方极端利己主义，弥补了"存我"自由之偏颇。他指出，"必为我自由，而后有以厚生进化；必兼爱克己，而后有所和群利安，此自有生物生人以来不变者也"②。

自由之群己权界的思想对时人及后人产生了巨大的影响，梁启超最具代表性，在著名的《新民说》中，他写道："自由之界说曰：人人自由，而以不侵人之自由为界"③，此句与严复的"人得自繇，而必以他人之自繇为界"如出一辙。

严复对自由之群己权界的理解角度是至高的，远不是从一己之私考虑，他说：

所谓理想，所谓自由，所谓神明（三者实为同物），非其一身之所独具也，乃一切人类之所同具，而同得于天赋者（此老氏所谓知常）。由是不敢以三者为己所得私。本一己之自由，推而得天下之自由，而即以天下之自由，为一己之自由之界域、之法度、之羁绁。④

一个"推"字道出了传统伦理中"为仁由己"的深厚伦理内涵，将个体道德与社会伦理规范相统一，将西方的政治理念经由伦理性阐释，褪去西方个体至上的偏激，融入传统伦理的仁爱温情，达到理与情在近现代意义上的升华。

综上所述，中国近代以来在外来压力的催逼下，诸多思想家通过民族救亡性质的伦理启蒙来鼓荡中国近代启蒙思潮，而自由则成为启蒙的核心价值。他们通过由家族伦理本位转向社会伦理本位的对公私之辨的重新阐释、从天理人性论转到自然主义人性论以还原人之为人的天然属性并唤醒人的道德自觉、从民本转向民主而激发的近现代民主意识，实现了自由对中国近代启蒙思潮的突破。严复通过引入自由概念及对自由理念的阐释，基于其爱国救国情怀，他创造性地将自由的伦理目标从个人转移到国家，设定为国家富强，对自由观念下的新义利观、群己权界等进行了论述，且强调国群自由优先于个人自由，还革命性地提出"自由为体，民主为用"的重要命题，使得自由更具伦理启蒙价值。毋庸置疑，自由已然成为中国近现代伦理的核心价值。

---

① 严复：《群己权界论》，《严复全集》卷三，福州：福建教育出版社，2014年，第255页。
② 严复：《救亡决论》，《严复全集》卷七，福州：福建教育出版社，2014年，第53页。
③ 梁启超：《新民说》，《饮冰室合集·专集之四》，北京：中华书局，1989年，第44页。
④ 严复：《述黑格尔唯心论》，《严复全集》卷七，福州：福建教育出版社，2014年，第255页。

第五章　个体自由与民族解放的伦理抉择

在中国近现代伦理转型过程中，既面对着人类社会在这一阶段的普遍问题，也有近代中国的特殊背景。如果说西方走向近现代的核心问题在于"人的自由""人的解放"，那么中国社会除了"人的自由""人的解放"之外，还有"民族的自由""民族的解放"这一特殊而急迫的历史任务。那么，在"人的自由"与"民族解放"两大问题同时并存的情况下，伦理目标面临着一种两难选择，中国近代知识分子也因此陷入救亡还是启蒙的困境之中。对此，严复审时度势地提出"国群自由"优先，做出了契合中国国情的伦理抉择。

第一节　启蒙与救亡的伦理目标之异

一、"人的解放"的伦理意义

人的解放始于近代，肇端于欧洲的启蒙运动。"启蒙"在汉语中含义有二："①开发蒙昧，使明白事理。特指教育童蒙，使初学者获得基本的、入门的知识：祛蔽启蒙/启蒙教育。②指普及新知，使社会接受新事物，摆脱愚昧和迷信：启蒙运动。"[①]人们一般在使用"启蒙"一词时，会有广义和狭义的区别，广义上是指启发无知蒙昧，这是启蒙的原义。狭义上，一般特指17世纪开始的"启蒙运动"或"启蒙思潮"。这场启蒙运动首发英国，然后波及法国、德国，席卷了整个欧洲，虽说是近代欧洲的一个历史事件，却影响了整个人类社会伦理价值观念的发展，因为这是一场以"人的解放"为鹄的、寻求人类文明的运动。

---

①　巢峰主编：《学生辞海》，上海：上海辞书出版社，1997年，第959页。

第五章　个体自由与民族解放的伦理抉择

西方启蒙运动用以赛亚·伯林的解释则是"否定宗教启示的权威,否定神学经典及其公认的解释者,否定传统、各种清规戒律和一切来自非理性的、先验的知识形式的权威"①。这类权威在西方的主要代表就是基督教。中世纪欧洲基督教通过"天赋观念"的魔咒束缚了人的精神世界,取得绝对神圣和权威地位,宗教成了蒙蔽人心的罪恶源,完全统治人的身心,使人丧失了独立主体性。驱使人对神学的奴性皈依,瓦解宗教的绝对话语权是走出中世纪黑暗的关键所在。

终于在18世纪,法国的启蒙思想家运用理性对基督教进行了猛烈批判。霍尔巴赫(Holbach,1723—1789)不仅把上帝说成是"一个独夫,一个民贼,一个什么都能干得出的暴君"②,还更是明确地宣称,宗教"最初被一些野蛮人发明出来,但现在仍支配一些最文明的民族的命运"③。不同于英国经验主义的温和式启蒙,法国的启蒙思想家高举唯物主义大旗,他们崇尚理性和科学,对封建主义思想和宗教神学的批判坚决且彻底。伏尔泰、卢梭、孟德斯鸠、达朗贝尔、霍尔巴赫和狄德罗等一起演奏出法国启蒙思想的交响曲。西方启蒙运动的精神内涵在欧洲文化土壤中慢慢孕育出来。"自第十五世纪晚期至第十七世纪,主要乃一过渡时期,一个为启蒙运动准备的时期。在此过渡阶段,人文主义、基督新教与唯理思想(及自然科学)各尽其分,以破坏中世的宇宙观,准备近世的宇宙观。"④

在此过程中,自然科学的发展为解开魔咒提供了坚实的基础,并且引发了一系列人文领域观念的革新。达朗贝尔(d'Alembert,1717—1783)说:"自然科学一天天地积累起丰富的新材料。……于是,从世俗科学的原理到宗教启示的基础,从形而上学到鉴赏力问题,从音乐到道德,从神学家们的繁琐争辩到商业问题,从君王的法律到民众的法律,从自然法到各国的任意法……这一切都受到了人们的讨论和分析,或者至少也都被人们所提到。"⑤人们开始扬弃所谓"上天注定"的先验模式,从"自然原因"中探索重新认识和解释世界的经验原理。

---

① [英]以赛亚·伯林:《反潮流:观念史论文集》,冯克利译,南京:译林出版社,2002年,第1页。
② 北京大学哲学系外国哲学史教研室编译:《十八世纪法国哲学》,北京:商务印书馆,1963年,第556页。
③ [法]霍尔巴赫:《自然的体系》(下),管士滨译,北京:商务印书馆,1999年,第16页。
④ [美]布林顿:《西方近代思想史》,王德昭译,上海:华东师范大学出版社,2005年,第4页。
⑤ 转引自[德]卡西勒:《启蒙哲学》,顾伟铭等译,济南:山东人民出版社,1988年,第44-45页。

科学给人们提供了唤醒理性的力量,同时理性的觉知促进了科学的发展。宗教迷信的真相在科学家们的努力下被层层解开,从而逐渐走向瓦解,"理性之光"照亮中世纪的黑暗,点亮了启蒙之路。

何为启蒙?康德说:"启蒙运动就是人类脱离自己所加之于自己的不成熟状态。"①即"启蒙运动"是人从"不成熟状态"中觉醒的过程。这种不成熟状态就是人的理智被蒙蔽,完全处于一种丧失自我的依附和被奴役的状态,而启蒙就是通过唤醒人自身的理性,摆脱被奴役的状态,从而成为独立的、自由的人。康德认为:"人,实则一切有理性者,所以存在,是由于自身是个目的,并不是只供这个或那个意志任意利用的工具;因此,无论人的行为是对自己的或是对其他有理性者的,在他的一切行动上,总要把人认为目的。"②所以,启蒙运动就是一次对加之于人类身上枷锁的全面深刻的理性批判,就是对人的解放,将人的一切行为理解为自然界的一部分,而不是上帝的安排,因为"唯一自然的生活,在于使每一个人自由,而且使所有的人平等。任何其他状态只不过是卑鄙伪装出来的表象,不过是不堪入目的滑稽剧,因为在这种戏剧中,一个人扮演着主人的角色,另一个人扮演着奴隶的角色,第三个人扮演着谄媚的角色,第四个人扮演着侍候者的角色。只是由于懦怯和愚蠢,人们才失却这种自然的法律状态"③。启蒙运动使得历史第一次被描写为人的历史,而非"神的意志"支配的历史。

这场从17世纪的法国开始的"启蒙运动",席卷整个欧洲,是场具有批判精神的文化运动,它试图把人从神话、迷信和宗教的绝对权威的支配下解放出来,颠覆了传统的价值观念,体现了人道主义关怀。这种"人的解放"意味着个体精神上的自由、个体权利的保障、个体行为的自由,最终对个体的人的关切成为终极关切。在伦理方面,即要求在伦理原则方面充分体现个体的自由与权利,由此催生了一系列与此相关的伦理观念。在中国,其意义在于否定"依附性"伦理关系,比如否定宗法家族伦理对人的束缚、"三纲"对个体的桎梏,同时肯定个体的尊严,而建立起人与人之间平等意义上的伦理关系。

二、"救亡图存"的伦理目标

近代启蒙对于人类历史进程而言,都是完成从封建社会走向近代资本主义

---

① [德]康德:《历史理性批判文集》,何兆武译,北京:商务印书馆,2017年,第23页。
② [德]康德:《道德形上学探本》,唐钺译,北京:商务印书馆,2017年,第45页。
③ [苏]阿尔塔莫诺夫:《伏尔泰传》,张锦霞等译,北京:商务印书馆,1987年,第61页。

第五章　个体自由与民族解放的伦理抉择

社会的历史任务。尽管欧洲各国的地缘文化差异,启蒙运动的路径各有不同——英国是温和渐进式启蒙,法国是革命激进式启蒙,德国的启蒙带有不彻底性,但启蒙运动的精神是一致的——以理性精神启迪民智,以自由民主精神反对封建专制。如果说西方启蒙运动是近代化进程中重要的意识形态革命,它崇尚理性和科学,用批判精神唤醒人的理性,对抗了封建权威,实现了人的解放,那么中国呢?

关于这个问题,我们首先会想到"明清启蒙思想""戊戌启蒙思想""五四启蒙"等一系列相关的说法。诚然,这些时期的思想运动都对当时的社会进行了批判,带来了一定的影响,但是如果从启蒙的精神内涵上来判断的话,中国思想史上真正代表着启蒙思想的运动应该是指19世纪90年代前后向戊戌变法提供思想理论准备的思想运动,其代表人物有康有为、梁启超、谭嗣同和严复,这些启蒙思想家们在批判封建专制方面达到了历史最高峰。康梁谭严,堪称中国"启蒙四杰"。虽然四人风格各异,思想内容和表现形式不一,但是他们所表现出来的对封建专制的反叛,构思新社会的启蒙精神是一致的。康有为的变法思想相对比较稳健,"托古改制"的形式虽迂腐陈旧,但对封建社会的黑暗和罪恶的揭示在他的《大同书》中清晰可见。"君臣也,夫妇也,乱世人道所号为大经也,此非天之所立,人之所为也"(《大同书·压制之苦》)。"据乱世以强凌弱,以众暴寡,以智欺愚,以富轹贫,无公德,无平心,累积事势而致之也"(《大同书·阶级之苦》)。谭嗣同的"仁学"体系虽与康有为的"大同"思想有一定关系,但谭嗣同比康有为对封建的批判要激进。他大呼,"二千年来之政,秦政也,皆大盗也"(《仁学》卷下二十七),"呜呼,三代以下之忠臣,其不为辅桀助纣者几希!况又为之掊克聚敛,竭泽而渔,自命为理财,为报国,如今之言节流者,至分为国为民二事乎!国与民已分为二,吾不知除民之外,国果何有?无惑乎君主视天下为囊橐中之私产,而犬马土芥乎天下之民也"(《仁学》卷下二十九)。梁启超早期师从康有为,后来脱离康有为的模式,大批封建专制,"造成今日之国民者,则昔日之政术是也。数千年民贼,即以国家为彼一姓之私产,于是凡百经营,凡百措置,皆为保护己之私产而设,此实中国数千年来政术之总根源也"[1]。严复在《辟韩》中对封建专制的批判论述已成经典。他们不仅对旧制进行了深刻揭露,而且他们高唱自由、平等、权利、博爱等,体现出人道主义精神。康有为的《大同

---

[1]　梁启超:《梁启超全集》(第一册),北京:北京出版社,1999年,第420页。

书》寄托了自由平等的理想;谭嗣同的《仁爱》显示出资产阶级的民主观念;梁启超通过著作宣传自由之理;严复更是借助译介西方名著,阐述了大量近代理念。

按照启蒙运动发生的历史逻辑推断,在封建社会末期,当新兴资产阶级的势力逐渐壮大,阶级矛盾激化到一定程度后,必然会发生西方式的思想文化运动,从而推动整个社会告别中世纪。欧洲启蒙运动成功地颠覆了西方神学权威,实现了人的自我解放。中国的启蒙运动呢?中国社会文化以及历史发展遭遇与西方迥异。从启蒙思想的线性发展历程来看,欧洲启蒙思想归因于自身历史发展和推动,是欧洲思想文化历经几个世纪后的自我更新和完善,有水到渠成之势,而中国启蒙思想的进程路线显得断断续续,若隐若现。早在明中叶时期,一群具有新思想的开明知识分子已经开始对传统封建伦理思想进行自我批判,他们揭露封建的蒙昧性质,提出初步具有近代色彩的道德要求,作为反对封建束缚的先驱力量勇敢地登上了历史舞台,反道学思潮蔚然成风。但是这股思潮最终没有成为改变历史的主力军,随着明朝的灭亡,这股思潮又被封沉在两百多年的清朝专制统治下。直到19世纪中叶,封建王朝严守伦理纲常之体,却在西方近代文明面前被摧残得体无完肤。封建与近代、落后与先进之间的强烈落差迫使中国走上改革转型之路。相对于欧洲启蒙运动的内在自发性,中国启蒙运动的发生却是在外部刺激下的一种应激反应。

种种因素叠加了中国启蒙运动的复杂性。一方面,突如其来的列强入侵使原本在封建体系中运行正常的庞大封建王朝感到措手不及,国家主权逐渐沦丧,陷入严重政治危机,抵抗外敌、救亡图存成为历史使命。另一方面,数千年的封建伦理思想的束缚已酿成举国积贫积弱之态,诚如西方的反神权对人思想的禁锢一样,中国反封建礼教成为思想革新的第一步亦是必然。如美国当代汉学家维拉·施瓦支所说:"欧洲的启蒙时代,'自己造成的蒙昧'来源于基督教教义,腐败专制的教会势力也推波助澜。相反,近代中国的麻木精神可以追溯到几千年以前的孔教,或更准确地说,是'礼教'。"[①]中国的启蒙需颠覆纲常礼教进行伦理更新。这种革新具有根本性,纲常礼教维护的是封建专制国家的伦理秩序,而新伦理是以民族自由、国家独立为首要伦理目标。

---

① [美]维拉·施瓦支:《中国的启蒙运动:知识分子与五四遗产》,李国英译,太原:山西人民出版社,1989年,第4页。

这段历史的纷繁复杂体现在李泽厚所言的"启蒙与救亡的双重变奏"中。救亡需要伦理启蒙来获得动力,启蒙离不开救亡保存国体。一切准备都不充分、国内缺乏思想理论基础、国外有强敌侵扰的内忧外患的情形注定中国的近代启蒙是一场漫长的救亡图存的伦理启蒙。

三、个体自由与国群自由的伦理目标的两难

启蒙作为一种以人为目的的思想解放运动,"自由"价值是其核心。然而来自西方的这一价值理念传入我国后,却遭遇"淮橘为枳"的窘况。在接纳自由以及对待自由相关问题的处理上,甚至连严复都有左右支绌的困顿。归根到底,这是19世纪中国知识分子在思索救国方略时,面对个体自由和国群自由的两难问题。

有学者说严复是中国自由主义之父,也有学者说严复曲解了自由主义,造成中国近代自由主义的失败。关于这个问题,从19世纪末开始一直被讨论到现在的21世纪,暂且不论孰是孰非,横跨一百多年还可以备受热议,足以说明这个问题的重要性及复杂性。但有一点是不容怀疑的:自由价值是严复一生不变的追求,至于严复自由观念上的矛盾和纠结,更多的是种"悖论"。

所谓悖论,是指同一命题下的两个结论,彼此互为对立却又能自圆其说。严复的自由观表现出来的最大悖论就是"价值理性"与"工具理性"问题。"价值理性"与"工具理性"问题由德国伊曼努尔·康德的"二律背反"论断引出后经马克斯·韦伯作了进一步发挥。

美国汉学家本杰明·史华兹教授的观点影响了众多学者,曾一度成为评价严复的权威性言论。在史华兹看来,虽然严复在翻译穆勒的《论自由》时,保留了原文的很多论证,但严复没有译出穆勒的原意,甚至改变了穆勒的思想,把个人自由从目的价值变成了工具价值。这种把"自由"当作手段,实现其工具性价值的论断获得了不少学者的认可。例如陈国庆教授在《再论严复对自由学说的理解》一文中也认为严复引进自由主义,"只将自由主义作为追求国家强盛的工具,用国家富强替换了个人幸福作为自由主义的宗旨"[①]。关于严复对待自由的态度问题,台湾学者黄克武通过对比原著 *On Liberty* 和译著《群己权界论》,给

---

① 陈国庆:《再论严复对自由学说的理解》,《西北大学学报(哲学社会科学版)》,2004年第1期。

出了新论断:"严复相信个人具有崇高的价值,而且群己之间可以建立一个平衡、并进的关系。"①虽然黄克武也指出严复对弥尔思想有误解,但其原因不在严复不肯定个人自由与尊严的价值,而是严复更为强烈地肯定根植于传统伦理资源的自由社会之构想。在黄克武看来,严复的群己平衡是融合中西伦理思想的结果。

学者们的研究在不断明晰严复自由思想的同时,也逐渐扩宽了研究域范围,为更好地理解严复思想,以及丰富"自由"概念的伦理内涵提供了便利。史华兹所发现的严复"工具理性"与"价值理性"之间的对立,经由不同学者从各种研究视角阐释后,慢慢消融到文化背景中。站在个体本位的西方伦理思想的立场看,严复的自由观显然存有歧义——吸收了大量西方近代思想之后对自由主义理论所作的本土化运作,却并未按照西方模式,遵循个体自由价值本位。从伦理本位的中土文化的立场考虑,严复借由西方自由理念对封建旧制加以猛烈抨击,挞伐封建伦理纲常,但又从未完全脱离传统。严复的自由观在那个风云变幻的时代呈现出不同的面相。

史华兹认为严复思想中最突出的是对国家存亡的关心。其实清末的爱国知识分子们所要解决的首要问题就是国家危机,于是他们寻求富强,救亡图存,严复也不例外。追求国家富强、实现民族救亡这个伦理目标是时代使命,也是严复伦理思想的基调。在这一目标旨趣下,严复一方面抓住了自由和富强之间的奥秘,提倡自由,合群进化,另一方面也陷入个体自由与国群自由之间的伦理困境。

严复认为西方富强的奥秘就在于"自由为本,民主为用"。他之所以把西方文化中的"自由"理念引入东方,首先是因为中国传统伦理文化中缺乏作为"权利"的自由理念。严复尊重个人自由的价值,认为人人具有天然的自由权利,"唯天生民,各具赋畀,得自由者乃为全受"②,如果没有得到基本人权的自由,"民固有其生也不如其死,其存也不如其亡"③。自由是个体发展个性、获得充分发展的条件。没有自由,个体就没有生命力。在封建专制伦理的奴役下,国人

---

① 黄克武:《自由的所以然:严复对约翰弥尔自由思想的认识与批判》,上海:上海书店出版社,2000年,第5页。
② 严复:《论世变之亟》,《严复全集》卷七,福州:福建教育出版社,2014年,第12页。
③ 严复:《原强》,《严复全集》卷七,福州:福建教育出版社,2014年,第20页。

第五章　个体自由与民族解放的伦理抉择

没有自由,国家没有活力,于"优胜劣汰"的国际竞争中,必然亡国灭种。再加上亚当·斯密的经济自由主义理论直接阐明了"财富源于自由"的原理,所以关于自由与富强的紧密关系,严复阐述为:"所谓富强云者,质而言之,不外利民云尔。然政欲利民,必自民各能自利始;民各能自利,又必自皆得自由始;欲听其皆得自由,尤必自其各能自治始。"①

其次,严复发现中西自由不自由所引发的伦理差异:亲亲与尚贤,以孝治天下与以公治天下,尊主与隆民,贵一道同风与喜党居州处,多忌讳与众讥评,重节流与重开源,追淳朴与求欢虞,美谦屈与务发舒,尚节文与乐简易,夸多识与尊新知,委天数与恃人力。② 西人有了自由,整个社会"一洲之民,散为七八,争驰并进,以相磨砻,始于相忌,终于相成,各禅智虑,此既日异,彼亦月新"③,而中国对自由是"从未尝立以为教"。严复对自由的理解始终有着伦理维度,这种伦理维度源自严复潜意识的传统文化情结,"克己自由二义不可偏废"。严复指出,"自由之乐,惟自治力大者为能享之"④"能自治者,必其能恕、能用挈矩之道者也"⑤"彼民之能自治而自由者,皆其力、其智、其德诚优者也"⑥。严复把自由与自治联系起来,将西方以个人本位为中心,作为个人终极价值的自由从伦理道德的角度进行阐释,将自由与传统伦理的恕道相结合,从伦理道德的角度对自由权界进行论述,从一定意义上说,严复虽然明了西方自由的特性,但在对自由的阐释方式和侧重点上与西方存有差异,这显示了中西不同的问题意识。

严复非常清楚个体于整体、个人于国家而言的重要性,"社会之变象无穷,而一一基于小己之品质"⑦。受西方社会有机体论的影响,他会考虑个体之民于群体之国的重要性,但在国难当头之时,严复舍弃小己自由,优先国群自由,认为自由与合群融合,为利群善群而舍弃个性,出现"自由让渡"。严复说:"特观吾国今处之形,则小己自由,尚非所急,而所以祛异族之侵横,求有立于天地之

---

① 严复:《原强(修订稿)》,《严复全集》卷七,福州:福建教育出版社,2014年,第32页。
② 严复:《论世变之亟》,《严复全集》卷七,福州:福建教育出版社,2014年,第12—13页。
③ 严复:《原强(修订稿)》,《严复全集》卷七,福州:福建教育出版社,2014年,第29页。
④ 严复:《群己权界论·译凡例》,《严复全集》卷三,福州:福建教育出版社,2014年,第255页。
⑤ 严复:《原强》,《严复全集》卷七,福州:福建教育出版社,2014年,第22页。
⑥ 严复:《原强(修订稿)》,《严复全集》卷七,福州:福建教育出版社,2014年,第32页。
⑦ 严复:《群学肄言·译余赘语》,《严复全集》卷三,福州:福建教育出版社,2014年,第10页。

间,斯真刻不容缓之事。故所急者乃国群自由,非小己自由也。"①

关于自由,严复的观点明显是存有矛盾的,崇尚个体自由,却又优先肯定国群自由,舍弃小己;发现自由的魅力,又陷入了自由与富强之间的左支右绌的思想困境;提倡自由,然又呼吁"减免自由"。无怪乎有学者对他的思想特征进行了有名的三段分:"始于全盘西化(1895—1902年),继而中西折衷(1902—1911年),最终反本复古(1912—1921年)。"②但严复的这种矛盾性问题在那个时期的知识分子当中具有普遍性。寻求富强、救亡图存是他们的坚定目标,在这一目标驱使下,会出现价值优先的调整。另外严复服膺英国古典自由主义,一方面英国是他的留学地,另一方面英国的致富模式是那个时代最满意的答案。诚如哈耶克的说法,"在19世纪的大部分时间里,最接近实现自由主义原则的欧洲国家可能要算英国了"③。但是后来第一次世界大战的爆发使人们惊醒,如严复一般,知识分子们开始否定当初的坚持,陷入沉思。但严复思想的"悖论"不是否定的消极意义的矛盾,而是反思,是认识的不断深化过程的一个点。严复的努力是为了将一个普世性的价值追求更好地融入中国个性文化中。自由作为终极价值目的,无论是东方还是西方,都是人所向往追求的对象,然东西方具有不同的传统文化底蕴,从伦理偏向上看,一个是个体本位,一个是群体本位;西方在"为我",而东方在"为人",但伦理志向都是寻求幸福。

第二节 自由主义在近代中国伦理目标转变之合理性

一、自由主义与民族主义之共生与游离

19世纪中叶国门被打开之后,中国的历史就开始呈现出异常复杂的局面,反对封建专制的束缚,要求自由民主的诉求日益剧增,抵抗外来民族侵略,维护民族独立和主权完整的历史任务又如磐石般压着国人喘不过气来。在近代中国,自由主义和民族主义作为现代国家的内在要求不可避免地相遇了。

---

① 严复:《法意》,《严复全集》卷四,福州:福建教育出版社,2014年,第290-291页。
② 皮后锋:《严复评传》(上),南京:南京大学出版社,2011年,第8页。
③ [英]冯·哈耶克:《哈耶克论文集》,邓正来编译,北京:首都经济贸易大学出版社,2001年,第64页。

第五章　个体自由与民族解放的伦理抉择

"自由主义"一词来自西班牙语"Liberales"。从词源上看,它是源自以自由主义命名的一个政党,代表了追求宪政的政治理念。但是学者一般都把"自由主义"的出现确定在17世纪英国资产阶级革命后,并且把洛克看作是自由主义的创始人。17世纪英国资产阶级革命爆发,经过40年的较量,这场争取私有财产权、公民的结社自由权及思想自由权的革命获得了成功。理论家洛克通过其著作表达了一些自由主义言论,为自由主义奠定了基础。自由主义一词与自由一样,具有很大的歧义性,而且内涵也随着时代的发展而不断变迁。但是自由主义的基本特征正如安东尼·德·雅赛(Anthony de Jasay)所说的,"除了个人的自由外,再也没有什么别的自由"[①],就是追求个人的自由。民族主义(nationalism)作为一个意识形态概念流行于19世纪,但是对民族主义的界定也是难题。它是一种综合性的社会思潮,形态多样,可以是文化情结、情绪情感,也可以是政治运动、意识形态等。西方近代民族主义是西方民主国家形成过程中的产物,主要有殖民扩张类型的法国民族主义和争取民族独立的德、意民族主义。

自由主义与民族主义同源异流,都提倡自主性原则,以争取自由和权利为目标,但自由主义以个人自由为本位,民族主义以群体的归属为指向,在学理上他们之间存在紧张对立。对于自由主义者来说,民族国家主权并不具有最高的意义,个人权利才是国家确立的基础,国家主权是为民族国家提供合法性保障。相比于民族国家而言,他们不依照"民族至上、国家至上"的标准,而是认为公民权利和个体自由更为重要。尽管自由主义自诞生以来产生了诸多流派,但是作为近世西方的主流意识形态,它们的主旨保持一致——以法律保障个体自由,坚持的原则是个人本源性,社会和国家的存在是为了保障个人自由。个人与集体、社会、国家之中,个人享有优先权。而民族主义要求民族成员对民族或国家奉献忠诚,强调血缘、地域、文化、语言的同一性,与个体权利与地位相比,国家的地位、尊严与权利享有优先权,一切政治运动以"民族至上"为原则。

虽然自由主义与民族主义之间存有价值取向上的冲突,但不代表两者完全背离。学者们也发现了两者之间具有融合空间,有重合的精神气质。阿克顿(Acton,1834—1902)肯定主权共同体内民族的多样性与自由之间可以互

[①] [英]安东尼·德·雅赛:《重申自由主义:选择、契约、协议》,陈茅等译,北京:中国社会科学出版社,1997年,第11页。

惠互利,民族共存可以是自由的保障,也是对自由的验证。① 民族主义学者安东尼·史密斯认为,民族认同是人类自由的基础,人类自由、世界的和平与正义是民族的目标,对民族认同和自由实现之间进行了整合。② 以赛亚·伯林肯定了多元民族文化的存在对多元世界的重要性,从世界多元化视角为民族主义与自由主义的融合构建了通道。耶尔·塔米尔在《自由主义的民族主义》一书中对自由民族主义理论作了系统的探讨,她认为自由主义者需要来自民族文化的道德信念,民族主义者需要自由的社会正义价值,强调自由主义和民族主义可以相互补充。③

自由主义和民族主义从学理层面看虽有各自的政治话语系统,但并非完全不可调和。事实上,"现代的国家概念产生于自由、民主以及民族观念的复合,自由主义的民族主义因此是一种比通常所假定的更加普遍的立场"④。如果说从西方的语境来解释这本来就来自西方的理论具有不言自明的合理性的话,那么用这一理论来观照中国近代问题时,就必须回到中国具体的历史情境。

众所周知,造成中国走向近代的原因不是自身社会条件发展到成熟阶段的产物,而是来源于外部压力下被迫的选择。面临着亡国灭种的民族危机,国人的一切使命都注定只是为了"保家卫国",这种强烈的民族意识成为近代中国一切运动的暗流。自由主义在中国的登场无疑具有特殊时空背景,自由主义者固然追求个体权利等一系列自由主义的各种价值诉求,但是,自由主义者将自由引入中国的第一天起,就有明确的目标:拯救民族的整体性危机。近代中国自由主义与民族主义的融合,在"中国自由主义之父"严复身上有着最明显的体现。

二、"群己共生":个人自由与国群优先的调和

"国群"是严复对近现代国家之民族基础的建构与想象,其目标是为了建立

---

① [英]阿克顿:《自由与权力》,侯建等译,南京:译林出版社,2014年,第114页。
② 郑大华:《中国近代史上的自由主义》,北京:社会科学文献出版社,2008年,第80页。
③ [以色列]耶尔·塔米尔:《自由主义的民族主义》,陶东风译,上海:上海社会科学院出版社,2017年,第4—5页。
④ [以色列]耶尔·塔米尔:《自由主义的民族主义》,陶东风译,上海:上海社会科学院出版社,2017年,第10页。

近现代国家。同时,建立近现代国家又是以保护个体权利的"自由"为最高目标的。"国群"的伦理要求是个体与实体的统一,而"自由"则是强调个体不依附于任何的实体。所以,当"国群"与"自由"同时出现时,不可避免地出现了伦理上的对峙。严复提出了"群己权界"的观点,以调和个人自由与民族/国家自由的张力,从而建构起近代中国"群己共生"的新型伦理秩序。

　　自由是严复一直推崇的伦理价值。严复的"自由为体,民主为用"无疑是对西方自由社会最为精炼的概括。他对西方自由本质的认识远远超越了时人,但自由理念离不开伦理实体的存在。群己关系建构是严复自由观的核心。于严复而言,群与己是总与分、全体与单位的关系,群己同构共生,己乃群之基,群是己之积。离开任何一方,即意味着丧失自身的存在意义。自由离开群之实体也就失去了价值。

　　严复在《法意》中说:"特观吾国今处之形,则小己自由,尚非所急,而所以祛异族之侵横,求有立于天地之间,斯真刻不容缓之事。故所急者乃国群自由,非小己自由也。"这句话引来不少非议。有人认为严复舍弃小己自由,不是自由主义者。并且除此之外,严复还多次在他的译著中提出"己轻群重"的观点,《遗嘱》中还再次强调:"事遇群己对待之时,须念己轻群重,更切毋造孽。"所以学界对严复自由观的评论,多是围绕群己轻重。其中具有代表性的有史华兹的"己轻群重的自由工具价值论"、李泽厚的"群己自由矛盾论"、黄克武的"群己平衡论"。在史华兹教授看来,严复所追求的自由完全不同于西方自由主义者崇尚的自由,"在严复的关注中,占突出地位的仍然是对国家存亡的极大忧虑",个人自由成为追求国家富强的工具,国群自由压倒个体自由。李泽厚认为严复的思想中存在理论与现实之间的矛盾,理论上提出"自由为体,民主为用",揭示个体自由为西方资本主义的本质,肯定自由的价值,现实却是把救亡置于个人自由之上,优先国家自由。李泽厚虽然没有像史华兹那样完全否定严复对个体自由价值的追求,但认为严复确实存在重群轻己的明显倾向。黄克武认为,严复释缓了个体自由和国群自由之间的对立,"既没有将个人置于群体之上,也没有将群体置于个人之上",而是试图建构群己平衡。

　　学者的诸多探讨说明严复自由观的复杂性,当然研究视角不同,结果会有差异。严复对个体自由与国群自由的处理,其特殊性在于中国所面临的特殊境遇,存在群内与群外的两度域界的叠加。因为严复处理问题时更多从中国自身情况来衡量,所以必须将他的自由观念同时放在个体自由与国群自由这两个域界中思考。

群内而言,严复提倡个体自由的重要性。他反对限制个体自由的一切权威束缚。"自由"是个体所应享有的天然权利,是个体充分发挥自身能力的前提基础。而中国传统文化的伦理纲常严重禁锢了人的自由,限制了个体发展,以致阻碍了整个社会的发展。但同时,严复强调这种自由与个人行为的毫无节制和随心所欲是风马牛不相及的,人作为国家社会内一员,其自由有伦理限度,有群己权界之分。个体自由必以他人之自由为界,国群自由亦有法度。

夫庶建之制,其民若得为其凡所欲为者,是固然矣。然法律所论者非小己之自由,乃国群之自由也。夫国群自由,非无遮之放任明矣。政府国家者,有法度之社会也,既曰有法度,则民所自由者,必游于法中,凡所可愿,将皆有其自主之权,凡所不可愿,将皆无人焉可加以相强,是则国群自由而已矣。①

另一个重要原因,是有了自由民主,民众才能生爱国心,培养民众的公德,增强民族认同和归属感,从而实现个体与群体利益的统一。在《原强》中,严复说:"处大通并立之世,吾未见其民之不自由者,其国可以自由也。"这里严复强调个体自由是国群自由的必要前提。应该说,这是国群发展的一般规律。

群外域界而言,严复呼吁国群自由的重要性。近代"适者生存,优胜劣汰"的国际竞争形态下,从19世纪中叶开始封建中华帝国遭遇史无前例的变局,陷入民族存亡的生存危机,救亡图存成为举国上下重要的任务。如何寻求富强是爱国知识分子们思考的同一问题。严复另辟蹊径地引入西方近代思想,以英国模式为范本,在古典自由主义大师的思想指引下,规划出一条从个人自由通向国家富强的路径。个体获得自由权利,才可能尽情施展自己的能力,发挥主观能动性,推动社会发展,积累社会财富。个体自由是国群自由的前提基础,然国群自由乃个体自由的屏障。

"皮之不存,毛将焉附",没有国群的存在,小己便丧失自己的归属,变得无所依存。应该说,严复的思想里一直是重视群体重要性的。受传统文化整体至上的伦理特性的影响,这种思想观念是根深蒂固的。但是严复不同于时人的地方在于,他不仅传承了传统文化,还吸收了西方近代文化,尤其是深受英国古典

---

① 严复:《法意》,《严复全集》卷四,福州:福建教育出版社,2014年,第177页。

第五章 个体自由与民族解放的伦理抉择

自由主义思想家的影响,赞同社会有机体理论。所以严复注重从个体利益的角度来思考群体利益的提升,这是对传统文化空缺的一种弥补。

实际上,公私关系、群己关系、个体利益与整体利益的关系是古今中外一切政治哲学和伦理学的核心问题。从自由主义的发生学意义上来看,自由主义崇尚的是个体至上的原则,在个体利益与国群利益发生矛盾时,个体的尊严、个体自由、个体的权利享受优先权。当然这里有个预设:国家是为了保障个体利益而派生的。个体利益至上的前提预设是个体与整体的统一性。作为自由主义者的密尔也承认公众利益与个人权利的高度统一。霍布豪斯曾经说:

> 作为一个功利主义者,密尔不能求助于任何可使之与公共利益对立的个人权利。他的方法是说明公众的永久利益是同个人权利结合在一起的。当然,在某些情况下,公众的当前利益会通过忽视个人权利来实现。但如果一切都照当前利益来办,那就既不会有权利,也不会有法律。①

在这里我们看到自由主义者从个人主义向集体主义的转向,但是其实这与维护个人利益并不矛盾,因为他们认为国家的价值归根到底还在于全体个人的价值,个体与国群并不矛盾。严复对个体自由的尊重和对国群自由的优先,就是自由主义与民族主义价值冲撞而产生的火花。

自由主义和民族主义的共生关系反映在严复思想世界里,就是个体自由与国群自由的统一。自由主义争个体之权利,民族主义争国群之权利,国群由个体所组成,个体是国群之基。严复说:

> 一群之成,其体用功能,无异生物之一体,小大虽异,官治相准。知吾身之所生,则知群之所以立矣;知寿命之所以弥永,则知国脉之所以灵长矣。一身之内,形神相资;一群之中,力德相备。身贵自由,国贵自主。②

"身贵自由,国贵自主"极为精确地概括了严复对个体自由和国群自由的看法。在严复看来,这两者是相通的。严复强调争得国群自由,不是简单从价值序列或优先序列上对国群自由和小己自由的排序,而是需要发自民众自身的爱国心,从而舍己为群。胡伟希说:"在严复心目中,民族主义思想与自由主义思想是彼此相互呼应的:民族主义催生了自由主义,而自由主义则服从于'自强保

---

① [英]霍布豪斯:《自由主义》,朱曾汶译,北京:商务印书馆,2017年,第54页。
② 严复:《原强(修订稿)》,《严复全集》卷七,福州:福建教育出版社,2014年,第25页。

种'这一民族主义的要求。"①应该说,从中国特殊的历史背景考虑,的确救亡是首要任务,但这种解释忽略了严复对群己关系的伦理关怀。

就"自由"的思想观念来说,它对于中国社会的转型与进步是必需的。"自由"本身不但是近现代国家要实现的价值,而且是破除中国旧伦理最有效的理论工具之一。如果说"国群"的观念一旦深入人心,就使得中国传统伦理的实体从宗法家族、专制国家革新为近现代民族国家,那么,"自由"的观念具有异曲同工之效——前者是建立新伦理的基石,后者则是摧毁旧伦理的利器。在这一点上,严复有着清醒的认识。通过深入的中西社会对比,严复深刻指出自由在中国的缺失,一语道破中西差异的根本在于"自由不自由"。严复所言"自由"不是庄子所言之逍遥无待式的精神的自在自为。他认为,首先,自由是一种权利,也是义务。"唯天生民,各具赋畀,得自由者乃为全受。"②其次,自由是有法度的自由。"政府国家者,有法度之社会也,既曰有法度,则民所自由者,必游于法中。""无制与自由之为异也。"③另外,自由是有权界之分的。"学者必明乎己与群之权界,而后自繇之说乃可用耳。"④明显可见,严复的自由观深受西方近代启蒙思想的熏陶,也成就了他中国"自由主义之父"的称号。为什么"自由"会成为颠覆旧伦理的有力武器呢?凡涉及自由就不得不谈平等、自主、民主。"故言自由,则不可不明平等,平等而后有自主之权;合自主之权,于以治一群之事者,谓之民主。"⑤

严复认识到中西政治、伦理之异,皆由有无自由而来。"自由既异,于是群异丛然以生。粗举一二言之:则如中国最重三纲,而西人首明平等;中国亲亲,而西人尚贤;中国以孝治天下,而西人以公治天下;中国尊主,而西人隆民。"⑥因为中国社会自古不讲"自由",从而消弭了民众的自我意识,由此造成的结果则是"上既以奴虏待民,则民亦以奴虏自待",于是,几千年来的中国民众的伦理观念中,"无所谓天下也,无所谓国也,皆家而已。一姓之兴,则亿兆为之臣妾。其

---

① 胡伟希:《体用本末之间:中国近现代的民族主义》,《史学月刊》,2006年第7期。
② 严复:《论世变之亟》,《严复全集》卷七,福州:福建教育出版社,2014年,第12页。
③ 严复:《法意》,《严复全集》卷四,福州:福建教育出版社,2014年,第177页。
④ 严复:《群己权界论》,《严复全集》卷三,福州:福建教育出版社,2014年,第252页。
⑤ 严复:《主客平议》,《严复全集》卷七,福州:福建教育出版社,2014年,第111页。
⑥ 严复:《论世变之亟》,《严复全集》卷七,福州:福建教育出版社,2014年,第12页。

兴也,此一家之兴也;其亡也,此一家之亡也"①。而一旦以天赋自由为基石,则会激发自主意识,所以,"自由"所挑战的是封建专制、宗法制度,以及与此紧密关联的一系列伦理上的思想束缚。

就中国问题的特殊性来说,建构"国群"是建立民族国家的基础,建立民族国家是为了国家富强,以争取国家的独立自主(国群自由),进而才能谈论每一个国民的自由与权利。在个体自由与国群自由的优先性问题上,严复认为国群(民族/国家)自由优先于个体自由,两者间的张力需通过"群"与"己"的权利界限的调和。严复的深刻性在于,他提出了群己之间应是一体共生关系。一方面,他坚持了"自由"的根本价值,即个体权利不容抹杀。他说:"是故治国是者,必不能以公利之故,而使小己为之牺牲。"②但是另一方面,严复没有墨守成规,在帝国主义瓜分中国的迫切局面下,没有"群"的自主、国的独立,个体权利就无从谈起,也就是说,国群自由应当具有优先性。在近代的中国,没有国群的存在,小己便丧失了自己的归属,变得无所依存。在救亡图存成为压倒一切的需要时,个人自由可以作为西方社会的基本价值,却不能成为中国直接的价值目标。因此,"在讨论个人自由问题时,由于与西方自由主义者迥异的历史环境,中国的自由主义者强调的是国家、社稷、团体的重要性,因为他们大多同时又是坚定的民族主义者、爱国主义者,故主张民族-国家具有价值优先性"③。严复将利己与利群作了深刻的辩证论述,将群己视为可以携手并进的关系整体。

严复的群己共生的伦理秩序体现出近代社会追求平等自由的伦理观念,对传统的纲常伦理是一种颠覆。在群己共生中,严复提出了"爱"的伦理性原则。"欲人人皆有一部分之义务,因以生其爱国之心,非诱之使与闻国事,教之使洞达外情,又不可得也。"④"爱"是建构伦理实体的情感基础,就严复"善群"的伦理目标而言,"爱"就是爱己,爱人,爱国。这就是说国人需要建立一种爱国信仰。因为国家的存在和发展需要由人们的爱国情感来维系和支撑,增强个体对国家的向心力、民族凝聚力,就是增加一国之实力。群己依存,国民一体。"天演最深之群,其中部分殊别,而亦各有专司。秩序分明是为礼,和同合作是为乐。"⑤

---

① 严复:《法意》,《严复全集》卷四,福州:福建教育出版社,2014年,第72页。
② 孙应祥、皮后锋:《严复集(补编)》,福州:福建人民出版社,2004年,第141-142页。
③ 徐嘉:《中国近现代伦理启蒙》,北京:中国社会科学出版社,2014年,第204页。
④ 严复:《法意》,《严复全集》卷四,福州:福建教育出版社,2014年,第291页。
⑤ 严复:《政治讲义(第二会)》,《严复全集》卷六,福州:福建教育出版社,2014年,第20页。

群己共生的伦理秩序是传统群体原则经由近代"群己之辨"后的伦理升华,是在激发国民民族意识、国家观念后逐渐向近现代爱国主义深入的理性思考,现代民族国家最基本的道德要求就是爱国。①

三、爱国:"国群"逻辑下的伦理建构

如果说"国群"观念是一个基石,那么,以此基石建立的最高的伦理价值是"爱国"。"国群"伦理体系的价值指向是"群",是培养个人对国家的责任感和义务感,这是民族国家的一种内在需要与新的时代精神。在严复看来,"国群"的观念更进一步,即是爱国思想,这也是严复所倡"新民德"中极为重要的公德内容。国家之民众"各有国家思想,知爱国为天职之最隆"②,爱国是国民之"最隆"的天职。那么,如何培养这种国家思想、爱国观念呢?严复以"国群"为基础,"鼓民力,开民智,新民德",进而对国家富强的伦理目标进行了谋划,展现的是他对国家至上的爱国主义的新伦理观念的建构。具体而言,以"爱国"为最高的伦理目标与价值,统摄了"自由""民主""科学"等一系列观念的意义。

严复群学思想的渊源甚是复杂,可谓涵盖中西。英国思想家斯宾塞的群学思想对严复的启发很大,而荀子的"群"说无疑为严复阐释"群学"直接提供了完美的思想对接。在《原强》一文中,严复写道:"锡彭塞(即斯宾塞)者,亦英产也,宗其理而大阐人伦之事,帜其学曰'群学'。'群学'者何?荀卿子有言:'人之所以异于禽兽者,以其能群也。'凡民之相生相养,易事通功,推以至于兵刑礼乐之事,皆自能群之性以生,故锡彭塞氏取以名其学焉。"③准确地说,不单是荀子,中国传统文化的价值底蕴已为严复接受西方思想留下了预设。

中国传统文化推崇群体文化、整体主义原则,非西方原子论式的个人主义,是在历史长河中慢慢形成的。《说文解字》曰:"群,辈也。从羊,君声。"《说文解字注》曰"群,辈也,若军发车,百两为辈。"群本意是指人类团体。"群"是人的社会性特征。在人类早期,受限于生活条件的匮乏,人们为了生存的共同利益而聚在一起。"群"是个人赖以生存的保障,这应该是人类最朴素的群体记忆。之

---

① "'群己共生':个人自由与国群优先的调和"这部分内容已发表于笔者的《严复的"民族"思想与中国近现代伦理的奠基》一文中,载《江西师范大学学报(哲学社会科学版)》,2021年第5期。
② 严复:《宪法大义》,《严复全集》卷七,福州:福建教育出版社,2014年,第287页。
③ 严复:《原强》,《严复全集》卷七,福州:福建教育出版社,2014年,第16页。

后到了春秋战国时期,"群"不仅是一个群体的概念,更多了群体内的社会关系的维系。孟子说,"老吾老,以及人之老;幼吾幼,以及人之幼"(《孟子·梁惠王上》)。孟子持人性本善的观点,更提出由己及彼地构建一个和谐的群体关系。荀子说:"人能群,彼不能群也。人何以能群?曰:分。分何以能行?曰:义。"(《荀子·王制》)在荀子看来,"能群"的关键是道德上的"义"和秩序上的"分"。他提倡通过因人而异的合理分工来避免群内纷争,从而巩固群体。相比于孔孟而言,荀子的思想中已略含社会学成分,具有进步意义。先秦墨家提倡"兼爱"原则,在同一性方面比儒家更为极端,有泯灭个体性之趋向。墨子说,"上之所是,必皆是之。所非,必皆非之"(《墨子·尚同上》),"天下之百姓,皆上同于天子"(《墨子·尚同上》)。即便是主张尊崇自我的先秦道家,也追求和谐共生。

从一般意义上说,群性是人类的共性。从基本的生命生存物资环境考虑,群体为个体提供了保障,所以合群在人类一开始就是一种本能的需求。群性还具有历史性,随着人类文明的不断进步,群性在合群的基础上,会不断容纳和增加新的社会性元素,逐渐形成具有特色的政治经济制度、伦理道德规范。乔治·赫伯特·米德(George Herbert Mead,1863—1931)指出:"没有某种社会制度,没有构成社会制度的有组织的社会态度和社会行动,就根本不可能有充分成熟的个体自我或人格。"[①]中国社会的特性,体现在文化上是伦理本位,正如有的学者指出的"秩序情结"[②]。整体主义原则与我国的社会特性相吻合,但整体主义并不等同于专制主义。在看待中国传统文化及哲学中的群己关系时,往往在学界有种"流行的误解"[③],认为儒家推崇"无我"——将个体"我"放置于服务整体利益的价值秩序中。

严复与荀子的"群"的所指已经大不相同,他不仅已经从社会与国家二分的意义上赋予了传统"群"概念新的含义,而且严复所指代的"国群"的性质已经发生变化,是以国民个体为主体的现代民族国家。

---

① [美]乔治·赫伯特·米德:《心灵、自我与社会》,赵月瑟译,上海:上海译文出版社,1992年,第231页。
② 张德胜:《儒家伦理与秩序情结:中国思想的社会学诠释》,台北:巨流图书公司,1989年。
③ 注释:美国学者墨子刻认为"把中国文化当作集体主义的和缺乏对个人重要性的任何强调的一种文化来加以描述"是一个"流行的误解"。参见[美]墨子刻:《摆脱困境:新儒学与中国政治文化的演进》,南京:江苏人民出版社,1996年。

在严复的心中，自由一直是他所追求的目标，早在1895年他就从本体论的角度提出"自由为本"的基本价值尺度，只不过他所有对"自由"的向往和追寻都设定在"群"的框架之下。从现代意义上考虑"群"的设想，对严复而言就是建构一个民族国家，即一个民族共同体，实现国民个体的文化权利和政治权利，维护好国民的价值和尊严。

如前所述，严复的"国群"观念影响了他对自由的态度，在"救亡压倒启蒙"的时代，严复将民族自由、国家自由置于个人自由之上，并将之作为实现国家自主乃至国家富强的方式，其最终伦理价值目标指向的是以"国群"为基础的国家，这其中的爱国主义精神显露无遗。这种把"自由"当作手段以实现其工具性价值的论断获得了不少学者的认可。确实，从严复所译《群己权界论》的内容来看，他没有译出穆勒的原意，甚至颠覆了穆勒关于自由的基本价值理念，他把个人自由从内在价值变成了工具价值。这种对自由主义的"误读"或"曲解"，是严复在近代中国追求富强、救亡图存的历史语境和时代背景中的理性选择，使自由主义在中国获得了独特意义，是对自由主义的创新与发展。在严复这里，自由作为实现国家富强的方式，虽然没有爱国主义一词那么精准，但也只不过是其爱国主义的一种具体而深刻的表达形式。

爱国高于自由，这一观念是由严复所处的时代及其历史使命决定的。爱国作为最高的伦理目标，决定了"自由""科学""民主"的意义。"自由"决定了学术上的"黜伪崇真"、政治上的"屈私为公"，这些观念在对民众进行启蒙的同时，其根本旨趣则是实现"救亡图存"的伦理目标。恰如有学者所指出的那样："假如科学、自由、平等和民主与严复所关注的事业没有直接关系，那么人们大可怀疑，他对自由主义的信仰是否还会如此热诚。这些原则可能有它们自己抽象的内在价值，但引起严复强烈反响的，则是它们能够成为达到国家富强这一目标的工具。"[①]也就是说，"自由"是实现国家富强这一伦理目标的基础性条件。"所谓富强云者，质而言之，不外利民云尔。然政欲利民，必自民各能自利始；民各能自利，又必自皆得自由始。"[②]自由是行动主体的权利，体现个体的独立性。在严复看来，民众只有获得充分发挥个体能力去追求相应利益的自由权利，才能积累社会财富，促进国家发展，从而实现国家富强这个伦理目标。反之，如若民

---

① 徐嘉：《中国近现代伦理启蒙》，北京：中国社会科学出版社，2014年，第203页。
② 严复：《原强（修订稿）》，《严复全集》卷七，福州：福建教育出版社，2014年，第32页。

第五章　个体自由与民族解放的伦理抉择

众连合理地追求自身利益的自由都没有，社会缺乏主体性活力，毫无疑问会遏制整个社会的发展。在追求利益的过程中，严复以"明两利为利，独利必不利"的"开明自营"的原则，提倡"非明道则无以计功，非正谊则无以谋利"。"严复确信，只要向国人揭示自由的真谛，便能够唤起实现自由所必需的力量，并且'以自由为体'，必将产生'以民主为用'，即建立起一系列现代社会制度，并使每个人都享有均等的自由权（平等），而民众享有这些权利，则是国家强大的前提。"①故而，由"自由"引申出的科学与民主这两个极具爱国主义精神的观念，成了五四运动的两大口号。

"科学"即严复所说的"于学术则黜伪而崇真"。针对传统学术偏重形上、缥缈虚空的特点，严复强调学问之事，贵审其真，"执果穷因，是惟科学"②。一直以来，儒家伦理占据社会价值体系核心的主导地位，儒家的"仁智合一而以仁为笼罩者"③的仁智关系使得智（科学）处于边缘化地位，虽然不否定科技之智，但是在价值优先序列上"正德、利用、厚生"，智从于德。严复信奉斯宾塞的进化思想，他说"此所以自特嘉尔以来，格物致知之事兴，而古所云心性之学微也"④"言学者期于征实"⑤，对自然界的认识显露出从形上层面向经验科学层面的转变。他以《天演论》所内含的实证科学性，使得传统之"天"丧失了对宇宙起始、人类起源、社会秩序和政治理念的绝对话语权，他不傍依任何权威，运用自然科学知识阐发进化论思想，引发了伦理价值观念的近代启蒙。科学理性启蒙的重大历史意义，用以赛亚·伯林的话说，就是"（启蒙运动）宣扬理性的自律性和以观察为基础的自然科学方法是唯一可靠的求知方式，从而否定宗教启示的权威，否定神学经典及其公认的解释者，否定传统、各种清规戒律和一切来自非理性的、先验性的知识形式的权威"⑥。科学在近现代伦理思想史中的作用显而易见，但它也仅是近现代伦理价值体系中的一个价值要求，而非全部，更不是近现代伦理的价值核心。通过科学来实现对人的启蒙、社会的发展以及国家的富强，显

---

① 徐嘉：《中国近现代伦理启蒙》，北京：中国社会科学出版社，2014年，第215页。
② 严复：《群学肄言·译〈群学肄言〉序》，《严复全集》卷三，福州：福建教育出版社，2014年，第7页。
③ 牟宗三：《中国文化之特质》，《中国哲学的特质》，上海：上海古籍出版社，2008年，第149页。
④ 严复：《天演论·真幻》，《严复全集》卷一，福州：福建教育出版社，2014年，第316页。
⑤ 严复：《天演论·群治》，《严复全集》卷一，福州：福建教育出版社，2014年，第332页。
⑥ ［英］以赛亚·伯林：《反潮流：观念史论文集》，冯克利译，南京：译林出版社，2002年，第1页。

然,科学是工具而非目的性的价值要求,是富有爱国主义色彩的伦理目标实现的手段。

"民主"即严复所说的"刑政则屈私以为公"。"公"不是传统观念中的"宗法制度",也不是"天理",而是"民主之国权,由万而汇于一"①所成之"公"。"合自主之权,于以治一群之事者,谓之民主。"②所谓民主,顾名思义,国民是国家的主人,拥有参与治理公共事务之权利,且应具有公民意识。公民意识相对于臣民意识而言,表现为独立的人格和自由的意志,既享有权利也承担应有的义务。这种民主之公民意识,便是严复所一直强调的"公心"。何为"公心"?"我认为将其理解为公民道德意识更符合其原义,即民众普遍参与公共事物的观念,积极协调个体利益与整个社会利益一致性的美德。"③严复对民主观念的提倡,对公益精神的赞美,弥补了一直以来传统社会所缺失的公共伦理精神。

在"爱国"精神的统摄下,"自由"是实现民族自主的基础,"内之有以自立,外之有以御侮"④,"科学"和"民主"是民族发展的保障,可以使中国走上鼓民力、开民智、新民德的富强之道,"一群之中,力德相备"。在近代帝国主义列强瓜分世界的国际背景下,严复推衍出民族意识与个体意识的统一,追求民族整体利益,以自由主义与民族主义共生的独特模式,实现救亡图存的伦理目标。

严复的民族思想形成于新旧思想交替、内忧外患交加的特殊历史时期。作为清末重要的启蒙思想家,严复的民族思想当然有其时代局限性。余英时指出:"国家观念与民族意识仍是现代人生活中不可或缺的基本价值。不过它们也还是有极限的。无限地强调国家观念将不免歧入沙文主义的险途,无限地强调民族意识也很容易滑向'种族优越论'的绝径。这两条路都曾在近代世界史上造成过严重的灾害。但是,从另一方面说,提倡国家观念而不能确立'主权在民'的基础,宣扬民族意识而不能归宗于文化传统,其结果则必然是双双落空

---

① 严复:《法意》,《严复全集》卷四,福州:福建教育出版社,2014年,第20页。
② 严复:《主客平议》,《严复全集》卷七,福州:福建教育出版社,2014年,第111页。
③ 徐嘉:《中国近现代伦理启蒙》,北京:中国社会科学出版社,2014年,第219-220页。
④ 严复:《政治讲义(第二会)》,《严复全集》卷六,福州:福建教育出版社,2014年,第20页。

的!"①但是,如果将严复的民族思想放入历史语境、时代特征以及问题意识三个维度中进行考虑,我们会清晰地发现,严复的民族思想是中国近现代民族主义形成的重要理论前提,成为中国近现代自由主义发轫的宣言论断,成为中国近现代追求科学与民主之滥觞,对中国近现代伦理奠基具有不可替代的启蒙意义。②

---

① 余英时:《国家观念与民族意识》,载《余英时文集》第七卷,桂林:广西师范大学出版社,2006年,第302页。
② "爱国:'国群'逻辑下的伦理建构"这部分内容已发表在笔者的《严复的"民族"思想与中国近现代伦理的奠基》一文中,载《江西师范大学学报(哲学社会科学版)》,2021年第5期。

结　语

中国近现代的伦理转型包括批判旧伦理中的腐朽部分(不是全盘抛弃)和新伦理的建构(包括继承传统伦理中的优秀内容),严复致力于"鼓民力,开民智,新民德",在这两个方面都作出了极重要的贡献,成为中国近现代伦理的奠基人之一。

首先,严复阐述"天演论",标志着中国近代哲学革命的开始,他是超越时代局限的中国近现代伦理转型的启蒙者,被高力克先生称为"中国启蒙运动之父""启蒙先知"。严复提出人类社会的发展应遵循自然进化的客观发展规律,复原天之为天的自然本性,用科学理性祛魅了封建秩序的神圣性,否定了"天不变,道亦不变"的封建伦理体系的根基,使其失去了伦理存在的正当性。天演进化思想动摇了"君权天授"的合法性,从学理上否定了封建伦理的立论基础,为近代"自由""民主"等伦理价值观念的形成提供了理论依据,为中国近代伦理转型提供了一种新的思维。严复的伦理思想体系涉及从仁本论到自然本质论、从自我完善到自我保存、从性善论到性恶论,它标志着旧的伦理精神的危机和近代伦理精神重建的开始。[①]

其次,严复伦理思想中论及的"优胜劣汰"自然法则所蕴含的种群、民族竞争观念,激发了国人强烈的民族忧患意识,对民族共同体的构建具有刺激作用;而他提出的"体合求存"所彰显的保种、合群等思想又唤起国人的近代民族意识和爱国热情,成为中国近代民族主义的滥觞。"合群保种"的观念开启了国族自觉,催生了中国人的近代民族认同。在迈入近代世界体系初期,严复所呼吁的"合群保种",是对中华民族共同体的自觉,也是国人对国族的最早构想。这一构想的意义在于,新伦理的基石以"民族"为基础,代替了与君权专制和宗法家

---

① 郭国灿:《思想的历史与历史的思想——严复与近代文化转型论集》,长沙:岳麓书社,1998年,第71-74页。

族社会相适应的"三纲",这是中国近现代伦理转型的基础。

再次,如果说"天演论"使中国由传统民族形态转向近代民族国家形态而奠基了中国近现代伦理,那么严复引介和改造的"自由"思想则为中国近现代伦理塑造了核心价值。"自由为体,民主为用"的命题对以"三纲五常"为核心的专制伦理思想予以猛烈抨击。"自由"是西方近代政治哲学的核心概念。严复尊重个体的尊严、自由的权利,也使国人有了对人的自然权利的认知。自由理念解放了传统义利之辨对个体利益的束缚,从自由的发展需要出发,第一次为个体对利的合理追求赋予了道德上的正当性。在自由的伦理维度上,严复敏锐地注意到了自由在群己关系中的重要作用,强调通过个体利益的提高从而实现群体利益的过程。这一改变具有划时代的意义,使"自由"下的伦理观念更符合中国的国情。当下,自由更是我们新时代中国特色社会主义的核心价值观念,这或许正是研究此课题的现实意义。

严复的启蒙伦理思想中除了开启民智,提倡理性、自由的近代伦理精神之外,还含有时代赋予的历史重任,即民族独立的重要意义。个体与社会、国家的关系问题自古以来就是中外共有的问题,如何协调好个体与整体的关系以促进社会更好发展,是人类共同关心的话题。严复通过整合群己关系,以民族国家利益为重,强调国群自由优先于小己自由,用以调解自由主义和民族主义在伦理追求上的内在紧张。在"爱国"精神的统摄下,"自由"是实现民族自主的基础,"内之有以自立,外之有以御侮"。在近代帝国主义列强瓜分世界的国际背景下,严复推衍出民族意识与个体意识的统一,追求民族整体利益,以自由主义与民族主义共生的独特模式,来实现救亡图存的伦理目标。这一认识无疑是当时中国的一种理性抉择。

严复是译介西方近代思想的先驱者,是时代的引路人。虽然在那个纷繁复杂、革命呼声高涨的年代,严复温和式渐进的改革方式显得保守而无力,甚至他在思想阐释方面有牵强附会之处,但他毕竟开了先河,引领了中国近现代诸多伦理思潮的兴起。与他的巨大贡献相比,他那"负气大盛""太涉狂易"的清高孤傲的性格和吸食鸦片的陋习,终究是瑕不掩瑜了。应该说,紧跟世界历史发展趋势,面对中国问题而全方位地译介西方新思想,是严复作出历史性贡献的一大原因。今天,中国当代的伦理建设依然任重道远,在文明互鉴的新时代,严复宏阔的视野、敏锐的洞察力与问题意识、以国家富强为目标的学术追求,永远值得我们的尊重。

参考文献

(一) 古籍类

[1]　论语[M]//文渊阁四库全书.上海:上海人民出版社,1999.

[2]　孟子[M]//文渊阁四库全书.上海:上海人民出版社,1999.

[3]　荀子[M]//文渊阁四库全书.上海:上海人民出版社,1999.

[4]　[汉]董仲舒.春秋繁露[M]//文渊阁四库全书.上海:上海人民出版社,1999.

[5]　[宋]程颐,程颢.二程遗书[M]//文渊阁四库全书.上海:上海人民出版社,1999.

[6]　[宋]朱熹.四书集注[M]//文渊阁四库全书.上海:上海人民出版社,1999.

[7]　[明]王阳明.传习录[M]//文渊阁四库全书.上海:上海人民出版社,1999.

[8]　[宋]石介.徂徕石先生文集[M].陈植锷,点校.北京:中华书局,1984.

[9]　[宋]张载.张子正蒙[M].[清]王夫之,注.上海:上海古籍出版社,2000.

[10]　[明]李贽.藏书四册[M].北京:中华书局,1974.

[11]　[明]李贽.焚书[M].北京:中华书局,1961.

[12]　[明]何心隐.何心隐集[M].容肇祖,整理.北京:中华书局,1960.

[13]　[清]冯桂芬.校邠庐抗议[M].上海:上海书店出版社,2002.

[14]　[清]郭嵩焘.郭嵩焘奏稿[M].杨坚,校补.长沙:岳麓书社,1983.

[15]　[清]郭嵩焘.养知书屋文集[M].上海:上海古籍出版社,2002.

[16]　[清]郭嵩焘.伦敦与巴黎日记[M].长沙:岳麓书社,1984.

[17]　[清]顾炎武著,黄汝成集释,栾保群、吕宗力校点.日知录集释:全校本[M].上海:上海古籍出版社,2006.

[18] [清]黄宗羲. 明夷待访录[M]. 北京:中华书局,1985.

[19] [清]黄宗羲. 明儒学案[M]. 沈芝盈,点校. 北京:中华书局,1985.

[20] [清]王夫之. 船山全书[M]. 长沙:岳麓书社,1988.

[21] [清]魏源. 魏源全集[M]. 长沙:岳麓书社,2004.

[22] [清]魏源. 圣武记[M]. 上海:世界书局,1936.

[23] [清]张之洞. 张之洞全集[M]. 石家庄:河北人民出版社,1998.

[24] [清]康有为. 康有为全集:第三集[M]. 姜义华,编校. 上海:上海古籍出版社,1992.

[25] [清]康有为. 康有为政论集[M]. 北京:中华书局,1981.

[26] [清]谭嗣同. 谭嗣同全集:增订本[M]. 蔡尚思,方行,编. 北京:中华书局,1981.

[27] [清]梁启超. 中国近三百年学术史[M]. 北京:东方出版社,1996.

[28] [清]梁启超. 清代学术概论[M]. 北京:东方出版社,2012.

[29] [清]梁启超. 梁启超全集[M]. 北京:北京出版社,1999.

[30] [清]梁启超. 饮冰室合集[M]. 北京:中华书局,1989.

[31] [清]章太炎. 章太炎全集[M]. 上海:上海人民出版社,1985.

[32] [清]郑观应. 郑观应集[M]. 夏东元,编. 上海:上海人民出版社 1982.

[33] [清]曾纪泽. 曾纪泽集[M]. 喻岳衡,点校. 长沙:岳麓书社,2005.

[34] [清]李鸿章. 李鸿章全集[M]. 海口:海南出版社,1997.

[35] [清]曾国藩. 曾国藩家书[M]. 北京:中国言实出版社,2017.

[36] [清]龚自珍. 龚自珍全集[M]. 上海:上海人民出版社,1975.

[37] [清]辜鸿铭. 清流传[M]. 语桥,译. 北京:东方出版社,1997.

[38] [清]任鸿隽. 科学之引进中国及其发展[M]// 陈衡哲. 中国文化论集. 福州:福建教育出版社,2009.

[39] 同治朝筹办夷务始末[M]. 故宫博物院影印本,1930(民国十九年).

(二) 著作类·国内

[1] 陈勇军. 严复"制度与国民性互动"思想研究[M]. 北京:人民出版社,2020.

[2] 陈鼓应. 道家文化研究(第二十八辑):严复专号[M]. 北京:生活·读书·新知三联书店,2014.

[3]　陈万雄.五四新文化的源流[M].北京:生活·读书·新知三联书店,1997.

[4]　陈庆坤.中国近代启蒙哲学[M].长春:吉林大学出版社,1988.

[5]　陈光连.荀子"分"义研究[M].南京:东南大学出版社,2013.

[6]　蔡志栋.从"天理"到"真理":先秦诸子与中国现代认识自由论[M].上海:上海古籍出版社,2018.

[7]　蔡元培.中国伦理学史[M].北京:东方出版社,1996.

[8]　蔡元培.中国伦理学史:外一种[M].北京:商务印书馆,2017.

[9]　昌切.清末民初的思想主脉[M].北京:东方出版社,1999.

[10]　柴文华,杨辉,康宇,等.中国现代道德伦理研究[M].北京:社会科学文献出版社,2011.

[11]　程恭让.天问:传统文化与现代社会[M].南京:江苏人民出版社,2010.

[12]　董小燕.严复思想研究[M].杭州:浙江大学出版社,2006.

[13]　冯契.中国近代哲学的革命进程[M].上海:上海人民出版社,1989.

[14]　冯友兰.中国哲学史[M].上海:华东师范大学出版社,2000.

[15]　范文澜.中国通史[M].北京:人民出版社,1978.

[16]　樊浩.中国伦理精神的现代建构[M].南京:江苏人民出版社,1997.

[17]　樊浩.中国伦理精神的历史建构[M].南京:江苏人民出版社,1992.

[18]　高力克.启蒙先知:严复、梁启超的思想革命[M].北京:东方出版社,2019.

[19]　郭国灿.中国人文精神的重建:约戊戌—五四[M].郑州:河南大学出版社,2016.

[20]　高瑞泉.中国近代社会思潮[M].上海:上海人民出版社,2007.

[21]　高瑞泉.现代性视野中的思潮与观念[M].上海:上海古籍出版社,2010.

[22]　高瑞泉.中国思潮评论·第3辑:民族主义及其他[M].上海:上海古籍出版社,2011.

[23]　高瑞泉.激进与保守的复调变奏[M].上海:上海古籍出版社,2014.

[24]　葛兆光.宅兹中国:重建有关"中国"的历史论述[M].北京:中华书局,2011.

[25]　甘怀真.东亚历史上的天下与中国概念[M].台北:台大出版中心,2007.

[26]　黄克武.惟适之安:严复与近代中国的文化转型[M].北京:社会科学文

献出版社,2012.
[27] 黄克武.自由的所以然:严复对约翰弥尔自由主义思想的认识与批判[M].上海:上海书店出版社,2000.
[28] 黄克武.近代中国的思潮与人物[M].北京:九州出版社,2013.
[29] 黄瑞霖.严复思想与中华民族伟大复兴[M].厦门:鹭江出版社,2014.
[30] 黄金麟.历史、身体、国家:近代中国的身体形成(1895—1937)[M].北京:新星出版社,2006.
[31] 黄明理.社会主义道德信仰研究[M].北京:人民出版社,2006.
[32] 侯外庐.中国近代启蒙思想史[M].北京:人民出版社,1993.
[33] 侯外庐,赵纪彬,杜国庠,等.中国思想通史[M].北京:人民出版社,2011.
[34] 胡伟希,高瑞泉,张利民.十字街头与塔:中国近代自由主义思潮研究[M].上海:上海人民出版社,1991.
[35] 胡适.五十年来之中国文学[M]//胡适文存二集.上海:亚东图书馆,1924.
[36] 教军章.中国近代国民性问题研究的理论视阈及其价值[M].北京:中国社会科学出版社,2009.
[37] 姜鸣.中国近代海军史事编年:1860—1911[M].北京:生活·读书·新知三联书店,2017.
[38] 王韬.弢园文新编[M].李天纲,编校.上海:中西书局,2012.
[39] 李泽厚.中国思想史论[M].合肥:安徽文艺出版社,1999.
[40] 李承贵.宗教、伦理与文化[M].南昌:江西人民出版社,2018.
[41] 李承贵.中西文化之会通:严复中西文化比较与结合思想研究[M].南昌:江西人民出版社,1997.
[42] 刘师培.刘师培全集[M].北京:中共中央党校出版社,1997.
[43] 梁漱溟.中国文化要义[M].上海:上海人民出版社,2005.
[44] 林毓生,穆善培.中国意识的危机:"五四"时期激烈的反传统主义[M].贵阳:贵州人民出版社,1986.
[45] 刘宗珍.民权与民族主义:近代中国民权思想研究[M].北京:中国政法大学出版社,2016.
[46] 刘小枫.现代性社会理论绪论[M].上海:华东师范大学出版社,2018.

[47] 刘桂生.时代的错位与理性的选择:西方近代思潮与中国五四启蒙思想[M].北京:清华大学出版社,1989.

[48] 刘桂生,林启彦,王宪明.严复思想新论[M].北京:清华大学出版社,1999.

[49] 刘小林.思潮・观念・范式:20世纪前后的文化思索[M].北京:中国文史出版社,2005.

[50] 罗晓静.寻找"个人":论晚清至五四现代个人观念的发生[M].北京:中国社会科学出版社,2007.

[51] 罗国杰.中国传统道德[M].北京:中国人民大学出版社,1995.

[52] 鲁迅.鲁迅全集[M].北京:人民文学出版社,1981.

[53] 毛泽东.毛泽东选集[M].北京:人民出版社,1968.

[54] 马戎.民族社会学:社会学的族群关系研究[M].北京:北京大学出版社,2004.

[55] 牟宗三.中国哲学的特质[M].上海:上海古籍出版社,2007.

[56] 彭平一.冲破思想的牢笼:中国近代启蒙思潮[M].长沙:湖南师范大学出版社,2000.

[57] 钱穆.中国文化史导论[M].北京:商务印书馆,1998.

[58] 苏中立,涂光久.中国近代思想文化研究:苏中立、涂光久文集[M].武汉:武汉出版社,2018.

[59] 苏国勋,张旅平,夏光.全球化:文化冲突与共生[M].北京:社会科学文献出版社,2006.

[60] 孙中山.孙中山全集[M].北京:中华书局,2006.

[61] 唐凯麟.走向近代的先声:中国早期启蒙伦理思想研究[M].长沙:湖南教育出版社,1993.

[62] 王宪明.严复群学及军事政治思想研究[M].北京:清华大学出版社,2018.

[63] 王中江.严复与福泽谕吉:中日启蒙思想比较[M].开封:河南大学出版社,1991.

[64] 王中江.儒家的精神之道和社会角色[M].北京:中华书局,2015.

[65] 王中江.进化主义在中国的兴起:一个新的全能式世界观[M].增补版.北京:中国人民大学出版社,2010.

[66] 王中江. 自然和人：近代中国两个观念的谱系探微[M]. 北京：商务印书馆，2018.

[67] 汪晖. 现代中国思想的兴起[M]. 北京：生活·读书·新知三联书店，2015.

[68] 王东屹. 中国近代哲学衍化与西学东渐探析[M]. 长春：东北师范大学出版社，2018.

[69] 王汎森. 中国近代思想史的转型时代[M]. 台北：联经出版事业股份有限公司，2007.

[70] 王尔敏. 中国近代思想史论[M]. 北京：社会科学文献出版社，2003.

[71] 万明. 中国融入世界的步履：明与清前期海外政策比较研究[M]. 北京：社会科学文献出版社，2000.

[72] 吴立群. 新儒学与现代社会[M]. 上海：上海大学出版社，2018.

[73] 温克勤. 中国伦理思想简史[M]. 北京：社会科学文献出版社，2013.

[74] 许纪霖. 现代中国思想史论[M]. 上海：上海人民出版社，2014.

[75] 许纪霖，宋宏. 现代中国思想的核心观念[M]. 上海：上海人民出版社，2011.

[76] 许纪霖，陈达凯. 中国现代化史（第一卷）：1800—1949 [M]. 上海：学林出版社，2006.

[77] 许纪霖，田建业. 杜亚泉文存[M]. 上海：上海教育出版社，2003.

[78] 徐嘉. 中国近现代伦理启蒙[M]. 北京：中国社会科学出版社，2014.

[79] 许倬云. 我者与他者：中国历史上的内外分际[M]. 北京：生活·读书·新知三联书店，2010.

[80] 萧公权. 康有为思想研究[M]. 汪荣祖，译. 北京：新星出版社，2005.

[81] 杨阳. 富强抑或自由：严复宪政思想研究[M]. 北京：中国人民公安大学出版社，2009.

[82] 殷海光. 中国文化的展望[M]. 北京：中华书局，2016.

[83] 余英时. 现代危机与思想人物[M]. 北京：生活·读书·新知三联书店，2005.

[84] 余英时. 现代儒学的回顾与展望[M]. 北京：生活·读书·新知三联书店，2004.

[85] 俞祖华. 深沉的民族反省：中国近代改造国民性思潮研究[M]. 济南：

山东人民出版社，1996.

[86] 俞祖华. 民族主义与中华民族精神的现代转型[M]. 北京：社会科学文献出版社，2012.

[87] 俞祖华，赵慧峰. 离合之间：中国现代三大思潮及其相互关系[M]. 北京：人民出版社，2015.

[88] 姚传德. 国运十字路口的知识分子们[M]. 苏州：苏州大学出版社，2011.

[89] 袁洪亮. 人的现代化：中国近代国民性改造思想研究[M]. 北京：人民出版社，2005.

[90] 汤志钧. 章太炎政论选集[M]. 北京：中华书局，1977.

[91] 章开沅. 章开沅文集[M]. 武汉：华中师范大学出版社，2015.

[92] 张华. 中朝日近代启蒙思想比较：以严复、俞吉浚、福泽谕吉的思想为中心[M]. 北京：中央民族大学出版社，2012.

[93] 张岂之. 侯外庐著作与思想研究[M]. 长春：长春出版社，2016.

[94] 周建国. 社会转型与社会问题[M]. 兰州：甘肃人民出版社，2008.

[95] 张岱年. 中国哲学大纲[M]. 南京：江苏教育出版社，2005.

[96] 张岱年. 中国伦理思想研究[M]. 南京：江苏教育出版社，2005.

[97] 张胜利. 中国"五四"自由主义流变[M]. 北京：中国社会科学出版社，2016.

[98] 张昭军. 传统的张力：儒学思想与近代文化变革[M]. 长春：吉林人民出版社，2004.

[99] 赵少峰. 西史东渐与中国史学演进：1840—1927[M]. 北京：商务印书馆，2018.

[100] 郑大华，邹小站. 西方思想在近代中国[M]. 北京：社会科学文献出版社，2005.

[101] 郑大华，邹小站. 中国近代史上的民族主义[M]. 北京：社会科学文献出版社，2007.

[102] 郑大华. 近代思想史研究：第 10 辑 [M]. 北京：社会科学文献出版社，2013.

[103] 张岂之，陈国庆. 近代伦理思想的变迁[M]. 北京：中华书局，2000.

[104] 张灏. 梁启超与中国思想的过渡：1890—1907 [M]. 崔志海，葛夫平，译. 北京：中央编译出版社，2016.

[105] 张灏. 危机中的中国知识分子：寻求秩序与意义[M]. 高力克,王跃,译. 北京：新星出版社，2006.

[106] 张灏. 幽暗意识与民主传统[M]. 北京：新星出版社，2006.

[107] 张灏. 烈士精神与批判意识：谭嗣同思想的分析[M]. 北京：新星出版社，2006.

[108] 张怀承. 天人之变：中国传统伦理道德的近代转型[M]. 长沙：湖南教育出版社，1998.

[109] 张德胜. 儒家伦理与秩序情结：中国思想的社会学诠释[M]. 台北：巨流图书公司，1989.

[110] 张汝伦. 我们需要什么样的文明[M]. 北京：商务印书馆，2017.

[111] 邹振环. 西方传教士与晚清西史东渐：以1815至1900年西方历史译著的传播与影响为中心[M]. 上海：上海古籍出版社，2007.

[112] 汪征鲁,方宝川,马勇. 严复全集[M]. 福州：福建教育出版社，2014.

[113] 马勇. 盗火者：严复传[M]. 北京：东方出版社，2015.

[114] 马勇. 严复学术思想评传[M]. 北京：北京图书馆出版社，2001.

[115] 欧阳哲生. 严复评传[M]. 南昌：百花洲文艺出版社，1994.

[116] 皮后锋. 严复评传[M]. 南京：南京大学出版社，2006.

[117] 孙应祥,皮后锋. 《严复集》补编[M]. 福州：福建人民出版社，2004.

[118] 苏中立,涂光久. 百年严复：严复研究资料精选[M]. 福州：福建人民出版社，2011.

[119] 孙应祥. 严复年谱[M]. 福州：福建人民出版社，2014.

[120] 王栻. 严复集[M]. 北京：中华书局，1986.

[121] 王栻,俞政. 严复[M]. 南京：江苏古籍出版社，1984.

[122] 杨正典. 严复评传[M]. 北京：中国社会科学出版社，1997.

[123] 周振甫. 严复思想述评[M]. 台北：中华书局，1964.

[124] 张志建. 严复思想研究[M]. 桂林：广西师范大学出版社，1989.

[125] 朱修春. 严复学术档案[M]. 武汉：武汉大学出版社，2015.

（三）著作类·国外

[1] ［美］费正清,［美］刘广京. 剑桥中国晚清史：1800—1911年[M]. 中国社会科学院历史研究所编译室,译. 北京：中国社会科学出版社，1985.

[2] [美]浦嘉珉.中国与达尔文[M].钟永强,译.南京:江苏人民出版社,2009.

[3] [美]狄百瑞.中国的自由传统[M].李弘祺,译.贵阳:贵州人民出版社,2009.

[4] [美]安靖如.人权与中国思想:一种跨文化的探索[M].黄金荣,黄斌,译.北京:中国人民大学出版社,2012.

[5] [美]本杰明·史华兹.寻求富强:严复与西方[M].叶凤美,译.南京:江苏人民出版社,1996.

[6] [美]约瑟夫·列文森.儒教中国及其现代命运[M].郑大华,任菁,译.北京:中国社会科学出版社,2000.

[7] [美]约瑟夫·克鲁普西.国体与经体:对亚当·斯密原理的进一步思考[M].上海:上海人民出版社,2005.

[8] [美]唐纳德·J蒙罗.早期中国"人"的观念[M].庄国雄,陶黎铭,译.上海:上海古籍出版社,1994.

[9] [德]施太格缪勒.当代哲学主流[M].王炳文,等译.北京:商务印书馆,1986.

[10] [英]斯宾塞.社会静力学[M].张维武,译.北京:商务印书馆,1996.

[11] [英]白芝浩.物理与政治:或"自然选择"与"遗传"原理应用于政治社会之思考[M].金自宁,译.上海:上海三联书店,2008.

[12] [英]约翰·穆勒.功利主义[M].徐大建,译,上海:上海人民出版社,2008.

[13] [法]孟德斯鸠.论法的精神(上册)[M].张雁深,译.北京:商务印书馆,1987.

[14] [英]赫胥黎.进化论与伦理学:全译本[M].宋启林,等译.北京:北京大学出版社,2010.

[15] [英]哈耶克.哈耶克论文集[M].邓正来,编译,北京:首都经济贸易大学出版社,2001.

[16] [英]安东尼·德·雅赛.重申自由主义:选择、契约、协议[M].陈茅,等译.北京:中国社会科学出版社,1997.

[17] [以]耶尔·塔米尔.自由主义的民族主义[M].陶东风,译.上海:上海译文出版社,2005.

[18] [英]霍布豪斯.自由主义[M].朱曾汶,译.北京:商务印书馆,1996.

[19] [英]安东尼·史密斯.民族主义:理论、意识形态、历史[M].叶江,译.上海:上海人民出版社,2006.

[20] [英]赫伯特·斯宾塞.社会静力学[M].张雄武,译.北京:商务印书馆,2017.

[21] [英]丹皮尔.科学史及其与哲学和宗教的关系[M].李珩,译.北京:商务印书馆,1997.

[22] [英]以赛亚·伯林.反潮流:观念史论文集[M].冯克利,译.南京:译林出版社,2002.

[23] [法]米歇尔·福柯.福柯集[M].杜小真,编选.上海:上海远东出版社,1998.

[24] [法]邦雅曼·贡斯当.古代人的自由与现代人的自由:贡斯当政治论文选[M].阎克文,刘满贵,译.北京:商务印书馆,1999.

[25] [美]杜赞奇.从民族国家拯救历史:民族主义话语与中国现代史研究[M].王宪明,译.北京:社会科学文献出版社,2003.

[26] [日]沟口雄三.中国前近代思想的屈折与展开[M].龚颖,译.北京:生活·读书·新知三联书店,2011.

[27] [日]渡辺信一郎.中国古代的王权与天下秩序:从日中比较史的视角出发[M].徐冲,译.北京:中华书局,2008.

[28] [日]宫崎市定.宫崎市定论文选集[M].中国科学院历史研究所翻译组,编译.北京:商务印书馆,1963.

[29] [日]重泽俊郎.周汉思想研究[M].东京:弘文堂书房,1998.

(四)期刊论文

[1] 曹跃明.中国现代史上的三大思潮与民族主义运动[J].天津社会科学,1992(1):84-89.

[2] 曹跃明,徐锦中.中国近现代民族主义之路[J].天津社会科学,1996(5):69-74.

[3] 柴文华.严复中国传统文化观的转折:以中国传统道德观为重心[J].哲学动态,2014(1):37-43.

[4] 陈国庆,刘惠娟.严复对进化论的选择与创新[J].西北大学学报(哲学社

会科学版),2003,33(1):36-40.

[5] 承红磊.从"宗法社会"到"军国社会":中国近代思想史上的严译社会阶段论[J].中国文化研究所学报,2015(61):213-242.

[6] 高力克.自由、演化与传统:严复的伦理观[J].天津社会科学,2010,1(4):120-125.

[7] 高力克.斯密与严复:苏格兰启蒙运动在中国[J].浙江社会科学,2014(11):117-125.

[8] 高力克.陶铸国民:严复与中国启蒙运动:纪念严复诞辰160周年[J].学术月刊,2014,46(12):154-161.

[9] 高力克.严复问题:在进化与伦理之间[J].浙江社会科学,2018(12):115-125.

[10] 高力克.在文明与文化之间:严复的中西融合论[J].探索与争鸣,2018(12):130-136.

[11] 高瑞泉.在进化论传播的背后:论"进步"观念在近代中国确立之条件与理路[J].学术月刊,1998(9):14-20.

[12] 都兰军.试析进化论视野下的中国近现代民族主义思潮的特征:以早期严复思想为例[J].品牌(理论月刊),2011(4):133-137.

[13] 樊浩.伦理精神与宗教境界[J].孔子研究,1997(4):16-24.

[14] 关宝成、潘晓斌.严复与西方自由主义[J].社会科学战线,1999(1):175-184.

[15] 郭道晖.近代自由主义思想的中国先知:严复自由观的法理解读[J].中国法学,2006(6):3-13.

[16] 郭文芬.论严复的公私观[J].沈阳大学学报,2007,19(4):91-95.

[17] 胡伟希.中国自由主义之父:严复[J].甘肃社会科学,1994(2):10-16.

[18] 胡伟希.近代启蒙思想家严复[J].文史知识,2016(11):44-49.

[19] 黄克武.严复对约翰弥尔自由思想的认识:以严译《群己权界论》(On Liberty)中心之分析[J]."中央研究院"近代史研究所集刊,1995(24上):81-148.

[20] 黄克武.严复对约翰弥尔自由主义的认识与批判[J].科学·经济·社会,1998,16(4):41-45.

[21] 黄克武.严复研究的新趋向:记近年来三次有关严复的研讨会[J].近代

中国史研究通讯,1998(25):9-18.

[22] 黄克武. 严复与近代中国的文化转型[J]. 华东师范大学学报(哲学社会科学版),2011,43(1):83-89.

[23] 黄克武,周质平,张弘. 启蒙—被启蒙—再启蒙:严复、胡适及其他[J]. 社会科学论坛,2012(10):84-101.

[24] 黄克武. 何谓天演? 严复"天演之学"的内涵与意义[J]. 近代史研究所集刊,2014(85):129-187.

[25] 郝晏容. 从启蒙到反启蒙:严复与"五四"新文化思想之异同[J]. 学术月刊,2009(9):43-49.

[26] 暨爱民. 20世纪90年代以来中国近代民族主义问题研究述评[J]. 教学与研究,2006(1):85-91.

[27] 暨爱民. 近代中国自由民族主义思想研究述评[J]. 吉首大学学报(社会科学版),2010,31(2):35-40.

[28] 暨爱民. 从民族认同到国家认同:理论与路径评析[J]. 教学与研究,2014(11):68-74.

[29] 贾新奇. 严复与斯宾塞、赫胥黎之间的思想关系:一个主要基于伦理学的解读[J]. 唐都学刊,2014,30(5):1-7.

[30] 李泽厚. 论严复[J]. 历史研究,1977(2):67-80.

[31] 李承贵,赖虹. 论严复中西道德比较与结合[J]. 江西社会科学,1994,14(3):34-36.

[32] 李承贵. 严复解释传统哲学的科学主义倾向[J]. 江南大学学报(人文社会科学版),2013,12(5):18-24.

[33] 李华兴. 论严复的国家学说[J]. 复旦学报(社会科学版),1998,40(1):90-96.

[34] 李永芳. 试析严复对中国传统文化的"离异"与"复归"[J]. 河南师范大学学报(哲学社会科学版),2003,30(3):117-120.

[35] 李林,赵云波. 严复论科学不能疏离人文之域[J]. 自然辩证法通讯,2020,42(4):113-119.

[36] 罗力群. "社会达尔文主义"的由来与争议[J]. 自然辩证法通讯,2019,41(8):106-114.

[37] 刘敬东. 民主与科学:严复启蒙思想的主题与灵魂[J]. 天津社会科学,

1997(5):106-111.

[38] 刘欢.中国近代伦理思想研究的新成果:评《中国近代义利观研究》[J].西北大学学报(哲学社会科学版),2008,38(3):174.

[39] 刘梁剑.翻译—阐发与严复造天演论:中国现代思想生成的一个面向[J].哲学分析,2019,10(5):53-65.

[40] 卢兴.自由·富强·国治主义:严复自由主义思想的三个主题[J].哲学动态,2015(3):23-30.

[41] 彭南生.论严复对国民"恶根性"的批判与改造思想[J].江苏社会科学,2000(6):114-118.

[42] 区建英.严复的"会通"与自由[J].福州大学学报(哲学社会科学版),2008,22(2):31-36.

[43] 闫咏梅,贾新奇.严复的合理利己主义与传统道德原则的终结[J].山西师大学报(社会科学版),2012,39(1):49-52.

[44] 任剑涛.走向理性:近代以来中国世界观的嬗变[J].中央社会主义学院学报,2017(2):12-18.

[45] 隋淑芬.严复关于道德转型的思想及其价值[J].道德与文明,2005(4):31-34.

[46] 田薇,胡伟希.略论严复的天演论道德观及其对中国传统伦理思想的突破[J].教学与研究,2005(7):59-63.

[47] 吴展良.严复《天演论》作意与内涵新诠[J].台大历史学报,1999(24):103-175.

[48] 吴展良.中西最高学理的绾合与冲突:严复"道通为一"说析论[J].台大文史哲学报,2001(5):305-332.

[49] 吴展良.严复的"物竞天择"说析论:严复与西方大师的演化观点之比较研究[J].台大文史哲学报,2002(5):69-94.

[50] 王中江.理解与摄取:严复伦理思想阐释[J].中州学刊,1991(3):42-46.

[51] 王宪明.严复的建国构想述论[J].清华大学学报(哲学社会科学版),1999,14(3):60-69.

[52] 王宪明.严译名著与中国文化的现代化:以严复译《群学肄言》为例的考察[J].福州大学学报(哲学社会科学版),2008,22(2):24-30.

[53] 汪海萍. 严复与道德重建[J]. 学术月刊，1998，30(9)：47-51.

[54] 万吉庆. 严复的"社会有机体论"及其政治内涵[J]. 哲学研究，2019(9)：74-78.

[55] 许小青. 1903年前后新式知识分子的主权意识与民族国家认同[J]. 天津社会科学，2002(4)：126-131.

[56] 熊次江. 严复进化论思想述评[J]. 湘潭大学学报(哲学社会科学版)，2005，29(S2)：118-120.

[57] 许纪霖. 现代中国的自由民族主义思潮[J]. 社会科学，2005(1)：95-103.

[58] 许纪霖. 作为国族的中华民族何时形成[J]. 文史哲，2013(3)：128-135.

[59] 许纪霖. 天下主义/夷夏之辨及其在近代的变异[J]. 华东师范大学学报(哲学社会科学版)，2012，44(6)：66-75.

[60] 徐嘉. 自由：近代中国伦理启蒙的标志性理念[J]. 华东师范大学学报(哲学社会科学版)，2008，40(3)：111-115.

[61] 徐嘉. 中国近代民族主义思潮下的伦理嬗变[J]. 哲学动态，2008(12)：33-37.

[62] 徐嘉. 近代"伦理启蒙"及其基础性理念[J]. 哲学动态，2009(10)：71-76.

[63] 徐大建，单许昌. 伦理转型：从身份伦理到契约伦理[J]. 哲学研究，2013(4)：112-119.

[64] 俞祖华. 严复与传统文化[J]. 烟台师范学院学报(哲学社会科学版)，1992，9(4)：44-51.

[65] 俞祖华. 严复与孙中山的现代化思想比较[J]. 中州学刊，1994(5)：105-110.

[66] 俞政. 严复的社会伦理思想[J]. 史林，2004(3)：25-31.

[67] 杨义银. 严复与中国近代国民性改造思潮[J]. 西南师范大学学报(哲学社会科学版)，1994，20(3)：68-73.

[68] 张锡勤. 严复对近代哲学变革的复杂影响[J]. 孔子研究，1994(1)：81-88.

[69] 张汝伦. 理解严复：纪念《天演论》发表100周年[J]. 华东师范大学学报(哲学社会科学版)，1998，30(5)：3-12.

[70] 张汝伦. 突破现代性二元叙事模式：论严复研究中的几个问题[J]. 复旦学报(社会科学版)，2014，56(3)：11-25.

[71] 朱星星.严复译《天演论》"体合"思想溯源[J].人文杂志,2019(11):115-122.

[72] 朱新屋.变道与变法:严复政治思想的变与不变[J].福建论坛(人文社会科学版),2019(7):120-128.

(五)学位论文

[1] 皮后锋.严复与西学东渐[D].南京:南京大学,1997.

[2] 戚学民.严复《政治讲义》研究:文本渊源、言说对象和理论意义[D].北京:清华大学,2002.

[3] 王建龙.严复政治哲学研究[D].上海:华东师范大学,2003.

[4] 王宪明.从甄克思的 A Short History of Politics 到严复译《社会通诠》:严复译著与清末民初政治文化思潮[D].北京:北京大学,2003.

[5] 王天根.严复社会学思想研究[D].北京:北京师范大学,2003.

[6] 韩江洪.严复话语系统与近代中国文化转型[D].南京:南京大学,2005.

[7] 董小燕.严复政治思想研究[D].杭州:浙江大学,2006.

[8] 都兰军.严复哲学思想的现代性研究[D].武汉:武汉大学,2006.

[9] 孙文礼.严复与道家思想[D].武汉:武汉大学,2007.

[10] 杨阳.严复宪政思想研究[D].重庆:重庆大学,2008.

[11] 辛红光.严复与传统文化[D].北京:北京师范大学,2008.

[12] 熊乡江.严复自由主义思想研究[D].湘潭:湘潭大学,2008.

[13] 陈勇军.严复的制度与国民性互动思想研究[D].北京:首都师范大学,2011.

[14] 郑双阳.严复经济思想研究[D].福州:福建师范大学,2012.

[15] 赵云波.严复科学思想研究[D].太原:山西大学,2012.

[16] 张儒威.通向自由富强之路的探索:严复文化思想新探[D].天津:南开大学,2013.

[17] 张志杭.严复权利思想研究[D].重庆:西南政法大学,2014.

[18] 周至杰.严复人学思想研究[D].福州:福建师范大学,2015.

[19] 冯之余.严复爱国思想及当代价值[D].福州:福建师范大学,2017.

[20] 刘静.操纵与反操纵:严复译著《社会通诠》研究[D].济南:山东大学,2018.

附 录

严复年谱简表①		
序号	时间	事件
1	1854年（1岁）	1月8日，生于福州南台苍霞洲侯官（今台江）一个儒医家庭。时，其父严振先33岁，其母陈氏21岁
2	1859年（6岁）	读私塾
3	1863年（10岁）	师从同邑名儒黄少岩（黄宗彝）
4	1865年（12岁）	其师黄宗彝病逝
5	1866年（13岁）	与王氏结婚。 8月4日，其父患霍乱病卒。 以"严宗光"名报考福州船政学堂，一篇《大孝终身慕父母论》取得第一名。时沈葆桢为船政大臣
6	1871年（18岁）	以最优等卒业，被派往"建威"号
7	1872年（19岁）	改派上"扬武"军舰
8	1874年（21岁）	随沈葆桢乘长胜轮赴台湾，并负责测量台东旗来各海口，前后历时月余。 长子严璩生，字伯玉
9	1877年（24岁）	3月31日（二月十七日），奉派赴英国留学（中国第一批海军留学生）。 与公使郭嵩焘结为忘年之交
10	1879年（26岁）	自英伦学成回国，奉派出任福州船政学堂教习。 12月26日（十一月十四日），沈葆桢病卒

---

① 本表是根据孙应详著《严复年谱》（福建人民出版社2014年版）制作而成。

续表

序号	时间	事件
11	1880年（27岁）	担任天津水师学堂（北洋水师学堂）总教习。是年至次年，读斯宾塞《群学肄言》（The Study of Sociology），深为叹服
12	1885年（32岁）	9月17日（八月初九）回闽第一次乡试，落第，仍复任北洋水师学堂总教习
13	1888年（35岁）	赴京应顺天乡试（第二次科举），又落第
14	1889年（36岁）	再赴京应顺天恩科乡试（第三次科举），又落第。"选用知府"，升任北洋水师学堂会办（副校长）。11月11日（十月十九日），其母陈氏卒
15	1892年（39岁）	10月23日（九月初三），其夫人王氏卒。纳江氏莺娘为姜
16	1893年（40岁）	再赴闽乡试（第四次科举），落第。次子严瓛（字仲弓）生
17	1894年（41岁）	甲午战争爆发，中国惨败
18	1895年（42岁）	有感于甲午战败的刺激，2月至5月著《论世变之亟》《原强》《辟韩》《原强续篇》《救亡决论》诸文，并开始从事《天演论》的翻译工作，未数月脱稿
19	1897年（44岁）	致函梁启超，以为教不可保，亦不必保。梁启超复函"天下之知我而能教我者，舍父师之外，无如严先生"。张之洞见《辟韩》诸文，以为洪水猛兽，遂命屠仁守作《〈辟韩〉驳议》。始译斯宾塞《群学肄言》。与王修植、夏曾佑等人于天津创办《国闻报》。《天演论》译本开始在此报连载。胶州湾事件发生。三子严琥（字叔夏）生

续表

序号	时间	事件
20	1898年(45岁)	作《拟上皇帝书》万言,劝光绪皇帝变法自强。 始译亚当·斯密《计学》,后更名为《原富》。 所译《天演论》正式出版,风行海内。 蒙光绪皇帝召见,命抄所作《上皇帝书》呈览,未及进而戊戌政变发生
21	1899年(46岁)	译成约翰·穆勒的《自由论》(On Liberty),后更名为《群己权界论》。 长女瑸(字香严)生
22	1900年(47岁)	娶朱明丽。(朱氏生二子:璿、玷;三女:璆、珑、顼) 结束在北洋水师学堂长达20年的任职。 子严瓛殇。 上海人士组织"国会",推容闳及严复为正副会长
23	1901年(48岁)	应张翼之邀,赴天津任开平矿务局华人总办。 次女璆(字华严)生
24	1902年(49岁)	奉张百熙之聘,任京师大学堂编译局总办。 始译孟德斯鸠《法意》。 译毕《群学肄言》。 严译《原富》由南洋公学译书院出版。 致书上海《外交报》主办人张元济,具论中国教育方针,并条拟新教育行政办法
25	1903年(50岁)	所译甄克思《社会通诠》脱稿。 所译《自由释义》改名为《群己权界论》,由商务印书馆出版。 《群学肄言》由上海文明译书局出版。 作《英文汉诂》。 点评《老子》
26	1904年(51岁)	辞编译局职,出京赴沪。 严译《社会通诠》及严著《英文汉诂》均由商务印书馆出版。 四子璿(字季将)生

续表

序号	时间	事件
27	1905年（52岁）	在伦敦与孙中山相晤，并对孙中山说：以中国民品之劣，民智之卑，即有改革，害之除于甲者将见于乙，泯于丙者将发之于丁。为今之计，惟急从教育上着手，庶几逐渐更新乎！孙中山说：俟河之清，人寿几何！君为思想家，鄙人乃实行家也。 协助马相伯创办复旦公学。 被安徽巡抚聘为安徽高等学堂监督。 三女珑（字海林）生。 应上海知交所请，在青年会讲演政治学八次
28	1906年（53岁）	任安徽高等学堂监督。 《政治讲义》由商务印书馆刊行。 严译《法意》由商务印书馆出版。 继马相伯任复旦公学监督（校长），数月而辞职
29	1907年（54岁）	辞安徽高等学堂职
30	1908年（55岁）	辞复旦公学监督职。 译毕英人耶方斯《名学浅说》。 四女顼（字眉南）生
31	1909（56岁）	应学部尚书荣庆之聘，任审定名词馆总纂。自此凡历时三年，积稿甚多。 派充宪政编查馆二等咨议官，及财政部清理财政处咨议官、币制局咨议、福建省顾问官
32	1910年（57岁）	出任资政院议员。 特授为海军协都统。 五子玷（字稚骞）生
33	1911年（58岁）	特授海军一等参谋官
34	1912年（59岁）	受袁世凯之命，出任北京大学校长，并兼任文科学长。年底，辞北大校长职。 出任海军编译处总纂

续表

序号	时间	事件
35	1913年(60岁)	在中央教育会发表演说,积极提倡尊孔读经。 参与发起孔教会
36	1914年(61岁)	出任约法会议议员。 出任参议院参政。 在参议院提出《导扬中华民国立国精神》的议案。 译卫西琴的《中国教育议力》,受聘任海军编史处总纂
37	1915年(62岁)	列名筹安会
38	1916年(63岁)	再次批阅《庄子》,累读不厌
39	1917年(64岁)	三年来,气喘常作,是年冬入东交民巷法国医院治疗。 手批《左传》
40	1918年(65岁)	秋,赴闽避冬,气喘加剧。 感慨"回观孔孟之道,真量同天地,泽被寰区"
41	1919年(66岁)	春,至上海,入红十字医院。秋,赴京,入协和医院治疗
42	1920年(67岁)	8月,返闽避冬
43	1921年(68岁)	夏间,至鼓山避暑。秋,气喘复作。 10月27日,卒于福州郎官巷寓邸。 遗书嘱: 须知中国不灭,旧法可损益,必不可叛。 须知人要乐生,以身体健康为第一要义。 须勤于所业,知光阴时日机会之不复更来。 须勤思,而加条理。 须学问,增知能,知做人分量,不易圆满。 事遇群己对待之时,须念己轻群重,更切毋造孽

后　记

　　本书是在我的博士论文基础上修改而成的。博士毕业之后，虽然一直抱有对严复译著及其思想内容作更为细致的研究的念想，然而转眼一年有余，却迟迟未付诸行动。本次考虑将论文修改成书出版，一方面是迫于完成单位的科研任务要求，另一方面更是想对自己的博士论文作个阶段性完结。

　　回首博士阶段的求学路，由衷地感谢我的导师徐嘉教授一直以来给予我的支持和帮助。徐老师在学生中的口碑极好，在女生心里更是"男神"般的存在，因为他的温文儒雅，因为他的君子之风，因为他的人格魅力。徐老师不仅学养深厚，智慧幽默，而且指导学生轻重得体、拿捏到位。记得初入学的阶段，我很是惶恐和焦虑，几次找徐嘉老师不着重点地问东问西，老师总是耐心地听我唠叨，最后给一颗定心丸——"没事"；开题前不久，由于极大心理负担和压力准备放弃学业，老师及时地给予鼓励，告诉我"不要轻易放弃"；开题后，身体欠佳论文迟迟没有进展，老师从来没有催促和训斥，只是关心身体健康与否；遇到紧急突发事情，老师说"别急""让我想想"，到了刻不容缓的时候，老师也只是说"要抓紧"。论文成稿完善阶段，老师更是无一遗留从头到尾地细致修改，其严谨的学术态度令我汗颜！行至今日，对恩师的感激和感恩无以言表。

　　同时，求学期间，我还得到了师门李超博士、方旭红博士、胡芮博士、都萧雅博士、王晓娣博士等各位兄弟姐妹们的多方指导与帮助，在此一并感谢你们一路的热情相助！

　　最后，感谢我的家人。感谢我73岁的老母亲，尽管他老人家对我读博有万般的不解，但眼里却是无尽的疼爱，在我无力顾及家务和孩子时，总在我身边帮助做好后勤，让我抽身写论文。感谢我的爱人，他对我的支持就是默默的奉献。还要感谢我的儿子，小学阶段儿子作文里出现的所有的妈妈的形象就是"我妈妈在学习"，这也成为我将读博进行到底的动力……我很惭愧，我也很欣慰。

　　再次感谢这几年陪伴着我成长的各位老师、各位同学、各位朋友，感谢你们